渉外不動産登記の法律と実務 2

相続、売買、準拠法に関する実例解説

司法書士・行政書士
山北英仁 [著]

日本加除出版株式会社

推薦のことば

　司法書士の業務は，不動産登記・商業登記・供託手続及び裁判事務という従来からの業務に加え，成年後見を含む財産管理，簡裁訴訟代理及び信託に関する業務など，新しい分野においても活動領域が拡大している。

　そして，最近では，渉外関連の業務が急速な勢いで増加しているが，特に不動産登記業務の分野でそれが顕著であり，司法書士であればだれもが渉外不動産登記の実務に関する知識が必要であると感じているところであろう。

　法務省入管局「平成29年末現在における在留外国人数について（確定値）」によると，在留外国人数は約256万人で前年末の7.5％増となり過去最高である。また，厚生労働省「平成28年（2016）人口動態統計（確定数）の概況」によると国際結婚の数は年々増加傾向にあり，日本人女性の相手国の内訳は韓国・朝鮮・中国・フィリピン・タイ等のアジアが約41％，アメリカ・イギリス・ブラジルが約28％，その他が31％となっている。上記数字をみても，司法書士の渉外不動産登記業務は今後も増加傾向で推移すると思われる。

　日本司法書士会連合会においても，専門委員会を置いて研究を進めており，会員の知識向上と取り組みの促進を図っているところである。

　さて，本書は，NPO法人「渉外司法書士協会」の会長として長年多くの渉外事件に携わってきた著者により2014年に発刊された「渉外不動産の登記と実務」の続編となるものである。前書では韓国・中国・台湾・タイ・ベトナム等を対象国とする内容であったが，本書は，アメリカ・パキスタン・マレーシア・ラオスを対象国としている。そして，各国の相続に関する制度や法律等の基本知識の解説に加え，事例に基づいて実務対応に関する解説がされており，これから新たに渉外事件に取り組む方からベテランまで，実務家にとって非常に有益な知識が集積された良書である。

　司法書士にとって本書がよき参考書となり，今後ますます増加するであろう渉外不動産登記事件に十全に対応することで登記の専門家としての役割を果たし，もって社会の要請にしっかり応えていくよう願い，本書を推薦する。

　平成30年10月

日本司法書士会連合会

会長　今　川　嘉　典

は し が き

　2014年に発刊した拙著『渉外不動産の登記と実務』は「韓国，中国，台湾，タイ，ベトナム」などアジア中心だったが，当然ながら渉外事件においてはその他の国の事件も増加傾向にある。近年著者事務所にはアメリカ関連の相談が増えており，そこで本書はアメリカ（カリフォルニア，ハワイ，フロリダ等）のほか，パキスタン，マレーシア，ラオスを，前著と同じく事例解説したものである。

　厚生労働省の統計によると，2006年の全婚姻件数における「夫妻の一方が外国人」という国際結婚の割合は6.1パーセントであり，2006年をピークに2013年から2015年は3.3パーセントと横ばいになっている。ただし，1980年が0.9パーセントと，1970年代は1パーセント以下であったことを考えると，以前に比べて渉外事件が増え，国際結婚は身近になったと考えられる。

　また，国際結婚以外でも近年，海外に住む日本人や，日本に住む外国人が増加している。外務省領事局政策課「海外在留邦人数調査統計　平成30年版」(平成29年（2017年）10月1日現在）の集計によると，日本の領土外に在留する邦人（日本人）の総数（3か月以内の滞在を除く。）は，135万人強で，前年より1万3000人強（約1.0パーセント）の増加となり，本統計を開始した昭和43年以降最多となっている。このうち，「長期滞在者」（3か月以上の海外在留者のうち，海外での生活は一時的なもので，いずれ日本に戻るつもりの邦人）は86万7,820人（同2,229人（約0.3％）の減少）で在留邦人全体の約64パーセントを占め，「永住者」（当該在留国等より永住権を認められており，生活の本拠をわが国から海外へ移した邦人）は48万4,150人（同1万5,722人（約3.4パーセント）の増加）となっている。

　その他，海外投資ブームが起きており，経済成長とともに不動産価値の上昇が期待できる海外不動産に投資している人も少なくない。その投資家が外国に資産投資，運用，または避難させたまま亡くなった場合，国際結婚後に配偶者が死亡した場合，国際結婚後に離婚したが前妻との子が相続人にあたる場合，海外に永住していた邦人が死亡し資産を持っている場合，外国人同士が日本に不動産を持っている場合など，様々な渉外事件があり，実務家に

はしがき

おいては避けて通れない時勢ともいえる。

　また，海外投資だけでなく，かつて外国に住んでいた家族が現地の金融機関に口座を残したまま亡くなった場合も渉外遺産承継手続をしなければならない。

　渉外登記は不動産の取引をする場合などにも必要だが，相続登記にも場合により必要であり，その際，日本の法律だけでなく，外国の法律や制度も考慮しなければならない。本書が実務家における渉外事案解決の一助となることを願ってやまない。

　平成30年10月

　　　　　　　　　　　　　司法書士・行政書士　山　北　英　仁

凡　例

1　法令等の略記について

通則法	→	法の適用に関する通則法
不登法	→	不動産登記法

2　判例・出典略記について

最判平成6.3.8民集48巻3号835頁
　　　　　→　最高裁判所平成6年3月8日判決最高裁判所民事判例集第48巻第3号835頁

民集	→	最高裁判所民事判例集
家月	→	家庭裁判月報
判タ	→	判例タイムズ

3　文献略記について

山田	→	山田鐐一『国際私法　第3版』(有斐閣, 2004)
野田	→	野田愛子監修, 第一東京弁護士会司法研究委員会編『国際相続法の実務』(日本加除出版, 1997)

4　主な国名表記について

アメリカ	→	アメリカ合衆国
パキスタン	→	パキスタン・イスラム共和国
ラオス	→	ラオス人民民主共和国

目　次

第1編　アメリカ

第1章　アメリカ合衆国 —————————————— 3

1 準拠法について ……………………………………………… 3
(1) 場所的不統一国　*3*
(2) 相続準拠法　*4*

2 統一検認法典 ………………………………………………… 5
(1) 統一検認法典の成立　*5*
(2) 統一検認法典の構成　*5*

3 無遺言相続 …………………………………………………… 6
(1) 遺言を作成しない理由　*6*
(2) 相続人，順位，相続分（§2-103）　*6*
(3) 同時死亡（§2-104）　*17*
(4) 代襲相続（§2-106. Representation）　*18*
(5) 生前贈与（§2-109 Advancements）　*21*
(6) 相続障害（bars to succession）　*22*
(7) 相続放棄（disclaimer）　*23*

4 遺　言 ……………………………………………………… 24
(1) 遺言の定義　*24*
(2) 遺言能力　*24*
(3) 遺言の無効事由　*24*
(4) 遺言の方式　*24*

5 生存配偶者及び子の保護 ………………………………… 34
◎　生存配偶者の保護　*34*

vii

6 遺産管理・検認手続 ……………………………………………… 41

(1) 検認手続開始（Necessity of Appointment for Administration）　*41*
(2) 人格代表者（Personal Representative）　*42*
(3) 略式検認（Informal Probate）又は普通方式検認（Probate in Common Form）　*42*
(4) 包括承継（Universal Succession）　*43*
(5) 正式検認（Formal Probate）又は厳格方式検認（Probate in Solemn Form）　*43*
(6) 人格代表者の義務と権限（Duties and Power of Personal Representatives）　*44*
(7) 債権者の請求（Creditors Claims）　*45*
(8) 遺産管理終結（Closing Estates）　*45*
(9) 宣誓供述書による動産の回収及び小額遺産の略式管理（Collection of Personal Property by Affidavit and Summary Administration Procedure for Small Estate）　*46*

第2章　アリゾナ州 ─────────────────── 47

1 プロベイト手続の概説 ……………………………………………… 47

(1) プロベイト手続　*47*
(2) 略式プロベイト手続（Informal probate process）　*47*
(3) 正式プロベイト（Informal probate）　*48*
(4) 監督型プロベイト（Supervised probate）　*48*
(5) その他の遺産管理　*48*
(6) プロベイト手続回避方法　*49*
(7) 州相続税　*49*
(8) 死亡証明書発行機関　*49*
(9) プロベイト情報　*49*
(10) 人格代表者の義務　*49*

2 小額遺産手続 ……………………………………………………… 49

(1) 宣誓供述書による動産の収集，車両の所有権，不動産相続承継の宣誓供述書について（§14-3971）　*50*
(2) 宣誓供述書の効力　*52*

viii

(3)　諸経費控除を超える不動産価値と処分　*53*

3　事　例 …… *53*

　事　例　小額遺産手続による不動産の相続による移転手続　*53*
　(1)　事案の概要　*53*
　(2)　現地アターニの選定　*54*
　(3)　Affidavit of Successionについて　*54*
　(4)　Quit Claim Deedについて　*57*
　(5)　相続による移転並びに贈与による権利放棄の登録　*59*

第3章　ヴァジニア州 ── *73*

1　プロベイト手続 …… *74*

2　人的代表者の職務について …… *74*

3　遺産管理の種類として …… *75*

　(1)　小額遺産　*75*
　(2)　正式プロベイト手続の対象遺産　*75*

4　プロベイト手続が回避できる制度 …… *75*

5　税金について …… *75*

6　無遺言時の相続人及び相続分 …… *76*

7　遺言の登録及び効果 …… *76*

　(1)　登録機関（書記官事務所，郡役所，市役所，市立図書館）　*76*
　(2)　生前又は死後の善意の不動産取得者　*77*

8　不動産の死亡時移転 …… *78*

　(1)　定　義　*78*
　(2)　死亡時移転の効力　*79*
　(3)　死亡時移転証書の書式　*79*

9 事　例 ……………………………………………………… 79

> **事　例**　アメリカで作成した遺言書によるプロベイト手続，遺産管理人による不動産売却，銀行預金解約手続　*79*

1　事案の概要　*80*
2　遺言書について　*81*
3　ヴァジニアの銀行のShare certificate purchaseとタイトルがある預金証書，Traditional IRA beneficiary designation/change（Form 2303）とタイトルがある個人退職設定証書　*85*

第4章　オクラホマ州 ─────────────── 111

1 オクラホマ州の検認手続 ……………………………… 111

（1）プロベイト手続について　*111*
（2）非プロベイト財産　*111*
（3）小額遺産手続及び略式管理手続　*112*
（4）家族手当　*112*
（5）相続その他の税　*112*

2 Payable on Deathについて ……………………………… 113

3 事　例 …………………………………………………… 115

> **事　例**　日本の公正証書遺言に基づく，オクラホマ市の銀行口座（その口座がPayable on deathであった）のプロベイト手続　*115*

1　端　緒　116
2　事前準備並びにアターニ事務所の選定　116
3　POD口座　117
4　鏡子の遺産としてのプロベイト手続　118
5　申立て（Petition）　120
6　遺産管理状（Letter of Administration with will annexed）　120
7　税金問題　121
8　寄　付　122
9　最終審尋期日　122

第5章　カリフォルニア州 —————————— 143

1 カリフォルニア州におけるプロベイド手続 ————— 143
(1) 被相続人の遺産管理　143
(2) 遺産管理手続外の小額遺産の回収又は移転手続　155
(3) 小額の不動産に対する宣誓供述書による手続（§13200）　160

2 事例 ———————————————————— 161

> **事例**　銀行預金につき，プロベイト手続によりつつ，日本の遺産分割協議書に基づき，相続人の一人の銀行口座の分配金として振り込まれた事例　161

(1) 事例内容　162
(2) 法の適用に関する通則法　162
(3) 法律実務家（attorney at law）のプロベイト手続並びに報酬の説明　164
(4) 申立て（Petition for Letter of Administration）　168
(5) 審問期日（Hearing）　169
(6) 遺産管理状（letter of administration）　170
(7) 財産明細計算書（accounting）提出　170
(8) 放棄書（waiver）　171
(9) 日本の遺産分割協議書　172
(10) 遺産分割協議書のProbate CourtへのFiling　173
(11) 承認決定（Approved!!）　175
(12) 生存配偶者の死亡　175
(13) 分配金の受領　176

第6章　ハワイ州の相続 —————————— 189

1 ハワイの検認手続 ————————————— 189
◎　相続人　189

2 遺産税（Estate Tax） ———————————— 190

3 検認手続を回避する手段 ——————————— 191
(1) 合有所有権（Joint Property Ownership）　191

(2) 死亡時受益者 (Death Beneficiaries) *193*
　(3) 撤回可能生前信託 (Revocable Living Trusts) *194*
　(4) 贈与 (Gifts) *194*

4 非検認手続移転 (Nonprobate Transfer) …… 194
　(1) 多数者間口座 (Multiple- Party Accounts) *195*
　(2) 生涯権 (Right of survivorship) *196*

5 信託管理 (Trust Administration) …… 197
　(1) 信託登録義務 (Duty to Register Trusts) *197*
　(2) 信託に関する裁判所の管轄 (Jurisdiction of Court concerning Trusts) *198*
　(3) 受託者の義務と責任 (Duties and Liabilities of Trustees) *200*
　(4) 受託者の権限 (Powers of Trustees) (§560:7-401) *202*

6 事　例(1) …… 202
　事例 遺産・コンドミニアムのプロベイト並びに不動産移転手続 *202*
　(1) 端　緒 *202*
　(2) 権原調査　ネット検索 *202*
　(3) Regular SystemとLand Court System *203*
　(4) 権原調査会社による権原調査 *205*
　(5) プロベイト・コートへの申立て *206*
　(6) プロベイト手続後の不動産登録変更 *207*
　(7) 最終報告書 *207*
　(8) 再度のプロベイト手続 *208*
　(9) 債権者公告 *210*
　(10) プロベイト手続後の再度の不動産登録変更 *210*

7 事　例(2) …… 228
　事例 ハワイ・コンドミニアムの信託手続 *228*
　(1) 端　緒 *228*
　(2) 事前調査・不動産権原調査 *229*
　(3) 現地アターニ事務所とのコンタクト・自己信託 *229*
　(4) 他益信託 (撤回不能信託, Irrevocable Trust) *230*
　(5) 持続的効力有する包括的委任状 (Durable General Power of

Attorney）*236*
　(6)　医療看護決定法（Chapter327E Uniform Health-Care Decisions Act）*239*
　(7)　各書類の署名並びに公証人の認証　*241*

第7章　フロリダ州（State of Florida）────── 265
1　後見制度 ……………………………………………………… 265
2　フロリダ法律家協会での成年後見制度紹介 …………… 266
　(1)　後見制度　*266*
　(2)　判　定　*266*
　(3)　後見人　*267*
　(4)　後見人の権限　*267*
　(5)　後見人の責任　*268*
　(6)　後見人の任期　*268*
　(7)　代替制度　*268*
　(8)　未成年者のための後見人　*268*
3　事　例 ………………………………………………………… 269
　　事　例　フロリダ州裁判所より選任された成年後見人による日本の不動産売却に関して，フロリダ州裁判所の許可の下に成年後見人が売主となって不動産移転登記手続が完了した事例　*269*
　(1)　事例の概要　*269*
　(2)　全面的共同後見人選任書（Order appointing plenary co-guardians of person and property（incapacitated person））並びに全面的共同後見人権限付与状（Letter of plenary co-guardianship of the person and property）　*270*
　(3)　不動産評価並びに譲渡金額の確定　*273*
　(4)　不動産処分権限付与の申立て（Petition for authority to liquidate real property）　*273*
　(5)　審尋期日呼出状（Notice of Hearing）　*274*
　(6)　不動産の処分に関する権限付与許可命令書（Order Approving Petition Authority to Liquidate Real Property）　*276*
　(7)　日本での不動産譲渡手続　*276*

目 次

第8章 ミズーリ州 ─── 291

◎ 事 例 ─── 292

> **事例** 銀行預金等についての，プロベイト手続をなし，移転手続につき日本の遺産分割協議による相続人の一人に帰属させることができなかった事例 *292*

1 事案の概要 *292*
2 現地のプロベイト手続代理人の選定 *293*
3 準備する書類について *294*
4 申立て *298*
5 申立代理人の交代 *299*
6 管理・分配手続 *301*
7 個人退職金口座（Individual retirement account；IRA）について *304*
8 最後に *304*

第9章 メイン州 ─── 319

1 メイン州の検認法（Probate Code） ─── 319

2 持続的委任状（Durable Power of Attorney） ─── 319

(1) 持続的委任状（Durable Power of Attorney）の規定 *319*
(2) 持続的委任状の概要 *320*
(3) 代替制度として *321*
(4) 準備（Prepare） *321*
(5) 持続的委任状の撤回（Revoke a power of attorney） *321*
(6) 持続的委任状作成 *322*

3 事 例 ─── 322

> **事例** 日本の不動産を有していたメイン州出身のアメリカ人が妹を代理人として持続的委任状を締結していたが，今般，メイン州に帰国後精神障害者となり，日本の不動産を売却することになった。その際に，売主が登記識別情報（登記済権利書）を亡失していた場合の事前通知制度を利用しての所有権移転登記

　　　　　完了の事例　*322*
(1)　事例の概要　*322*
(2)　売買契約書作成　*323*
(3)　持続的委任状（Durable power of attorney）　*323*
(4)　宣誓供述書作成　*327*
(5)　登記手続（不登法23条事前通知等）　*328*
(6)　登記所よりの事前通知　*329*

▌第２編　その他の国 ▌

第10章　パキスタン籍の相続 ———————— 339

1　準拠法 ……………………………………………… 339

2　場所的不統一法国 ………………………………… 339

3　人的不統一法国 …………………………………… 340

4　人的不統一法国における準拠法決定の方法 …… 340

5　パキスタンにおける本国法たる国際私法 ……… 341

6　ムスリム法による相続 …………………………… 342
　◎　相続人　*343*

7　事　例 ……………………………………………… 345
　　　事例　日本に帰化した元パキスタン人が，パキスタン妻
　　　　　　及び未成年の子を残して日本の不動産につき相続が
　　　　　　発生した事例　*345*
(1)　概　要　*345*
(2)　具体的手続　*345*

第11章 マレーシア籍の相続 ──────── 349

1 相続の準拠法 ……………………………………………… 349

2 マレーシアの司法制度 ………………………………… 350
(1) 裁判組織　*350*
(2) マレーシアの法律専門家　*351*
(3) 公証人　*351*

3 マレーシアの相続手続 ………………………………… 353
(1) 相続に関連する法律　*353*
(2) 家族保護措置法（Inheritance（Family Provision）Act）　*353*
(3) マレーシア国籍以外の外国人の遺言　*354*
(4) 遺　言　*354*
(5) 遺産管理手続・無遺言（遺産管理状）　*355*
(6) 遺産の総額　*356*
(7) 2名以上の保証人を探し出すこと　*356*
(8) 無遺言の場合の遺産受益者（Beneficiaries）　*357*
(9) 相続人の資格　*358*
(10) 小額遺産分配法（Small Estate（Distribution）Act, 1955）による不動産遺産管理　*358*
(11) アマナ・ラヤ・ベルハド（Amanah Raya Berhad）による動産の簡易遺産管理　*359*

4 事　例 ……………………………………………………… 360
> **事　例**　金融機関の求めに応じ，同金融機関に残した預金に関しての解約について提出されたマレーシア籍被相続人が残した遺言書の有効性に関する意見書を提出した件　*360*

(1) 概　要　*360*
(2) 意見書　*360*
(3) 追加資料　*365*

第12章　ラオス籍の相続 ———— 367

第1　相続法 ———— 368

1 相続法制の概要 ———— 368

2 相続の種類 ———— 368

3 相続の開始 ———— 368

4 相続の場所 ———— 369

5 法定相続 ———— 369
(1) 法定相続　*369*
(2) 法定相続人　*369*
(3) 法定相続人の相続順位　*369*
(4) 相続分　*370*
(5) 代襲相続　*371*
(6) 法定相続人の不存在及び僧侶に関する相続　*371*

6 遺言相続 ———— 372
(1) 贈与，条件付贈与，遺言の内容　*372*
(2) 遺言の方式　*372*

7 相続の承認，放棄，相続欠格 ———— 374
(1) 相続手続開始申出　*374*
(2) 目録作成　*375*
(3) 請求債権の訴訟期限　*375*
(4) 遺産分配　*375*
(5) 相続の承認　*375*
(6) 相続放棄　*376*
(7) 相続権の欠格　*377*

8 遺産の管理 ———— 378

9 相続人の責任 ……………………………………………………… 378

第2 家族登録制度（1991年家族登録法（Family Registration Law）（1991年12月30日施行）） ……………… 379

 1 管　轄　*379*
 2 家族登録機関の義務　*379*
 3 家族登録簿（Family Registration Book）の作成　*380*

第3 公証役場法（Law on Notary Offices（1992）） ……………… 381

第4 土地制度 ……………………………………………………… 381

◎ 事　例 ………………………………………………………… 384

  事 例　被相続人はラオス籍・夫，生存配偶者・妻は台湾籍，二人の子は台湾籍であり，夫は，日本を出国したきり帰国しなかったので妻は失踪宣告の上相続登記手続を行った事例　*384*

 1 概　要　*384*
 2 外国人同士の日本における婚姻届　*385*
 3 ラオス国籍法　*386*
 4 失踪宣告　*387*
 5 相続登記申請　*387*

〈例〉一覧

例1 不動産移転のための宣誓供述書 …………………… 55
例2 贈与権利放棄証書 …………………………………… 58
例3 不動産移転のための宣誓供述書（Affidavit for Transfer of title to real estate） …………………………… 60
例4 贈与権利放棄書（Gift Quit Claim Deed） ………… 69
例5 遺言書（Last Will and Testament） ……………… 92
例6 遺言である旨の自己証明宣誓供述書（Military Testamentary Instrument Self-proving Affidavit） …… 98
例7 裁判所に登録した遺贈告知書（Notice Regarding Estate） ……………………………………………………… 100
例8 Joint Tenaneyによる預金証書（Share Certificate Purchase） ………………………………………………… 102
例9 個人退職口座（Individual retirement Account） … 103
例10 委任状（Apostille付Special power of Attorney） … 104
例11 アメリカ歳入庁用の個人用納税者証（Individual Taxpayer Identification Number for IRS（ITIN）） …… 110
例12 遺言検認手続申立書（Petition for Probate of Will） … 123
例13 オクラホマ州のプロベイトコートに提出した遺産分割協議書日英文一式 ……………………………………… 126
例14 プロベイト手続のための情報提供シート ………… 166
例15 遺産管理人候補者選任申立書（Nomination of Ms. ○○ to Act as Administrator） ………………………… 177
例16 ①無遺言による検認管理状付与申立書（Petition for Letter of Administration），②独立検認管理法に基づく管理権限付与申立書（Authorization to Administrator Under the Independent Administration of Estate Act） …… 178
例17 Letter to Attorrey（カリフォルニアの申立代理人宛，日本での遺産分割協議書を裁判所へ提出し，協議書に基づいて分配するよう要請した） ……………………… 183
例18 Notice of Lodgment（日本の遺産分割協議が裁判所に採

xix

〈例〉一覧

用された旨の告知書) ……………………………………………184
例19 最初で最後の計算書，遺産管理人の報告書，その他の決定書（Order Settling First and Final Account, Report of Administrator etc.) ……………………………………………185
例20 ネット検索ツール不動産（Public Record Data）……………212
例21 検索の結果入手した，登録所にFileされているアパートメント証書の写し（Apartment Deed）………………………213
例22 無遺言による人格代表者選任申立書（略式型, Application for Informal Appointment of Personal Representative (Without Will))……………………………………217
例23 遺産管理人指名権放棄書（Declination and Renunciation of Right to Appointment and Nomination of Personal Representative) ……………………………………………223
例24 遺産税申告書（706-NA Estate (and Generation-Skipping Transfer) Tax Return) ……………………………………224
例25 信託契約書（Trust Agreement）……………………………243
例26 信託不動産登録トレンスシステムとファイリングシステム（Registration for Trust Land Court System & Regular System）……………………………………………………259
例27 財産に関する共同後見人選任決定書（Order Appointing Plenary Co-Guardians of Person and Property）…………280
例28 財産に関する共同後見人状（Letters of Plenary Co-Guardianship of the Person and Property）………………282
例29 不動産処分権限付与申立書（Petition for Authority to Liquidate Real Property）…………………………………283
例30 期日呼出状（Notice of Hearing）……………………………285
例31 不動産処分権限付与許可決定書（Order Approving Petition Authority to Liquidate Real Property）………………286
例32 相続証明，相続分譲渡等に関する宣誓供述書（Affidavit) ……………………………………………………………287
例33 相続分譲渡証書（Instrument for Assignment of Share in Inheritance）………………………………………………289
例34 報酬合意書（Attorney Fee Agreement）…………………305

〈例〉一覧

例35　無遺言による遺産管理申立書（Petition for Letters of Administration）……………………………………………………307
例36　遺産管理人就任並びに指名権放棄書（Renunciation of Right to Administer and Nomination of Person to Administer）……………………………………………………309
例37　独立管理型検認手続同意書（Consent to Independent Administration）……………………………………………311
例38　人格代表者の宣誓供述書（Affidavit of Personal Representative）……………………………………………………312
例39　遺産目録並びに評価書（Inventory and Appraisement）………313
例40　継続的委任契約に基づく受任者の事前通知による所有権移転に関する宣誓供述書（Affidavit）………………………330
例41　相続人・他に相続人がいないこと及び親権を証するための宣誓供述書…………………………………………………346
例42　失踪宣告審判書・確定証明書…………………………………388

xxi

第1編 アメリカ

第十誡 アメリカ

第1章　アメリカ合衆国

1　準拠法について

(1)　場所的不統一国

　被相続人がアメリカ籍であり，日本に財産を残して亡くなったときは，法の適用に関する通則法（以下，「通則法」という。）36条で，被相続人の本国法が適用されることになる。アメリカは50州の連邦国家であり，各州単位で相続法は異なる。そこで，アメリカは場所的不統一国法であるので，通則法38条3項「当事者が地域により法を異にする国の国籍を有する場合には，その国の規則に従い指定される法（そのような規則がない場合にあっては，当事者に最も密接な関係がある地域の法）を当事者の本国法とする。」旨規定する。アメリカには，規則は存在しないとのことであるので[1]，最密接地域を探索することになる。最も密接なる関係ある地域（州）を決定する基準については，当事者の出身地，常居所地，過去の常居所地，親族の居住地などの要素を考慮し，属人法の趣旨に合致するよう決定することになる[2]。

　アメリカを含めて，コモンロー諸国では，住所概念については，ドミサイル（domicile）と称しているが，このドミサイル概念について各コモンロー諸国でも，また，アメリカ各州においても異なるとのことである[3]。拙著『渉外不動産登記の法律と実務』（日本加除出版，2014）70頁でも紹介しておいたが，実務的に家庭裁判所に渉外相続事件の申立てをする場合，被相続人が英米人の場合は，ドミサイルを記載するよう要求するのが実情であり，そのドミサイルの記載は「ドミサイル　オブ　オリジン」を記載するのが実務であるとして，被相続人のパスポート，又は平成24年7月8日以前の閉鎖された外国人登録原票の写し（同年7月9日より施行された新しい外国人住民票には，

---

1) 野田65頁
2) 山田82・83頁
3) 野田54頁

出生地の記載はない。）には，出生地の記載があるのでこれを申立書に書くことになる。

(2) 相続準拠法

前記の基準により，被相続人の最密接地域である州が判明したとして，アメリカ各州には，統一的な国際私法の規定はなく，その州の民法（Code of Civil）にも相続準拠法の規定はないとのことである。アメリカ法律家協会が取りまとめたRestatement of Conflict of Lawsが存在するので，そのSecond Restatement of Conflict Laws[4]のArticle236[5]は不動産所在地の法によること，Article260[6]が動産については被相続人死亡時の住所地によること，と規定しており，その根拠を見出すことができる。

そこで，アメリカ国籍者の相続については，相続分割主義をとり，不動産については不動産所在地法を適用し，動産については，被相続人死亡時の住所地（domicile）法を適用することになる。日本は通則法41条で狭義の反致を採用しているので，この規定により，不動産については日本の相続法が適用になり，動産についてもその住所（domicile）が日本にあると認定されれば日本の相続法を適用することになる。ところで，不動産につき，その一部がアメリカに所在していた場合に，その部分は反致されないということで，いわゆる部分反致が生じ，相続統一主義をとる日本では統一的に相続準拠法が全ての不動産について解釈されないのかという疑問が生じるが，大阪高決昭和40年11月30日（家月18巻7号45頁）は部分反致という前提にたっているとのことである[7]。

---

[4] msgre2.people.wm.edu/2ndRestatement.html「Selections From the Second Restatement」より

[5] Article236 Intestate Succession to Land
 (1) The devolution of interests in land upon the death of the owner intestate is determined by the law that would be applied by the courts of the situs.
 (2) These courts would usually apply their own local law in determining such questions.

[6] Article260 Intestate Succession to Movables
 The devolution of interests in movables upon intestancy is determined by the law that would be applied by the courts of state where the decedent was domiciled at the time of his death.

[7] 野田12頁

2 統一検認法典

　各州法の相続法を検討する前に，統一検認法典（Uniform Probate Code。以下「UPC」と称す。）について概括的な基礎知識を検討してみる。

(1) 統一検認法典の成立

　アメリカの相続法も，その出発点はイギリスの相続法の影響を受けているが，連邦制のもとで州ごとに異なる相続法を持っている。そこで，統一州法委員全国会議（The National Conference of Commissioners on Uniform State Laws）とアメリカ法律家協会（America Bar Association）によって1969年に統一法典による相続・遺言制度の統一を企画し，公表されたのが統一検認法典である。この統一検認法典を独自の修正を加えているものも含め現在採用している州，自治領は次の18である[8]。

> アラスカ，アリゾナ，コロラド，ハワイ，アイダホ，メイン，マサチュセッツ，ミシガン，ミネソタ，モンタナ，ネブラスカ，ニュージャージ，ニューメキシコ，ノースダコダ，サウスカロライナ，サウスダコダ，米領ヴァージン諸島，ユタ

(2) 統一検認法典の構成[9]

　1969年に公表された，統一検認法典は，10編からなっている。

> 第1編―総則，諸定義規定，検認手続の管轄
> 　　　General Provision, Destination and Probate Jurisdiction of Court
> 第2編―無遺言相続，遺言，贈与的移転
> 　　　Intestacy, Wills and Donative Transfers
> 第3編―遺言の検認と遺産管理　Probate of Wills and Administration

---

[8] Uniform Law CommissonのホームページのEnactment Status Mapより

[9] 常岡史子「各国の相続法制に関する調査研究業務報告書・第4部アメリカ法」公益社団法人商事法務研究会（2014年），以下「常岡」（www.unformlaws.org/shared/docs/probate%20code/upc%202010.pdf）の uniform probate code（1969 Last Amended or Revised in 2010）を参照した。
　なお，本書の条文の日本語訳は筆者の意訳部分が多く含まれていることをお断りしておく。原典に当たられることをお勧めする。

第4編—複数の州にまたがる人的代表者及び補助遺産管理　Foreign Personal Representatives; Ancillary Administration

第5編—統一後見制度と後見手続　Uniform Guardianship and Protective Proceedings Act（1997/1998）

第5A編—統一成年後見制度と後見管轄　Uniform Adult Guardianship and Protective Proceedings Jurisdiction Act（2007）

第5B編—統一委任状　Uniform Power of Attorney Act（2006）

第6編—非検認移転　Nonprobate Transfers on Death

第7編—信託の管理[10]

第8編—発行日と廃止　Effective Date and Repealer

3 無遺言相続

(1) 遺言を作成しない理由

イギリスのプロベイト・オフィス（Probate Office）のホームページを閲覧していたら、イギリス人の57パーセントから75パーセントの人は遺言をしていない旨掲載されていた。常岡論文[11]によると、アメリカの成人のうち遺言を作成しているのは約35パーセントという報道がある（2010年5月24日付ABCニュース）と記載され、かつ、遺言を作成せずに無遺言で死亡する者が多い理由として、自己の死と向き合うことを恐れる気持ちがあるという調査があることは日本の調査でも似たような理由が挙げられており同様である。他の理由として、遺言作成と検認手続に掛かる時間と費用を回避し、撤回可能信託（revocable trust）や合有財産権（joint tenancy）、生命保険（life insurance）、年金プラン等の検認手続以外の財産移転を計画する者が多い旨が挙げられていたことが、日本の遺言書を作成しない理由との相違であろう。

(2) 相続人、順位、相続分（§2-103）

相続人、順位、相続分については、§2-103に規定するが、特に、配偶者

---

10) 前出常岡88頁は日本語の訳が出されているが、上記英文の原典では、ブランクとなっている（Uniform Probate Code（1969））。
11) 前出常岡89頁

3　無遺言相続

については，§2-102に規定を設け，日本の相続分の規定とは異なってくる。

ア　相続人の範囲

相続人は，配偶者，直系卑属，父母，兄弟姉妹，祖父母及びその傍系親族（叔伯父，叔伯母），曾祖父母及びその傍系親族（大叔伯父，大叔伯母）及び直系卑属及び傍系血族の代襲相続人とする。

イ　順位及び相続分

第1順位　配偶者

配偶者については，§2-102及び§2-102Aに規定を設けている。

① 配偶者（UPC§2-102及び§2-102A）

㋐ UPC§2-102について

UPCは，平均的な無遺言被相続人が有していたであろう意思を実現するという方針で，まず生存配偶者が遺産全部を取得することを望むものであり，直系卑属がいる場合には遺産の額に応じて分配する。従来の諸州法における無遺言相続についての生存配偶者相続分が少なすぎるとの認識があるとのことである。[12]

第1項　配偶者が全てを取得する場合

A）直系卑属及び親がいないとき（no descendant or parent of the decedent survives the decedent），又は，

B）被相続人と生存配偶者の直系卑属がいる場合。ただし，生存配偶者に被相続人以外との間に生まれた直系卑属がいないこと（all of the decedent's surviving descendants are also descendants of the surviving spouse and there is no other descendant of the surviving spouse who survives the decedent）。

その趣旨は，無遺言遺産を全部配偶者に与え，子に何も残さないのが被相続人の通常の意思であり，また，未成年の子がいる場合にその子のために後見人を付すことを回避することができる便宜があるとする。[13]

第2項　直系卑属がいなく，親とともに相続するときは，30万ドルと遺産の4分の3を相続する。

---

[12] 前出常岡90頁
[13] 前出常岡90頁

第3項　被相続人の直系卑属と生存配偶者と被相続人以外の者との間に生まれた子を有する場合は，生存配偶者の相続分は22万5千ドル及び遺産の2分の1と少なくなる。

第4項　被相続人の先妻との直系卑属と生存配偶者の間では，生存配偶者の相続分は15万ドルと遺産の2分の1と設定されている。

② 直系卑属

生存配偶者とともに，生存配偶者が取得する相続分以外の遺産の2分の1を均等に相続する。

③ 父　母

直系卑属がいない場合，生存配偶者とともに，生存配偶が取得する相続分以外の遺産の4分の1を相続する。

(ｲ)　UPC§2-102Aについて

この条項は，共有財産制の州のための選択肢として配偶者の相続分についての規定である。共有財産制のもとで，その被相続人の特有財産（separate property）についての生存配偶者の無遺言相続分については，UPC§2-102と同様に規定している。

ウ　配偶者が生存していないときの相続人の順序（§2-103(a)）

第2順位　代襲相続による被相続人の直系卑属（§2-103(a)(1)）。

第3順位　直系卑属がいないときの父母又は生存している一方の父母，父母が生存しているときは均等（§2-103(a)(2)）。

第4順位　直系卑属，父母がいないときの父母の直系卑属（筆者注：兄弟姉妹）又はその代襲相続人（§2-103(a)(3)）。

第5順位　直系卑属，父母，父母の直系卑属がいないときの父方又は母方の祖父母又は祖父母の直系卑属（筆者注：大叔伯父母）（§2-103(a)(4)）。

A　父方の祖父母は均等に分け，一方が生存しているときは全て，又は，父方の祖父母が亡くなっているときはその直系卑属へ。

B　母方の祖父母は均等に分け，一方が生存しているときは全て，又は母方の祖父母が亡くなっているときはその直系卑属へ。

第6順位　直系卑属，父母，父母の直系卑属がいなく，父方の祖父母又は祖父母の直系卑属がいる場合，又は，母方の祖父母又は

祖父母の直系卑属がいる場合は第4項の方法（筆者注：第5順位§2-103(a)(4)のA又はBの方法）により生存する傍系親族が相続する（§2-103(a)(5)）。

　　上記の(a)のケースに該当しないが，被相続人に下記の者がいたときは下記の第7順位及び第8順位記載の者が相続人となる（§2-103(b)）。

第7順位　被相続人の配偶者が既に亡くなっており，その配偶者の直系卑属がいるときは，その直系卑属は均等に相続し，又はその直系卑属の代襲相続人がその相続分を相続する（§2-103(b)(1)）。

第8順位　被相続人の複数の配偶者が既に亡くなっており，それらの配偶者の直系卑属がいるときは，それらの直系卑属は均等に相続し，又はその直系卑属の代襲相続人がその相続分を相続する（§2-103(b)(2)）。

第9順位　相続権を有する生存者が誰もいない場合，無遺言遺産は州に帰属する（§2-105）。

エ　同性婚　Domestic Partner

UPC自体，ドメスティックパートナーの相続権を規定化していない。

同性婚を認める州では同性配偶者も生存配偶者の無遺言相続権が認められている。

　カリフォルニア――California Probate Code §37, 6400～6414

　ニュージャージ――New Jersey Revised Statute §3B；5-3（2013）

　コロンビア特別区――Code of the District of Columbia §19-101～19-115

　オレゴン――Oregon Revised Statutes §106.340（2013）

　ネバタ――Nevada Revised Statutes §122A.200

　ワシントン――Revised Code of Washington §11.62.030

　ハワイ――Hawaii Revised Statutes §560；2-212（2013）互恵的受益者（reciprocal beneficiary）と呼ぶ。[14]

---

14) 以上の例示は前出常岡90頁・91頁

オ　半血　Kindred of Half Blood（UPC§2-107（1990））[15]

半血の親族は全血の親族と同様に同じ相続分をもって相続する。ただし，バージニア（Code of Virginia §64.2-202），フロリダ（Florida Statutes, Title XLII Estates and trusts 732.105），テキサス（Texas Estates Code Sec. 201.057），ルイジアナ（Louisiana Civil Code §893）等は，半血の親族の相続分を全血の親族の2分の1とする。[16]

カ　婚外子

コモンローでは，婚姻外で生まれた子を「誰の子でもない子」（filius nullius）と扱い，父母いずれとも相続関係を認めていなかったが，[17] UPC §2-117（2008）[18]では，§2-114（2008）（子の相続権を剥奪される親の場合），§2-119（養子と実親の相続関係の場合），§2-120（生殖補助医療で出生した子），§2-121（代理懐胎で出生した子）を除いて，両親が婚姻関係になくても，子と実親との間に親子関係が存在する旨規定する。

キ　養子

各州法の取扱いは，① 養子は養親及び養方の親族との間でのみ相続関係を有する州，② 養子は養親及び養方の親族とともに，実親及び実方の親族との間でも相続関係を有するとする州，③ ②の場合において，養子が実親及び実方の親族との間に相続関係を有するのは，養子が継親の養子である場合に限るとする州がある[19]が，UPCでは，③の立場をとる（§2-118 Adoptee and Adoptee's Adoptive Parent or Parents, 2-119（2008）Adoptee and Adoptee's Genetic Parents.）。

①の州と同様の規定は台湾民法1083条の解釈として，養子縁組後は実親の相続人とはならないこと，北朝鮮家族法33条2項でも，養子縁組後は実親の相続人とはならないとする類似の規定がある。

---

15) Section2-107. KINDRED OF HALF BLOOD. Relatives of the half blood inherit the same share they would inherit if there were of the whole blood.
16) 前出常岡92頁
17) 前出常岡92頁
18) §2-117 Except as otherwise provided in Sections 2-114, 2-119, 2-120, or 2-121, a parent-child relationship exists between a child and the child's genetic parents, regardless of the parents' marital status.
19) 前出常岡93頁

以下条文を筆者が意訳したものであり，原典に当たられることをお勧めする。

① §2-118 Adoptee and Adoptee's Adoptive Parent or Parentsでは，
　(a)（養親子間）養親子間について，親子関係が存在することを認められる。
　(b)（婚姻している両親との養子縁組手続，継親との養子縁組手続）
　　1）親子関係形成のため婚姻している両親が養子縁組手続をしている間に，その両親の一方が死亡したときは，生存配偶者が後に養子縁組が成立されたときに，その死亡した両親の一方とも養子縁組が成立したと扱われる。
　　2）継親が継子を養子とするための養子縁組手続をしている間に，継親が死亡したときで，かつ，継親が死亡した後120時間実親が生存していた場合には継子は継親によって養子とされたものと扱われるとする。
　(c)（生殖補助医療で出生した子又は代理懐胎による子による養子縁組手続）親子関係が，生殖補助医療で出生した子と§2-120記載の親又は代理懐胎による子と§2-121記載の親との間に成立した後に，その一方の親と養子縁組手続している間に，その一方の親が死亡したときは，前記(b)2）同様に，その一方の親によって養子とされたものと扱われる。

② §2-119（2008）Adoptee and Adoptee's Genetic Parents.養子と実親[20]
　(a)（養子と実親との親子関係）次の(b)から(e)項を除き，養子と実親との間には親子関係は存在しない。
　(b)（継親の養子となった継子）実親の配偶者（筆者注：再婚相手）により養子された子と下記の実親との間に親子関係が存在する。
　　1）養子に出した実親。
　　2）他方の実親。ただし，他方の実親の遺産についての養子及びその直系卑属の相続権のみを認める（筆者注：本項(b)2）のcommentに

---

20) genetic parents（遺伝学上の両親）を分かりやすく「実親」とした。

おいて，養子の遺産については他方の実親の相続権は認めないと説明している。)[21]。

(c) （実親の親族との養子）実両親と実親の親族又はその配偶者又はその生存配偶者との間の養子となった子との間には親子関係が存在する。ただし，これらの養子となること及び養子の直系卑属の代襲相続権のみを認める（筆者注：この養子の遺産についてのいずれかの実親の相続権は認めない。）。

(d) （両実親死亡後に養子となった子）両実親と両実親死亡後に養子になったとき，両実親と養子との間には親子関係が存在する。ただし，これらの養子となること及び養子の直系卑属の代襲相続権のみを認める（筆者注：この養子の遺産についてのいずれかの実親の相続権は認めない。）。

(e) （生殖補助医療によって出生又は代理懐胎によって出生した後の養子）§2-120記載の生殖補助医療によって出生した子と親又は両親，又は§2-121記載の代理懐胎によって出生した子と親又は両親との間に親子関係が確立した後に，他者の養子となったときは，本条の目的のため，これらの親又は両親は実親として扱う。

ク　生殖補助医療による子（§2-120 Child Conceived by Assisted Reproduction Other Than Child Born to Gestational Carrier.)

　日本では，生殖補助医療については，法文化されていない条項である。以下は筆者が意訳したものであり，原典に当たられることをお勧めする。

(a)では，定義を掲げている。

1)「生母[22]」とは，この編における生殖補助医療による子を授かる女性であり，遺伝子学上の母とは限らない。

---

21) 原文は次のとおり。(2)the other genetic parent, but only for the purpose of the right of the adoptee or a descendant of the adoptee to inherit from or through the other genetic parent.コメントについては，Section 2-119(b)(2)provides that a parent-child relationship also continues to exist between an adopted stepchild and his or her other genetic parent (the noncustodial genetic parent) for purposes of inheritance from and through that genetic parent, but not for purposes of inheritance by the other genetic parent and his or her relatives from or through the adopted stepchild.
22) Birth Mother

2）「生殖補助医療による子[23]」とは，§2-121による代理懐胎以外の女性による生殖補助医療の方法で生まれた子を意味する。
　　3）「第三者提供者[24]」とは，有償無償にかかわらず，生殖補助医療のための卵子又は精子を提供した者であり，下記の条件を含まないものである。
　　　(A)　精子を提供した夫又は生殖補助医療のために卵子を提供した妻
　　　(B)　生殖補助医療によって出生した子の生母
　　　(C)　本項(e)又は(f)に基づき生殖補助医療によって出生した子と親子関係を確立すると決めた者
(b)（提供者）生殖補助医療によって出生した子と提供者との間には親子関係は成立しない。
(c)（生母との親子関係）生殖補助医療によって出生した子と生母との間に親子関係が成立する。
(d)（精子を提供した夫と分娩した妻で生母により生殖補助医療により出生した子との，提供者である夫の生存中の親子関係）本項(i)及び(j)を除き，生殖補助医療により出生した子と精子を提供した生母の夫の生存中は，その夫との親子関係は成立する。
(e)（出生証明：推定効力）分娩した生母以外の者との間の出生証明は，その者と子の間の親子関係が成立したものと推定される。
(f)（ある者との親子関係）本項(g)，(i)及び(j)を除き，かつ，親子関係が(d)又は(e)のもとで成立する以外で，生母が他者の子として親子関係が成立すると扱われることに同意して出生していたときは，その他者とその子の間には親子関係が成立する。その同意は，下記条件により成立する。
　　1）子が出生する前後に，同意に関する全ての事実，状況，証拠等を考慮され，記録に署名する。
　　2）前項の署名された記録に下記の事項がないこと
　　　(A)　子の出生後少なくとも2年間子の親として機能していたこと
　　　(B)　子の出生後少なくとも2年間子の親として機能しようとしていた

---

23) Child of assisted reproductionの訳は前出常岡94頁の訳である。
24) Third-party donor

こと，その意思は，死亡，無能力又は他の状況により阻止されたこと
　(C)　明らかな証拠によって死後子の親として扱われる意図をもっていたこと
(g)　(子の出生後2年以上の署名された記録：効力)　本項(f) 1)のために，子の出生後2年以上記録に署名していない者だけでなく，生母の親族でもない者の親族は，その子が18歳前に子の親として機能している者以外であるときにその子を相続する。
(h)　(推定：生母が婚姻していること又は生存配偶者であること)　本項(f) 2)のために，下記規則が適用される。
　1)　生母が婚姻していること及び反証についての明確な証拠がなく離婚手続が中断し，生母の夫が本項(f) 2)(A)又は(B)について承認していたこと
　2)　生母が，生存配偶者であり，反証についての明確な証拠がなく，生母の亡夫との離婚手続が中断していなく，生母の亡夫が本項(f) 2)(B)又は(C)について承認していたこと
(i)　(卵子，精子の配置又は胎芽前の離婚)　卵子，精子の配置又は胎芽前に離婚したとき，生殖補助医療により生まれた子は，生母の元配偶者の子ではない。元配偶者が離婚後に生まれることに記録の中で同意していた限り，その子は元夫の子として扱う。
(j)　(卵子，精子の配置又は胎芽前の同意の撤回)　記録中に，卵子，精子の配置又は胎芽前に生殖補助医療についての同意を撤回した者については，後に本項(f)を承認した以外は，生殖補助医療により出生した子を，自分の子とすることはできない。
(k)　(死後に懐胎された子)　親の死亡後に，生殖補助医療により生まれた子は，本項2-104(a)(2)[25]により，親の死亡時に懐胎したものと扱われる。

---

25)　§ 2-104(a)(2)An individual in gestation at a decedent's death is deemed to be living at the decedent's death if the individual lives 120 hours after birth. If it is not established by clear and convincing evidence that an individual in gestation at the decedent's death lived 120 hours after birth, it is deemed that the individual failed to survive for the required period.

ただし，この子が，下記の要件を具備していなければならない。
　1）死亡後36か月経過前に懐胎したこと
　2）死亡後45か月経過前に出生したこと
ケ　代理懐胎によって出生した子（§2-121 Child Born to Gestational Carrier.）

代理懐胎についても，日本では法文化されていない条項である。以下は筆者が意訳したものであり，原典に当たることをお勧めする。

(a)　定義として，
　1）「懐胎合意[26]」とは，親になろうとする者の生殖補助のため，又は本項(e)に規定した者のために代理出産することの合意であり，出訴できる又は出訴しない合意である。
　2）「代理母[27]」とは，女性が懐胎合意に基づき，子を持ちたい親のために子を出産する者で，生母についての制限はない。
　3）「代理母により出生した子[28]」とは，懐胎合意により代理母より出生した子をいう。
　4）「子の親となる者[29]」とは，懐胎合意に基づき代理母より出生した子の親となる者。その者に子と遺伝子学上の生母との間に制限はない。
(b)　（裁判所の親権者決定：効力）親子関係は最終的に懐胎された子の親権者を裁判所により決定される。
(c)　（代理母）代理母より出生した子と代理母との間には，下記の場合を除いて親子関係は存在しない。
　1）本項(b)による裁判所決定により子の親である旨指名されたとき，又は
　2）生母と親子関係は，本条のもとで代理母以外の親との関係で存在しない。
(d)　（子の親になる者と親子関係）本項(b)の裁判所の決定がないときにおいて，代理母より出生した子と下記の子の親になる者になろうとする者

---

26) Gestational agreement
27) Gestational carrier
28) Gestational Child
29) Intended Parent

との間に親子関係が成立する。
 1）子の出生後2年経過前に子の親として機能しているとき，又は，
 2）下記条件の下に，代理母が妊娠中に死亡した子の親になる者
  (A) 子の出生後2年経過前に子の親として機能したであろう二人及び一方の子の親になる者
  (B) 子の出生後2年経過前子の親として機能したであろう代理妻が妊娠中に死亡した二人又は一方の子の親となる者，死亡したいずれかの子の親となる者の親族，その配偶者，その親族の生存配偶者
  (C) 子の出生後2年経過前子の親として機能したであろう子の親となる者及びその配偶者がいなく，死亡した子の親となる者の親族，又はその生存配偶者
(e)（死亡又は無能力となった後の懐胎合意）本項(b)の裁判所の決定がないときにおいて，子の親となる者が死亡又は無能力となった後に精子又は卵子の提供を受けて出生した子との親子関係は成立する。ただし，死亡又は無能力となった後，懐胎合意が成立し，かつ，下記の事実を示したときに限る。
 1）当人の意向を証明する全ての事実，状況，証拠が考慮される署名された記録があること，又は，
 2）他の当人の明確な証拠が示される状況があること
(f)（推定：配偶者の死亡又は無能力になった後の懐胎合意）本項(g)を除き，反対の意向についての明確な証拠がないときは，下記条件の下に当人は本項(e)2）のために代理母により出生した子の親として扱われる意向があるものとみなされる[30]。
 1）当人が，死亡又は無能力になる前に，子のために精子又は卵子を受胎させたとき
 2）当人が，精子又は卵子を受胎されたときに，婚姻しており，離婚手

---

[30] タイトルがpresumptionとなっているが，本文はdeemが使われている。[Presumption: Gestational Agreement after Spouse's Death or Incapacity.] Except as otherwise provided in subsection(g), and unless there is clear and convincing evidence of a contrary intent, an individual is deemed to have intended to be treated as the parent of a gestational child for purposes of subsection(e)(2)if:

続が中断されておらず，そして

3）当人の配偶者又は生存配偶者は子の出生後2年経過前に子の親として機能しているとき

(g) （本項(f)の推定不適用）本項(f)について，下記条件があるときは適用しない。

1）本項(b)の裁判所の決定がある場合，又は，

2）本項(e)1）の承認ある署名した記録がある場合

(h) （死後に代理母より出生した子）本条のもと，当人は，当人の死亡後に代理母より出生した子の親であり，子は，下記条件を備えるとき，§2-104(a)(2)[31]のもとで当人死亡時における代理母より出生した子として扱われる。

1）当人が死亡して後36か月経過していないこと，又は，

2）当人が死亡して45か月経過前に出生したこと

(i) （他の法律への効力を与えない）本編は，懐胎合意の出訴力又は有効性に関してこの法典以外各州の法律に効力を与えるものではない。

(3) 同時死亡（§2-104）

(a) （120時間生存要件：代理母より出生した子）本項(b)の規定を除き，無遺言相続，家産手当（homestead allowance），免除財産（exempt property）の目的のために下記の規定を適用する。

1）被相続人の死亡より先に出生していた者で120時間被相続人より生き残ることができなかった者は被相続人より先に亡くなったものとみなされる。当人が被相続人より120時間生存していたことを明白かつ確信するに足りる証拠で立証することができないときは，生存していなかったとみなされる。

2）代理母より出生した子が出生時から120時間生存していたときは，

---

31) §2-103(a)(1)An individual in gestation at a decedent's death is deemed to be living at the decedent's death if the individual lives 120 hours after birth. If it is not established by clear and convincing evidence that an individual in gestation at the decedent's death lived 120 hours after birth, it is deemed that the individual failed to survive for the required period.

被相続人の死亡時に生存していたものとみなされる。当人が出生より120時間生存していたことを明白かつ確信するに足りる証拠で立証することができないときは、被相続人の死亡時に生存していなかったとみなされる。
(b) （不適用：遺産が州に帰属するとき）本項は、§2-105により遺産が州に帰属されるときは適用しない。

ただし、統一同時死亡法（Uniform Simultaneous Death Act）が、1940年公布されていて、1953年に改定され、3州を除き、コロンビア特別区を含めその他州全てが採用しているが、第2条において、次のように規定している。

第2条　検認規定における120時間生存要件§2. Requirement of Survival by 120 hours under Probate Code.

第6条に規定されている場合を除き、不動産の権利、不動産の委譲、選択権、不動産権益、免除財産、家産権、家族手当の諸権利は、当人が他の者より生き延びていることに関わり、120時間までに他の者より生き残ったことを明白かつ確信するに足りる証拠で立証することができない当人は、他の者に先立って死亡したとみなされる。本条は、州によって無遺言相続遺産を取得する結果となる場合は適用されない。

---

(4) **代襲相続**（§2-106. Representation）

ア　代襲相続の規定

代襲相続については、下記のように規定する。

(a) 定義として、

1)「死亡した直系卑属（Deceased descendant）」、「死亡した親（Deceased parent）」、「死亡した祖父母（Deceased grandparent）」とは、いずれも被相続人より以前に、又は§2-104の同時死亡の規定により、死亡した直系卑属、親、祖父母をいう。

2)「生存直系卑属（Surviving descendant）」とは、被相続人より先に亡くなっていないし、§2-104の同時死亡以前に亡くなっていない直系卑属をいう。

(b) （被相続人の直系卑属）§2-103(a)(1)（6頁参照）に基づき，被相続人の直系卑属に対する代襲による全部又は一部の相続分は，(i)被相続人に最も近い世代の中で一人又はそれ以上生存している直系卑属と(ii)同世代の中で亡くなった直系卑属の直系卑属（筆者注：例えば孫）に生存している者がいるときは，生存直系卑属及びその死亡直系卑属に均等に分割し，生存直系卑属は，それぞれ1相続分を割り当てられる。残りの取り分は，これを一まとめにした後，生存直系卑属があたかも被相続人より先に死んだものとして，1相続分を割り当てた生存直系卑属と先に死亡した直系卑属に割り当てたように，全ての死亡した直系卑属の生存直系卑属は，その間で均等に分割する。

(c) （親又は祖父母の直系卑属）§2-103(a)(3)又は(4)に基づき，被相続人の無遺言遺産について被相続人の親，祖父母の代襲による全部又は一部の相続分は，(i)被相続人に最も近い世代の中で，一人又はそれ以上生存している親の代襲相続人又は祖父母の代襲相続人と，(ii)同じ世代の中で，直系卑属を残して亡くなった親の代襲相続人又は祖父母の代襲相続人がいるときは，同世代の生存代襲相続人及びその死亡代襲相続人に均等に分割し，生存尊属は，それぞれ1相続分を割り当てられる。残りの相続分は，これを一まとめにした後，1相続分を割り当てた生存代襲相続人と先に死亡した代襲相続人に割り当てたように，生存する親又は祖父母の代襲相続人全てがあたかも被相続人より先に死んだものとして，全ての死亡した代襲相続人の代襲相続人は，その間で均等に分割する。

そこで，(b)を要約すると，直系卑属と代襲相続人が混在している場合には，第1に，生存，死亡にかかわらず直系卑属の全てを頭数で分ける。死亡した直系卑属の相続分を一まとめにした後，各代襲相続人の相続分は，死亡直系卑属の株分けではなく，全ての代襲相続人で頭数によって相続することになる。

(c)を要約すると，両親の代襲相続人である兄弟姉妹，又は祖父母の代襲相続人である叔伯父母の間に，死亡した者がいてその直系卑属が生存しているときは，代襲相続人である兄弟姉妹又は叔伯父母で頭数で分割し，生存兄弟姉妹又は叔伯父母に1相続分を割り当て，残りの相続分は，第2順

位代襲相続人の相続分については，第1代襲相続人の株分けではなく，全ての代襲相続人で頭数によって相続することになる。

UPC§2-106(b).のコメント欄において，例（コメント欄では例示4のケース）として次のように説明している。

被相続人Gに3人の子が（A，B，C）がおり，Aには子U，V，Wがおり，Bには子Xがおり，Cには子Y，Zがいたとして，A及びBは，被相続人Gより先に死亡している。この場合に「頭割りによる代襲」方式では，まず生存しているCが，3分の1の相続分を取得する。死亡しているA，Bの残りの3分の1ずつを一まとめにして3分の2とする。この3分の2を，あたかも生存するC及び直系卑属であるY，Zが被相続人より先に死亡したように擬制して，残る代襲相続人であるU，V，W，X間において頭数によって分配されることになる。そこで，最終的には，Cは3分の1を相続し，U，V，W，Xはそれぞれ6分の1を相続することになる旨説明している。

〈相続人関係図と相続分〉

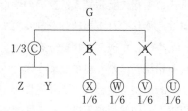

イ　代襲相続の方式[32]

(ア)　イギリス式代襲（per stirpes）

代襲分配は株分け方式とする。strict per stirpesと呼ばれて，直系卑属の各血統を平等に扱う。日本の代襲相続と同様である。

約3分の1の州が採用している。

(イ)　現代的代襲（modern per stirpes又はper capita with representation）

頭割り方式とする。この方式では，被相続人の代襲第1世代の生存している子がいるときは，イギリス方式と同様になる。代襲第1世代に生

---

32) 前出常岡95頁・96頁参照

存している子がいないとき，代襲次世代（通常は孫世代）で生存している権利者がいるときは，頭割りで分割される。この世代で死亡している代襲者（孫）がいるときは，その者の直系卑属が株分け（イギリス方式）で代襲する。この現代的代襲方式は，被相続人に最も近い生存世代で開始する相続につき各血統を平等に扱うことになる。

約半数の州が採用しているとのことである。

(ウ) 各世代での頭割りによる世襲（per capita at each generation）

1990年のUPCの§2-106(b)が，この方式を採用した。「各世代での頭割りによる代襲」は，被相続人との関係で同等の親等にある者は平等の相続分を取得すべきであるとする。

約12州が採用しているとのことである。

(5) **生前贈与**（§2-109 Advancements）

下記のように規定している。

(a) 無遺言相続において，被相続人が無遺言遺産の一部又は全部を相続人の一人に生前に贈与したときは，それは相続人の相続分には含まれない生前贈与として扱われる。ただし，次の場合による。(i)その贈与は生前贈与である旨を贈与当時に被相続人が書面による宣誓し又は受贈者が書面にて認容していること。又は，(ii)被相続人が贈与当時に宣誓した書面又は受贈者が認容した書面に，贈与は分配時に算入され，無遺言遺産の分配に算入されるとことを指示していたこと。

(b) 前項(a)のため，贈与された財産は，占有時，財産享有時，被相続人死亡時のいずれか最初に発生したときにその有効となる。

(c) 受贈者が被相続人より先に死亡した場合は，被相続人が書面で相続分に算入する旨を指示していなければ，受贈者の直系卑属の相続分には算入されない。

そもそも，コモンローでは，原則的に被相続人の生前贈与は無遺言遺産の中に入るものと推定されている。これをUPCでは1990年に覆し，被相続人の書面宣誓又は受贈者の認容する書面があれば無遺言遺産に含ませる旨明確に規定することにより，家族間の争いを回避したものであるとする。

(6) **相続障害**（bars to succession）

§2-803において，日本法でいう相続欠格事由を定めている。

ア 被相続人の殺害 §2-803（1990. rev.1997）

下記のように規定している。

§2-803(b) （法定受益権の没収）重罪又は故意により被相続人を殺害した者は，被相続人の無遺言相続分，選択的相続分，不可侵の配偶者又は子の相続分，家産手当，非課税財産，家族手当を含む全ての遺産についての受益を没収する。無遺言遺産については，殺害者は相続を放棄したものとし，遺産を取得できない。

§2-803(f) （不法行為によった財産の取得）殺害者による不法行為によった財産又は権益の取得は，不法行為による利益は取得できないという原則に従って，本条によって認められない。

§2-803(g) （重罪又は故意：基準）審理が終了後，重罪又は故意の殺害である旨最終的な刑事上の有罪判決であることが，本条の意味における殺害者であることを結論として確定される。ただし，有罪判決が出されないときは，裁判所（筆者注・検認裁判所の意味か？）は利害関係人からの申立てにより，証拠優先の原則の下にその者が被相続人の殺害者として刑事責任を負うかどうかを決定しなければならない。裁判所が証拠優先の原則の下に，被相続人を殺害したものとして刑事上の責任を負うと決定したときは，その決定は最終的に本条における殺害者であると確定する。

イ 相続人の遺棄，虐待等

§2-114（Parent Barred from Inheriting in Certain Circumstances）は，親の相続障害について規定する。

(a) 親は，下記事由があるときは子を相続することができない。

(1) 親権が終了し，裁判所からの親子関係再設定の決定がないとき。又は，

(2) 子が18歳未満で亡くなり，子が亡くなる直前に，扶養拒否，妻子の遺棄，虐待，放置又は子に対する親権の行使又は不行使に基づく本法典以外の州法によって親権を停止させる明白で確実な証拠があるとき。

(b) 子の無遺言相続のため，親は子より先に死亡したものとして本条のも

3　無遺言相続

とで相続することができない。

(7)　相続放棄（disclaimer）

§2-1106（Disclaimer of Interest in Property）

(a)　定義として

1）「将来権（Future interest）」とは，権利発生時より後に占有又は享有の効果が発生する権利を意味する。

2）「分配時（Time of Distribution）」とは，相続放棄は，占有又は享有の効果発生時を意味する。

(b)　§2-1107 or 2-1108を除き，相続放棄については下記が適用される．

1）相続放棄は，証書（筆者注：遺言書や信託証書を意味する。）記載の権利行使が撤回不能となる時又は被相続人死亡時に無遺言相続の権利が発生する時に効力が生じる。

2）相続放棄は証書記載の権利を全て喪失する。

3）証書に前項2）の権利記載がないときは下記の規定が適用される。

　(A)　相続放棄者は生存していない者とみなされる。

　(B)　相続放棄者は，本項(C)及び(D)を除き，分配前に死亡したものとして，相続権利者の権利は喪失する。

　(C)　法又は証書により，相続放棄者の生存直系卑属は代襲相続により，相続放棄者の相続分を取得する。

　(D)　相続放棄者の権利は，相続放棄者の生存直系卑属が代襲相続により取得する。生存直系卑属がいないときは，州を含む利害関係人に帰属し，この相続分は譲渡人が死亡時の住所地における無遺言相続法に基づく譲渡人（筆者注：元の被相続人を指すのか？）の無遺言遺産になる。ただし，譲渡人の配偶者が生存し，分配時に再婚していたときは，譲渡人は分配時に未婚のまま死亡したものとみなす。

4）前述の権利の相続放棄について，将来権は，分配前に死亡又は存在しなくなった相続放棄者以外の利害関係人により保有されものであるが，その占有又は享有を早期に実現させるものではない。

4 遺 言

(1) 遺言の定義

遺言の定義は，一般的規定の定義（§1-201（57項））で，遺言は，補則を含み，単に遺言執行者を指名し，既作成遺言の撤回，訂正，後見人の指名又は無遺言相続により移転する被相続人の遺産相続について一人又は複数の者の権利を明確に排除又は制限すること等いかなる遺言内容を含む証書であるとする。

(2) 遺言能力

遺言能力（§2-501 Who May Make Will）は，健全な精神をもつ18歳以上の者が遺言を作成することができる旨規定する。

(3) 遺言の無効事由

不当威圧（undue influence），詐欺（Fraud），強迫（Duress）等が無効事由である。

Restatement（Third）of Property: Wills and Other Donative transfer §8.3によれば，贈与による譲渡は，不当威圧，強迫又は詐欺によってなされた限度において無効である旨規定する。

(4) 遺言の方式

証人遺言（witnessed will），公証遺言（notarized will）,[33] 自筆遺言（holographic will）を§2-502で規定し，自己証明遺言（self-proved will）を§2-504で規定している。

---

[33] 前出常岡103頁「これは公正証書遺言を認めるものである。」とするが，コメント欄によると公証人の面前での署名であっても，署名保証をするものではない旨記載されていること，アターニがエステイト・プランニングの一環として様々な文書に署名させる際に，クライアント等の署名者が無意識に間違って署名させないためのアターニを監督するための一方法として2008年に採用されたものとの記述があるため，日本法での所謂公正証書遺言とは相違するものと思われる（Last updated: February 11, 2013 Uniform Law Commission §2-502(b)のcomment140頁）。

ア　証人又は公証遺言と自筆遺言（§2-502.作成；Execution; Witnessed or Notarized wills; Holographic Wills）

(a)　（証人又は公証遺言）本項(b)及び§2-503並びに§2-513を除き，遺言は，次の要件を具備しなければならない。
(1)　書面であること。
(2)　遺言者が直接自分の意思のもと面前で，自ら又は代書によって署名してあること。
(3)　(1)(2)とともに
　(A)　署名する証人は少なくとも二人以上必要で，前二項記載のように遺言者が署名又は，署名を自認し又は遺言書自体を自認した後に合理的時間内に各証人が署名すること。又は，
　(B)　公証人又は法律によって公認された者の面前で自認すること。

(b)　（自筆遺言）本項(a)の規定を遵守していない遺言は，証人がいないとき，署名や書面の一部が遺言者の手書きでなくとも自筆遺言として有効である。

(c)　（外部証拠）自筆遺言，遺言者の手書きでない部分を含めて，遺言者の遺言は，外的証拠によって確定する。

イ　自己証明遺言（§2-504. Self-Proved Will.）

(a)[34]　証人の副署とともに作成された遺言は，一緒に，作成，副署され，遺言者自身の自認並びに証人等の宣誓によって自己証明とすることができ，州法による宣誓供述させる権限を持つ役職者の面前において作成され，公印が捺印された役職者の証明により証拠を立てなければならない。主な内容は下記書式のとおりである。

> 「私，＿＿＿＿は，遺言者であり，本書に＿＿年＿＿月＿＿日，私の名前を署名し，最初の正式な誓いであり，私の自発的に署名（又は他の者が自発的に私の代わりに直接署名），かつ，自由で任意に作成したもので，私が署名し作成したものとして，下記の役職者に対して，ここに，宣誓するものである。私は18歳以上であり，強迫又は不法威圧があったものでもな

---

34)　(a)が1段階自己証明宣誓供述書方式である。

```
　い。
　―――――――
　　遺言者

　我々は，＿＿＿＿，＿＿＿＿，証人であり我々の名前をこの証書に署名し，
　最初の正式な誓いであり，遺言者の遺言で，同人の自発的に署名（又は他
　の者が自発的に同人の代わりに直接署名），かつ，我々各自は遺言者の面
　前で，同人より聞き，同人の署名であることを証人として，ここに，署名
　し，遺言者が18歳以上であり，健全な精神を持ち，強迫又は不法威圧のな
　いことを我々が自認し，下記の役職者に対して，ここに，宣誓するもので
　ある。

　―――――――
　　証人

　―――――――
　　証人
　＿＿＿＿＿州
　＿＿＿＿＿郡
　＿＿＿＿＿年＿＿月＿＿日
　当職の面前で遺言者　は，宣誓自認し署名した。
　＿＿＿＿証人及び＿＿＿＿証人，は宣誓自認し署名した。
　公印
　――――――――――――
　　署名

　――――――――――――
　　役職者名
```

(b)[35]　承認の副署とともに作成された遺言書は，遺言者により自認によ
り作成された証書及び証人の宣誓供述書が作成された後はいつにても自
己証明遺言とすることができ，これらは各々，州法による宣誓供述させ
る権限を持つ役職者の面前において作成され，遺言書に付着させ，又は

---

35) (b)が，２段階自己証明宣誓供述書方式である。この方式が多くの州で遺言の方式とし
て認められているとのことである。前出常岡104頁

付属されて公印が捺印された役職者の証明により証拠を立てなければならない。主な内容は下記書式のとおりである。

> ＿＿＿＿州
> ＿＿＿＿郡
> 我々，＿＿＿＿，＿＿＿＿及び＿＿＿＿，遺言者及び証人は，各々，自分の名を別紙添付した証書に署名したものであり，最初の正式な誓いで，ここに，権限を持つ役職者に対して下記のように宣言するものである。すなわち，遺言者が書面に遺言として自ら（又は，遺言者のために代筆者が自ら）署名し，明示した趣旨のために自由意思且つ任意に作成しものであり，また，各証人は遺言者の面前で，確認の上，証人として且つ，遺言者が18歳以上であり，健全で精神強迫や不当威圧のないことを自認して署名したものである。
> 遺言者 ＿＿＿＿＿＿＿
> 証人 ＿＿＿＿＿＿＿，＿＿＿＿＿＿＿
> ＿＿＿＿年＿＿月＿＿日，当職の面前で遺言者＿＿＿＿＿は，宣誓自認し署名した。
> ＿＿＿＿証人及び＿＿＿＿証人，は宣誓自認し署名した。
> 公印
> ＿＿＿＿＿＿＿＿＿＿＿＿＿＿＿
> 署名
> ＿＿＿＿＿＿＿＿＿＿＿＿＿＿＿
> 役職者名

(c) 遺言書が正式に作成されたことを必要とするとき，遺言書の署名は，自己証明宣誓供述書の署名が，遺言書の署名とみなされる。

ウ 無害の手続的瑕疵（§2-503 Harmless Error）

書面又は加筆された書面は，§2-502を順守した作成とはいえないが，被相続人の意思によって作成した書面又は加筆であるという明確で確信できる証拠によるときは，下記のような書面又は加筆された書面が同条を順守して作成されたものとして扱う。

1）被相続人の遺言であること
2）一部又は全部の遺言の撤回であること

3）遺言書の加筆又は訂正であること，又は，
　　4）一部又は全部の以前の撤回した遺言又は以前の一部撤回した部分の回復であること
　裁判所は，遺言作成に欠陥があっても必ずこれを無効とせずに修正して被相続人の真の意思を表す遺言の検認を回避するとのことで，そのための法理として，実質的順守法理（substantial compliance doctrines）と無害の手続瑕疵法理（harmless error rule）が用いられるとのことである。その無害の手続瑕疵についての規定が§2-503である。

エ　遺言の撤回
　§2-507で，書面又は行為による遺言の撤回（Revocation by Writing or Act）を規定する。
(a)　遺言の全部又は一部は撤回することができる。
　　1）後で作成した遺言又は遺言箇所の抵触により，従前の遺言の全部又は一部を撤回できる。又は，
　　2）遺言者が遺言の全部又は一部の撤回のための行為に基づき実行したとき，又は他の者が，遺言者の面前で遺言者の指示のもとに実行したときは，遺言撤回行為として撤回できる。前項による遺言撤回行為には，焼却，破損，削除，破棄等又はその一部の行為を含むものである。焼却，破損又は削除は，遺言書に記載した焼却，破損又は削除のいかなる文言にかかわらず遺言の撤回行為である。
(b)　後の遺言が前の遺言を明確に撤回しなかった場合に，後の遺言の執行については，遺言者が前の遺言の捕足ではなく，後の遺言に置き換える意向があったときは，抵触する前の遺言を全体として撤回するものである。
(c)　遺言者が後の遺言で遺言者の財産の処分をするときは，前の遺言の捕足ではなく，後の遺言に置換えをする意向であったものと推定される。この推定が生じ，明確で確実な証拠によって反証がないときは，前の遺言は撤回され後の遺言が唯一遺言者の死亡時に適用される。
(d)　遺言者が，後の遺言で遺言者の財産を完全に処分する意向がないときは，前の遺言を置き換えるのではなく後の遺言で捕足する意向であったものと推定する。この推定が生じ，明確で確実な証拠による反証がない

ときは，後の遺言は，前の遺言に抵触する後の遺言の拡張された部分について前の遺言を撤回したものとする。各遺言は，遺言者の死亡時に，抵触しない拡張された部分が適用される。

オ　状況変化による撤回

§2-508は，状況変化による撤回（Revocation by Change of Circumstances）を規定し，§2-803（被相続人の殺害・前記3.(6)アを参照）及び§2-804（検認の撤回及び離婚による非検認譲渡Revocation of Probate and Nonprobate Transfers by Divorce; No Revocation by Other Change of Circumstances（他の状況変化による撤回不可。筆者注：例えば，信託，保険，年金，POD（Payable on Death）契約）の規定により，状況変化による遺言書の全部又は一部の撤回はない旨規定する。

カ　撤回した遺言の回復

§2-509は，撤回した遺言の回復Revival of Revoked willを規定する。

(a)　前の遺言を全部撤回した後の遺言が，§2-507(a)(2)の規定の撤回行為による撤回であるとき，前の遺言は回復されない限り撤回されたままである。後の遺言の撤回状況又は遺言者が前の遺言の執行時に効力を生じさせる意向で，同時に又は爾後に宣誓による証拠が提示されたときは回復する。

(b)　前の遺言の部分的撤回をした後の遺言が§2-507(a)(2)の撤回行為による撤回であるときは，前の遺言の撤回された当該部分は，後の遺言の撤回状況又は遺言者が執行時に効力を生じさせる意向でない旨の同時に又は爾後の宣誓による証拠が提出されない限り回復する。

(c)　前の遺言の全部又は一部を撤回した後の遺言が他人又はその後の遺言による撤回行為であるときは，前の遺言は，それの全部又は一部が回復されない限り撤回されたままである。遺言者が前の遺言の効力を生じさせる意向のある爾後の遺言の条件に適合する範囲において，一つ前の遺言の全部又は一部は回復する。

キ　代襲遺贈，集団的贈与

代襲遺贈について，遺言者の死亡前に受遺者が死亡したときは，遺言の効力を失うのが原則であるが，一定の状況下では，先に死亡した受遺者を代襲して一定の者（通常は受贈者の直系卑属）が受贈者となれる制度である。

ルイジアナ州を除いて全州で採用されているとのことである[36]。また，集団的贈与（例えば，「私の子供たちに遺贈する。」旨の規定）の制度を設けている。集団的贈与とは，遺贈がある人々の集団に対してなされ，その集団の一人が遺言者よりも先に死亡したときは，生存している集団の者が死亡した者の持分も含めて当該贈与を分割するのが原則であるが，UPCでは単一集団に関しては代襲遺贈を適用している。

日本では採用されていない制度であるため，条文を意訳していても条文だけではなかなか制度を理解することができない原文の条文の後に条項に対応するCommentが付されているので，これを参照して欲しい。

アメリカの代襲遺贈制度

§2-603　Antilapse; Deceased Devisee; Class Gifts.
(a)　本条の定義
　1)「代替遺贈（Alternative devise)」
　　代替遺贈とは，遺言又は遺言の条件のもとで明確に創設された遺贈であって，遺言者の受遺者又は死亡した受遺者を含み，その原因が停止条件，解除条件又は他の方式であっても，一つ又はそれ以上の原因で生じた他の遺贈に代替する効果を生じるものである。残存遺産条項は，遺言の失効又は不成就の場合に，無残余財産条項を特に遺言で規定する場合に限り無残余財産に関する代替遺産を設定するものである。
　2)「集団的受遺者（Class member)」
　　集団的受遺者とは，集団の贈与のもとの受遺者だけでなく先に死亡した受遺者も含む。
　3)「祖父母の直系卑属（Descendant of a grandparent)」
　　(b)項に使われている祖父母の直系卑属とは，(i)遺贈又は指定権行使が集団的贈与の方式であるとき，遺言に集団的贈与を適用する旨の規定，(ii)遺贈又は権限行使が集団的贈与の方式でないときに，無遺言相続の規定，のもとに指定権を有する遺言者又は贈与者の祖父母の直系卑属たる資格を有する者を意味する。

---

36)　前出常岡105頁

4）「直系卑属（Descendants）」

　本項(b)(1)及び(2)の先に死亡した受遺者又は集団的受遺者の生存直系卑属の文言で使われている直系卑属は，遺言書に書かれている集団的贈与における先に死亡した受遺者又は集団的受遺者の直系卑属を意味する。

5）「遺贈（Devise）」

　遺贈とは代替的遺贈，集団的贈与の方式での遺贈，指定権の行使を意味する。

6）「受遺者（Devisee）」

　受遺者には，(i)集団的贈与の方式の集団的受遺者(ii)遺言の効力発生時に先に死亡したか，又は同時死亡の際の受遺者又は集団的受遺者(iii)遺言による被指名権者を含む。

7）「継子（Stepchild）」

　継子とは，指定権を持つ又は持たない遺言者又は贈与者の生存配偶者，先に死亡した配偶者又は元配偶者の子を意味する。

8）「生存者（Surviving）」

　生存受遺者又は生存直系卑属の文言で使われる生存者とは，§2-702の遺言者より先に死亡していない，又は，遺言者より先に死亡したとみなされない受遺者又は直系卑属を意味する。

9）「遺言者（Testator）」

　遺言書に指名権行使が記載されているときは指定された受遺者をも含む。

(b) 副次的贈与（Substitute Gift）

　受遺者が遺言者の死亡時以前に亡くなったとき，祖父母，祖父母の直系卑属又は遺言者の継子，又は遺言書に書かれている指定権の贈与者であるときは次のように適用される。

1）本項4）を除き，受遺者が，集団的贈与の方式でなく，死亡した受贈者に生存直系卑属がいるとき，副次的贈与は，受贈者の生存直系卑属に与えられる。彼らは，受遺者が権利行使できる財産を代襲により取得する。

2）本項4）を除き，遺贈が集団的贈与の方式であるとき，「子孫

31

(issue)」,「直系卑属（descendant)」,「人の相続人（heirs of body),「相続人（heirs)」,「近親者（next of kin),「親類（relative)」又は「家族（family)」並びに同趣旨の「集団（class)」以外で, 副次的贈与は死亡した受遺者の直系卑属が取得する。受遺者に与えられる財産は生存受遺者及び死亡した受遺者の生存直系卑属に移転する。その生存受遺者は各々, 死亡した受遺者の持分を取得する。死亡した受遺者の持分につき代襲により取得する受遺者の生存直系卑属は各々, 副次的受遺者である。本項の「死亡した受遺者」とは, 遺言者死亡時以前に死亡し, 一人又は複数の生存直系卑属たる集団の受贈者を意味する。

3) §2-601の, 個人への遺贈「彼が生存しているとき」又は「私の生存の子」への遺贈の場合のように, 生存者の文言は, 追加的証拠の不存在又は本条の適用において反対解釈の十分な指示を与えるものではない。

4) 遺言に上記1) 又は2) による明記された副次的贈与のための遺贈に関する代替的贈与が書かれているときは, 副次的贈与は下記要件のもと代替的遺贈とされる。

(A) 代替的遺贈は集団的贈与の方式で, 遺言に一人又はそれ以上の者が遺言内容の権利を取得することができること。又は,

(B) 代替的遺贈は, 集団的贈与の方式ではなく, 代替的遺贈の明記された被指定受遺者が遺言内容の権利を取得することができること。

5) 被指定者の直系卑属の副次的遺贈を明記している指定権という文言を除き, 指定権に基づき死亡した被指定権者の生存直系卑属は, 権限の有無にかかわらず, 本条の被指定権者に代わって受遺することができる。

(c) 複数の副次的贈与の選択

本項(b)により, 複数副次的贈与が, 明記され, 複数の遺贈と同様で, 遺贈が複数代替的遺贈であるとき, 複数副次的贈与としての効果の基準は下記による。

1) 2) 項を除き, 遺贈財産は第1世代の副次的贈与の元に移転する。

2) 第2次世代の遺贈であるときは, 遺贈財産は, 第2次世代の副次的贈与として移転し, 第1世代の副次的贈与には移転しない。

3）この項の
    (A) （第1世代の遺贈　Primary devise）とは，遺言者の生存直系卑属に残した代替的遺贈の先に死亡したすべての受遺者に与えられた遺贈を意味する。
    (B) （第1世代の副次的贈与　Primary substitute gift）とは，第1世代の遺贈に関して明記された副次的贈与を意味する。
    (C) （第2次世代の遺贈　Younger-generation devise）とは，(i)第1世代遺贈の受遺者の直系卑属への遺贈であり，(ii)第1世代の遺贈に関する代替的遺贈であり，(iii)副次的贈与として明記された遺贈であり，(iv)死亡した受遺者又は第1世代の遺贈を除き，遺言者の生存直系卑属を残した死亡した受遺者が取得した遺贈を意味する。
    (D) （第2次世代の副次的贈与　Younger-generation substitute gift）とは，第2次世代の遺贈に関して明記される副次的贈与を意味する。

ク　相続に関する契約，共同遺言，相互遺言

§2-514において相続に関する契約（Contracts Concerning Succession）を規定する。すなわち，遺言又は遺贈をする契約，これを撤回しない契約又は無遺言相続をする契約が，本章の効力発生後に作成されたときは，(i)契約の基本的条項が明記されている遺言条項があるとき，(ii)契約について遺言中に明確に言及され，契約条項を証明する外的証拠があるとき，(iii)契約を証拠立てる被相続人の署名された書面があるとき，に限り成立するものとする。共同遺言（Joint Will）又は相互遺言（Mutual Will）の作成は，遺言又は複数の遺言を撤回しない旨の契約の存在を推定させるものではない旨規定する。

この遺言をする契約又は遺言を撤回しない契約は，遺言法によるものではなく，契約法が適用される。

共同遺言（Joint Will）とは，二人の者が一つの証書を双方の遺言として作成するものである。一方の遺言者が死亡したときは，当該証書はその遺言者の遺言として検認され，その後他方の遺言者が死亡したときは，当該証書はその遺言者の遺言として再び検認されることになる。

相互遺言（Mutual Will）とは，二人以上の者が独立に遺言するが，同様

の若しくは互恵的な条項を含む遺言をいう。相互遺言は一般的に使われているとのことである。[37]

5 生存配偶者及び子の保護

◎ 生存配偶者の保護

ア 夫婦財産制度（夫婦別産制と夫婦共有財産制）

(ア) 夫婦別産制（separate property）

別産制は，コモンローが起源であり，夫婦が取得する財産は各自の財産であり，生存配偶者は不動産については，相続人とはされず，寡婦権（dower right）又は鰥夫権（curtesy right）を持っていた。生存妻の寡婦権とは，夫がその生存期間中に所有していた不動産の3分の1に対する生涯権をもち，生存夫の鰥夫権とは，死亡した妻の不動産の全部に対して，生涯不動産権を持つ権利であった。[38]「コモンローでは，不動産は生存配偶者には伝わらないで，被相続人の相続人のみに伝わった。被相続人の不動産への権利は，寡婦権あるいは鰥夫権によってのみ存在した。限られた範囲内において生存配偶者は，動産を分割されたのである」[39]。しかし今日では，アメリカ全ての州において配偶者は無遺言相続権が認められている。[40]

(イ) 夫婦共有財産制（community property）

夫婦共有財産制はスペインやフランスのシビルローの体系に由来し，これらの国からの入植者によってもたらされたとのことである。アリゾナ，カリフォルニア，アイダホ，ルイジアナ，ネバダ，ニューメキシコ，テキサス，ワシントンの8州で，Uniform Marital Property Actを採用しているウィスコンシン，アラスカも，配偶者が共有財産制を選択する

---

[37] 前出常岡108頁
[38] ユージーン・M・ワイビスキー著（久保木康晴訳）『アメリカの相続』（芦書房，1988）17頁
[39] 同26頁
[40] 前出常岡112頁

のであれば，これを奨励するとしている。[41]夫婦共有財産制では，婚姻後の夫婦の全収入及びその収入によって取得される財産は，別段の合意がなければ夫婦の共有財産となる。共有財産の2分の1につき不分割の持分権を有し，死亡によって共有財産制は解消する。婚姻前に取得した財産，贈与又は相続によって婚姻中に取得した財産はその配偶者の固有財産になる。死亡した配偶者の2分の1の共有財産が相続の対象になる。

イ　家産（homestead）制度

　家族が社会における基本的な単位であることを認識して，家庭の存在を保護し，生存配偶者と子のために被相続人の債権者からの請求を免れるように家産権法（homestead law）を制定している。家族が住んでいる住居は，慣習上の従物及びその付属する土地と共に家産とみなされている。州によっては家産の価値及び面積の制限を定めている。[42]

　§2-402家産手当（Homestead Allowance）では，生存配偶者は，22,500ドル（この数字は§1-109[43]の生活費調整の公式に従う）の家産手当を受ける権利を有する。生存配偶者がいないとき，被相続人の未成年者又は被扶養子は，22,500ドルの家産手当から各々分配受領する権利を有する。家産手当は，遺産の債権者の請求から免れかつ全ての請求から優先される。家産手当は，生存配偶者，被相続人の未成年者と被扶養子に，別段の定めを除き，遺言，無遺言相続，選択的相続分によりより多くが与えられると規定する。

ウ　免除財産（Exempt property）

　家産手当以外にも，一定額まで被相続人の遺産である動産を取得する権利が生存配偶者や未成年者らに適用される場合がある。§2-403免除財産（Exempt Property）では，家産手当に加えて，生存配偶者は，家具，自動車，服装品，家庭用家電，身の回り品で，15,000ドルを超えない範囲で取得できる。生存配偶者がいないときは，被相続人の子（免除財産について

---

41) 西村真理子「日本法における遺留分制度の存在意義について―アメリカ法を参考にして―」10頁（学習院大学大学院法学研究科法学論集16（2009）），http://hdl.handle.net/10959/92

42) 前出ワイピスキー30頁

43) §1-109 Cost of Living Adjustment of Certain Dollar Amounts

は成年者も含む。）が同額の範囲内で共に取得する。瑕疵ある動産又は他の免除財産をプラスしても超過担保付動産が15,000ドル以下のとき，又は，遺産の中の免除動産が15,000ドルもないときは，生存配偶者又は子は15,000ドルに満ちるまでの他の遺産を取得することができる。免除財産権は遺産に対する債権者に優先するが，家産手当や家族手当の支払については劣後する。これらの免除財産は，遺言，無遺言相続，選択的相続分によって生存配偶者や子の諸権利として追加的に適用されるものである旨規定する。

エ　生存配偶者の選択的相続分（Elective Share）

　ジョージア州を除く，別産制を採用する全ての州では，家族手当，家産手当に加えて，被相続人の財産に対する選択的相続分を認めている。これは自動的に与えられるものではなく，生存配偶者が被相続人の遺言通りに取得するか，あるいは遺言の下で取得分を放棄して固定的な持分を取得するかの選択（election）をして，後者を選択したときに初めて取得するものである。[44] 選択的相続分の目的は，被相続人の財産形成に対する配偶者の寄与の清算と生存配偶者の適切な扶養にあるとされている。[45]

　§2-202は，選択的相続分（Elective Share）を規定する。

(a)　[選択的相続分の額（Elective-Share Amount）]について，当該州で住所を有して死亡した被相続人の配偶者は，本章の規制並びに条件のもとで，増加遺産（Augment Estate）[46] の婚姻財産の50パーセント部分に相当する選択的相続分額として取得する選択的権利を有するとする。

(b)　[補充選択的相続分の額（Supplemental Elective-Share Amount）]について，§2-207，§2-209(a)(1)で規定している合計額，§2-209(c)及び(d)の下で検認遺産の純資産額や非検認遺産から支払われるべき補充選択的相続分額が75,000ドル以下であるときは，生存配偶者は，これらの規定の額を差し引いた75,000ドルに相当する額を補充選択的相続分の額として取得することができる。この補充選択的相続分は，§2-209(c)及び(d)

44）前出西村4頁
45）前出常岡114頁
46）増加遺産（augmented estate）とは，検認財産，一定種類の非検認譲渡及び時期を問わず婚姻中になされた生前贈与を加えたものをいう。前出常岡116頁

の規定により優先的に遺産の純資産額や非検認遺産の受領者から支払われることになるとする。
- (c) ［法定受益における選択の効果 (Effect of Election on Statutory Benefits)］として，生存配偶者の選択的権利は，家産手当，免除財産，家族手当だけではなく，選択的相続分及び補充選択的相続分を加えて請求することができるとする。
- (d) ［非居住者 (Non-Domiciliary)］について，当該州にある遺産に対する生存配偶者の選択的相続分の権利は，被相続人の死亡時の住所地法によるとする。

オ　選択的相続分の取得財源

選択的相続分が決定されると，生存配偶者はまず遺言又は遺言代用手段（信託，生命保険等）によって自らに与えられた財産を取得し，その財産額が選択的相続分額（75,000ドル）に満たないときは，その差額が全ての受益者又は残余財産から按分して支払われることになる。

§2-209.選択的相続分として支払われる財源として
- (a) ［選択的相続分金額のみ (Elective-Share Amount Only)］選択的相続分の手続として，選択的相続分を満たし，かつ，被相続人の検認遺産からの受益者や非検認遺産受領者から減額又は控除するために下記の通り適用する。
  1) 遺言又は無遺言相続により生存配偶者に移転する又はした§2-204の増加遺産額と§2-206の増加遺産額，及び
  2) §2-207の増加遺産額のうち婚姻財産部分額
- (b) ［婚姻財産部分 (Marital Property Portion)］前項(a)(2)の婚姻財産部分は，§2-203の配偶者と被相続人との婚姻期間による増加遺産の割合に§2-207の増加遺産の額を乗じた額である。
- (c) ［選択的相続分の不足額，補充選択的相続分額 (Unsatisfied Balance of Elective-Share Amount; Supplemental Elective-Share Amount.)］前項(a)を適用した結果，選択的相続分が不足しているとき，又は，生存配偶者が補充選択的相続分の権利を有するときは，その額は遺言又は無遺言相続により生存配偶者に移転される財産を除いて被相続人の検認遺産

の純資産額に含まれる。また，最初に選択的相続分不足かつ補充選択的相続分の権利として適用される§2-205(1),(2)，及び(3)(B)の非検認譲渡資産にも含まれる。被相続人の検認遺産の純資産額及び非検認譲渡資産の一部は，この選択的相続分不足額又は補充選択的相続分に対する負債として，その検認遺産又は非検認譲渡遺産の受領者の受領額に比例して負担される。

(d) ［選択的相続分の不足，補充選択的相続分額（Unsatisfied Balance of Elective-Share and Supplemental Elective-Share Amounts.)］前項の(a)及び(c)を適用した結果，選択的相続分並びに補充選択的相続分の額が不足しているとき，被相続人の非検認譲渡資産の残余財産をもって，その負債として残余財産の受領者に，その受領額に比例して負担させる。

(e) ［一般的金銭遺贈として取り扱われる不足額（Unsatisfied Balance Treated as General Pecuniary Devise.)］前項(c)又は(d)で決められる選択的相続分又は補充選択的相続分の不足額は§3-904のための一般的金銭遺贈として取り扱われる。

カ　選択的相続分の放棄

　　選択相続権は，被相続人の遺言にもかかわらず法定の相続分を取得する選択権を生存配偶者に与えるものであるが，あらかじめ生存配偶者の選択的相続分の放棄する旨の合意が可能かであるが，全て別産制州では婚姻前契約により，婚姻中であれ合意による放棄を認めているとのことである。婚姻前契約の執行力については統一婚姻前契約法典（Uniform Premarital Agreement Act.1983）がある。また，UPCでは§2-213に規定をおいている。

§2-213選択的権利及び他の権利の放棄（Waiver of Right to Elect and Other Rights.)
(a)　生存配偶者の選択的権利及び生存配偶者の家産手当，免除財産，家族手当等は，婚姻前又は婚姻後において書面による同意書，合意書又は生存配偶者による署名した放棄書により，全部又は一部を放棄することができる。
(b)　生存配偶者の放棄は，生存配偶者が下記の事項を証明したとき，執行

力を生じない。
1) 放棄が任意に表示されたものでないとき，又は
2) 放棄の署名をしたときと署名する以前に下記により不当であったこと
   (A) 財産又は財政の開示に関して公平で合理的な開示提供がなく
   (B) 財産又は財政の開示の権利が開示に当たり，任意的で明確に書面による放棄でなく，
   (C) 財産又は財政に関する情報が相当でかつ合理的でなく提供がなかった
(c) 放棄の不当性は，法律問題として裁判所の決定によるものとする。
(d) 反証が提供されない限り，別居又は離婚を見据えて現在又は将来の夫婦財産とした財産又は遺産全ての権利又は同様な言語による放棄は，選択的相続分，家産手当，免除財産，家族手当の権利のすべてを放棄すること，並びに，放棄行為又は財産設定前に無遺言相続又は遺言相続によって他方配偶者より一方配偶者への移転される全ての利益を放棄することを意味する。

キ　共有財産制における生存配偶者の権利

　共有財産制のうちアイダホ (Idaho Statutes §32-906)，ルイジアナ (Louisiana Civil Code §2338, 2341)，テキサス (Texas Family Code §3001, 3002) では，特有財産から得られた収益も夫婦の共有財産とする。その他の共有財産州では，特有財産からの収益はやはり特有財産となるとする。共有財産制州では各配偶者は，死亡時に共有財産の2分の1を処分する権限を有する。共有財産制州では，寡婦の選択権 (Widow's Election) として知られるエステイトプランニング (Estate Planning) が発展した。エステイトプランニングとは，全共有財産を信託に遺贈して妻にその生存中利益を支払い，残りは妻が死亡すれば他の者に与えるというものであり，このことは，夫の遺言の元で妻に共有財産の2分の1の持分を放棄するかどうか，その代わりに全共有財産についての信託の利益を取得することとするかどうかを選択させることを意味する。仮に妻が夫の遺言に反する選択をしたときは，妻は共有財産の2分の1の持分を取得するが，夫の遺言によって妻に遺贈された共有財産に関する夫の2分の1の持分における生涯財産権

を失うことになる[47]。
ク　婚姻前の遺言から除かれている配偶者

　コモンローは，婚姻前の遺言は，婚姻によって撤回されたものとされていたが，多くの州は婚姻前の遺言から除かれている生存配偶者には配偶者無言相続分を与えることによって婚姻前の遺言を有効としている。すなわち遺言者の配偶者が遺言者の遺言作成後に婚姻した者であるときは，遺言者があたかも無遺言で死亡したときのように遺言相続分を取得する権利を有するとする。UPCにおいて§2-301に配偶者の権利・婚姻前遺言として規定する

§2-301配偶者の権利・婚姻前遺言
(a)　遺言者の配偶者が，遺言者が遺言した後に婚姻したときは，生存配偶者は，無遺言相続分として受け取る権利を有する。その権利は，少なくとも遺言者の遺産の一部として無遺言で亡くなったとき受け取る遺産額であり，それは，配偶者と婚姻前の遺言者の子及び配偶者が出産した子でない遺言者の子に遺贈する部分だけでなく，§2-603又は§2-604によるこれらの子の卑属に遺贈又は相続させる部分である。ただし，下記は除外する。
　1）生存配偶者と婚姻を熟慮して遺言書を作成したことが遺言書又は他の証拠で明らかであるとき。
　2）遺言書が作成後，婚姻にかかわらず，その効力を維持する意向が表明されているとき。または，
　3）遺言以外による遺贈によって配偶者に対して提供している遺言者と遺贈を遺言条項の代替とする意思が，遺言者の表明によって示されるか，遺贈額又は他の証拠により，合理的に推定されるとき。
(b)　この節の相続分を充足させるため，遺言による遺言者の生存配偶者への遺贈が最初に適用され，次に他の遺贈が適用される。それは，生存配偶者との婚姻前に出生した遺言者の子及び生存配偶者の子でない遺言者の子への遺贈，又は，§3-902以外の§2-603又は§32-604のもとの遺

47）前出常岡118頁

贈等より先に適用されることになる。

6 遺産管理・検認手続

第3篇に，遺言の検認と管理，を規定し，下記のような条項である。

> PART 1. General Provisions（一般規定）
> PART 2. Venue for Probate and Administration; Priority to Administer; Demand for Notice（検認及び管理の管轄地，管理人，告知）
> PART 3. Informal Probate and Appointment Proceedings; Succession without Administration（略式検認，選任手続，管理清算除外の相続）
> 　Subpart 1. Informal Probate and Appointment Proceedings
> 　Subpart 2. Succession Without Administration
> PART 4. Formal Testacy and Appointment Proceedings（正式検認，選任手続）
> PART 5. Supervised Administration（監督された遺産管理）
> PART 6. Personal Representative; Appointment, Control and Termination of Authority（人格代表者，選任，役割，終了）
> PART 7. Duties and Power of Personal Representatives（人格代表者の義務及び権限）
> PART 8. Creditors Claims（債権者の請求）
> PART 9. Special Provisions relating to Distribution（分配に関する特例）
> PART 9A. Uniform Estate Tax Apportionment Act（2003）（遺産税割当法）
> PART 10. Closing Estates（遺産管理終結）
> PART 11. Compromise of Controversies（遺産紛議の和解）
> PART 12. Collection of Personal Property by Affidavit and Summary Administration Procedure for Small Estate（宣誓供述書による動産の回収及び小額遺産の略式管理）

(1) 検認手続開始（Necessity of Appointment for Administration）

検認手続が開始される場合，被相続人の遺産事務を行う者として人格代表者（Personal Representative）が選任されることになる。すなわち，人格代表

者が権限を取得し，義務及び責任を負うためには，裁判所又は登録裁判官 (Registrar) の命令により選任され，資格を付与され，遺産管理状を発行してもらわなければならない（§3-103）としている。また，遺産の管理は，遺産管理状の発行により開始され，全ての財産の移転の証明や遺言執行者の指名が有効となるためには，遺言が登録裁判官による略式の検認命令又は裁判所による検認決定によって有効と宣言されなければならない（§3-102）。

(2) **人格代表者**（Personal Representative）

人格代表者のうち，遺言で指名されているときは，通常，遺言執行者（executor or executrix）と呼ばれる。遺言で遺言執行者を指名していないとき，指定された遺言執行者が就任しないとき又は就任できないとき，又は，無遺言のときには，裁判所が人格代表者を指名し，その者は一般に遺産管理人（Administrator）と呼ばれる。

人格代表者就任の優先順位として（Priority among Persons seeking Appointment as Personal Representative.），略式又は正式検認手続であろうと，要件を満たす限り，下記の順序による（§3-203(a)）ただし，選任に異議があるときは(b)以降の項による（§3-203(b)～(h)）。

① 遺言で指名された者
② 受遺者である生存配偶者
③ 受遺者
④ 生存配偶者
⑤ 生存配偶者以外の相続人
⑥ 被相続人の死後45日生存している債権者

(3) **略式検認**（Informal Probate）**又は普通方式検認**（Probate in Common Form）

Part3において，略式検認の規定を設けているが，この検認手続は何人に対する通知を必要とせず，人格代表者の指名を申し立てることができるが，略式検認の申請書及び人格代表者の指名に関しては登録裁判官の指示に基づかねばならない（§3-301(1)(a)）。申請書に関しては§3-301の(b)～(f)及び(2)～(6)まで詳細に規定している。

その中でも，注意しなければならない規定としては，略式検認及び選任手続の制限期間として被相続人の死亡時より3年を経過していないこと，又は，仮に3年を経過したとして止むを得ない遅延した検認及び選任であったこと（§3-301(f)）と規定している。

なお，人格代表者は，選任後30日以内に，遺言によって明らかに相続から廃除されている相続人を含めて，全ての利害関係人に通知する義務を負うことになっている（§3-705）。

(4) **包括承継**（Universal Succession）

略式検認のうち，Subpart2として管理なしの相続（Succession without Administration）として，包括承継の規定を§3-312から§3-322の10条を規定している。これは，大陸法の流れを汲むルイジアナ州が管理なしの相続手続を採用しているためのものであるとする。

§3-312において，未成年者，無能力者，被後見人又は行方不明者を除き，無遺言の相続又は遺言中の残余遺産の受遺者は，3-313から3-322までに規定するように，①税金，②被相続人の負債，③被相続人又は遺産に対する債権，④他の相続人，受遺者，被相続人の遺産に付き権利を主張する者につき，その責任において被相続人の遺産に関して包括承継者になることができるとしている。また，相続人間に合意が存在するときにはこの手続が有効なものと考えられるとするコメントが記載されていた[48]。

(5) **正式検認**（Formal Probate）**又は厳格方式検認**（Probate in Solemn Form）

正式検認は，被相続人の遺言が有効なものか否かを決定する裁判手続である。正式検認は利害関係人により3-402(a)に規定する通知及び聴聞後に審議入りとする申立て，又は，略式検認と平行しての申立て，略式検認を差し止めるための申立て，無遺言についての命令について規定する3-402(b)による申立てによって開始される（§3-401）旨規定する。

なお，この正式検認についても，人格代表者は，選任後30日以内に，遺言

---

[48] National Conference of Commissioners on Uniform State Laws編によるUniform Probate Code（1969）（last Amended or Revised in 2013）354頁

によって明らかに相続から廃除されている相続人を含めて、全ての利害関係人に通知する義務を負うことになっている（§3-705）。

(6) **人格代表者の義務と権限**（Duties and Power of Personal Representatives）
　人格代表者の義務と権限は、§3-701に一般的規定をおき、遺言によるときは遺言執行者が事前に人格代表者としての指名候補を受けていることになる。
　後から共同遺産管理人又は特別遺産管理人の選任等が予測されるために、最初に発行された遺産管理状は、その者の選任が終了又は変更されるまで継続する旨原則を規定し、また、各カウンテイ（郡）を管轄する裁判所が誤って発行した場合に関して規定するところであるが、後段には、仮に間違ってその後に通常の遺産管理状が他者に発行された場合、最初の代表者選任による義務と権限は後に選任された代表者の手元にある遺産の全てをカバーするものである。ただし、当初代表者選任通知前に善意で執行した後の代表者の行為は無効としない旨規定している（§3-702）。

ア　義　務
　人格代表者は原則として迅速に被相続人の遺産の処理及び分配手続を行わなければならない。監督される遺産管理人に関する指示又は命令を除いて、裁判所による判決、命令、指示なく行うことができる。しかしながら、この場合も人格代表者は遺産又は管理に関して案件処理のために裁判所の指示等を求めることもできる旨規定する（§3-704）。
　更に、訴訟提起（§3-703）、人格代表者就任後30日以内に相続人及び受遺者に対して就任の旨の通知をすること（§3-705）、財産目録調整並びに評価鑑定をなすこと（§3-706）、評価鑑定をなすため専門家に依頼すること（§3-707）、財産目録調整並びに評価鑑定を誤ったときのこれらの補正手続（Supplementary Inventory）をなすこと（§3-708）、遺産を支配並びに保持すること（§3-709）等を定めている。

イ　権　限
　無効又は無効と思われる無担保債権者に対する支払責任に関する権限（§3-710）、原則的に債権者の利益とその他の権益を除き遺産に対する所有の全ての権限は、通知、聴聞、裁判所の命令なく行使することができる（§3-711）こと、不適切な権限の執行としての忠実義務違反に対する責任

負担（§3-712）を有する。
ウ　利益相反
　人格代表者，同人が基本的に利害を有するその配偶者，代理人又は団体，信託への売却，担保設定は事前の開示後の合意を除いて無効である。ただし，遺言又は被相続人が契約により明示的に当該取引に権限を与えたとき及び利害関係人への通知後裁判所により承認された取引であるときを除くものとする（§3-713）。

(7)　**債権者の請求**（Creditors Claims）
　人格代表者は，被相続人の債権者に対し，連続して3回かつ週に1回の新聞公告で人格代表者の氏名住所を明示して最初の公告より4か月以内に債権の申出をするよう催告する（§3-801(a)）。または，知れたる各債権者に対して前記要件を記載のうえ郵便その他の方法で送達することができる。公告通知の4か月又は郵便その他の送達では60日以内のいずれか遅いときに到達した場合は，その時点で請求は阻止することができる（§3-801(b)）。
　一方において，出訴制限法（Statutes of Limitations）のうち，被相続人に対する請求の出訴制限については，被相続人の死亡時より1年間を経過又は§3-801(b)の期間経過により請求は阻止されることなる（§3-803(a)）。

(8)　**遺産管理終結**（Closing Estates）
　正式検認において，人格代表者はいつにでも遺産管理の終結の申立てができるが，利害関係人は，当初人格代表者の就任後の1年を経過しないとその申立権はなく，それも，最終計算の検討，計算又は配分の承認，遺言又は相続人の決定，宣言，最終決定及び分配等が事前に決定できない場合に限られ，その際には，人格代表者の債権者の請求権に対する責任も解除されることになる（§3-1001(a)）。
　更に，人格代表者が当初就任日より6か月以前に次の条件を検証することによって管理終結を裁判所に申し出ることができるとし，条件①として，債権者の債権催告期限が経過したと決したとき，条件②として，全ての支払（遺産，管理費用を含む。），処分等が完了したとき，仮に請求が残っている場合には，請求者との合意で責任をもって支払する旨の供述書又は責任をとる

旨の詳細な供述書を提出しているとき，条件③として，遺産の受遺者等及び債権者やその他の請求者に供述書の写しを送付したとき，等の諸条件の下に短期に遺産手続を決了させることができると規定している（§3-1003）。

(9) 宣誓供述書による動産の回収及び小額遺産の略式管理（Collection of Personal Property by Affidavit and Summary Administration Procedure for Small Estate）

遺産が小額であるときは，無遺言相続人らは検認手続を回避することができる。

被相続人の死亡日後の30日が経過したら，被相続人の承継人は，下記①〜④内容を記載した宣誓供述書によって被相続人に借り入れている者，動産を保有している者，負債，義務，株式について証書保持者又は被相続人に対しする訴訟提起者に支払をすることができる（§3-1201(a)）。

①物的担保や負担を控除した遺産価額が2万5千ドルを超えないこと
②被相続人の死亡後30日を経過していること
③人格代表者の指名の申立てが係属中か又は指名が決定していないこと
④承継を主張している承継者が財産の支払又は引渡しの権限を有していること

小額遺産のための略式管理手続（Summary Administration for Small Estate）として，遺産の価額が担保，負担を除いて，家産手当（Homestead Allowance），免除財産（Exempt Property），家族手当（Family Allowance），遺産管理費用（Costs and Expenses for Administration），妥当な葬儀費用（Reasonable Funeral Expenses），最後の疾病の妥当かつ必要な医療及び入院費用（reasonable and necessary medical and hospital expenses of the last illness）が財産目録の鑑定評価から明らかに超えないときは，人格代表者は債権者等へ通知なしで直ちに権利者等に配分し，宣誓供述書に基づき遺産手続結了させることができる旨規定する（§3-1203，§3-1204）。

第2章 アリゾナ州

アリゾナ州でのプロベイト手続に関してのいくつかのホームページを探索したところの概略を紹介する[1]。

1 プロベイト手続の概説

(1) プロベイト手続

プロベイト手続は上級裁判所（Superior court）の手続で，裁判所が人格代表者を指名する。人格代表者は遺産の債務の支払や残余の遺産を分配する責任を有する者である。アリゾナでは被相続人の遺言がある場合又は無遺言のプロベイト手続に関して3通りの手続がある。略式プロベイト（Informal probate），正式プロベイト（Formal probate）及び監督型プロベイト（Supervised probate）である。

(2) 略式プロベイト手続（Informal probate process）

アリゾナでのほとんどのプロベイト手続は略式である。それは，裁判所監督が最も少ないことを意味する。つまり裁判所に出廷する必要がなく人格代表者の管理に関して裁判官の監視がないということである。正式プロベイトは遺言の有効性，人格代表者の選定又は相続人資格に争いがある場合に用意されていることになる。

略式プロベイトは裁判官の監督によるアリゾナ上級裁判所の管轄である。裁判所書記官（Clerk）又は裁判所委員（Commissioner）が略式プロベイトの監督又は管理について指名される。

人格代表者として下記の者が指名されることができる。

---

1) https://statelaws.findlaw.com/arizona-law/arizona-probate-laws.html, https://www.nolo.com/legal-encyclopedia/arizona-probate-an-overview.html

47

① 被相続人の配偶者
② 成人した子，親
③ 兄弟姉妹，義兄弟姉妹
④ 相続人
⑤ 被相続人の遺言で指名されている人格代表者として推薦されている者
⑥ 被相続人が退役軍人である又は退役軍人サービス部門の者
⑦ 被相続人の死亡日から45日経過したときの債権者

(3) 正式プロベイト（Informal probate）

正式プロベイト案件は，一般的には裁判官による聴聞があり裁判所で数名が聴聞されることになる。

正式プロベイトは，いくつかの要件を必要とする。
① 遺言書の有効性に関する疑義
② 人格代表者の選択に関する疑義
③ 相続人の資格に関する疑義
④ 裁判所監督に付される遺産に関する疑義

(4) 監督型プロベイト（Supervised probate）

監督型プロベイトは，伝統的なプロベイト手続である。監督型プロベイトでは，アリゾナ裁判所は遺産管理開始，法律実務家代理人の承認，人格代表者の選任，債権者の債権申出等を含めて全ての遺産に関して監督と管理をすることになる。アリゾナ監督型プロベイトと正式プロベイトの相違は，正式プロベイトは監督型の一部にすぎないということである。

(5) その他の遺産管理

アリゾナでは，被相続人の遺産が小額であるときは，法律によって簡便な手続とともにプロベイト手続を回避することが許されている。不動産に関して遺産価額が10万ドル未満（連邦資産税は無税）で葬儀費用や無担保負債が支払われているとき，又は動産に関して7万5千ドル未満であるときは，この手続を利用することができる。

(6) プロベイト手続回避方法
　① 撤回可能信託（Revocable trust）
　② 生涯権付き合有不動産（Real property owned as Joint tenants with right of survivorship）
　③ 生涯権付き夫婦合有不動産（Real property held in community property with right of survivorship）
　④ 生命保険，受益者指名付き退職金口座（Life insurance policy or Retirement account with a designated beneficiary）
　⑤ 死亡時支払付き銀行口座，死亡時移転付き条項（Bank accounts with Payable on death（POD）or Transfer on death（TOD））

(7) 州相続税　無税

(8) 死亡証明書発行機関　アリゾナ健康サービス部門（Arizona Department of health service）[2]

(9) プロベイト情報　アリゾナ・プロベイト書式と情報源[3]

(10) 人格代表者の義務
　(ア) 裁判所命令に従うこと
　(イ) 遺産たる財産の収集
　(ウ) 税金を含めて負債の支払
　(エ) 受益者等に善管注意義務をもって移転又口座振替をすること
　(オ) 遺言又は法に従い資産を分配すること

2 小額遺産手続

　後記で紹介する事案はアリゾナ州での小額遺産手続たる不動産の相続であったので，これについて，アリゾナ・プロベイトに関してはアリゾナ改定法（2017年度版）第14編（Title14）信託，遺産，保護手続（Trusts, Estates and Protective Proceedings）に規定している。Chapter2 Intestate Succession

---

[2] https://www.azdhs.gov/licensing/vital-records/index.php#death-certificates-who-can-obtain
[3] http://www.azcourts.gov/probate/

and Willのうち，小額遺産手続（Article12 Transfer of Title to Small Estates by Affidavit and Summary Administration Procedure）において詳細を規定しているので記述する。

(1) **宣誓供述書による動産の収集，車両の所有権，不動産相続承継の宣誓供述書について（§14-3971）**

ア 給与，補償金等

被相続人の死後において，いつでも，生存配偶者は，雇用者に対して，被相続人の給与，補償金等を請求できるときは，雇用者は，生存配偶者に対し5千ドルを超えない範囲で支払わなければならない。生存者配偶者以外の者が請求する場合は，生存配偶者のため代表すること，又は生存配偶者のために代わってその権限を行使することの宣誓供述書が必要である。人的代表者選任手続が継続中か又は選任されているときは，その人格代表者は解職されるか最終調書が裁判所に登録された後1年以上たったときは失職することになる（§14-3971 A）。

イ その他の動産

被相続人の死亡時より30日後に，被相続人に負債がある者，被相続人の有形動産を所持している者，借用証書，履行義務，返還すべき株式を所持している者，又は被相続人に対する訴訟の敗訴者は，宣誓供述書により被相続人の承継者になった者にその負債の支払，動産引渡し又は義務を履行することになる。

その宣誓供述書には下記の内容が真実である旨を供述しなければならない（§14-3971 B）。

① 被相続人の死後30日が経っていること（§14-3971 B 1）。
② 人格代表者選任手続が継続中で，どの裁判所においても選任されておらず，被相続人の遺産のうち動産の価値について担保その他の負担を控除して，死亡日に75,000ドルを超えていないこと（§14-3971 B 1 a）。
③ 人格代表者が解職され，又は最終報告書が裁判所に登録され1年経過により失職し，遺産のうち全ての動産の価値が担保その他の負債を控除して宣誓供述書作成日に75,000ドルを超えないこと（§14-3971 B 1 b）
④ 承継した相続人は支払や財産の引渡しをする権限を有すること（§14-

3971 B 2）。
ウ　証　券
　証券の書換代理人は，被相続人から承継相続人又は前項の宣誓供述書による承継人へ移転するため会社の株主名簿に登録株主の書き換えをしなければならない（§14-3971 C）。
エ　車　両
　自動車両の書換えについては前項同様必要手数料を支払い被相続人から承継相続人又は前項の宣誓供述書による承継人へ移転しなければならない（§14-3971 D）。
オ　不動産
　A　移　転
　　死後6か月経過後すぐに，不動産の担保付を含み不動産を承継した者は死亡時の住所地を管轄する郡の裁判所に移転登録することができる。被相続人がこの州に居住していなく，不動産もこの郡の中に所在している場合は，宣誓供述書を作成し，その内容は被相続人の不動産が表示され，下記内容のいずれかは真実であること，虚偽であるときは偽証罪に問われることを自認している宣誓供述書でなければならない（§14-3971 E）。
　　① 人格代表者選任のための手続が継続しており，管轄裁判所で選任されていなく，この州に所在する被相続人の遺産のうち全ての不動産の価値が，不動産に付着する担保又は負担を控除し死亡時に10万ドルを超えないこと。不動産につき被相続人が有する権利の価値は担保付の場合には，死亡時の未払負債によって不動産価額決定される場合を除き，被相続人が死亡時年度の不動産評価簿冊上の価額により決定されること（§14-3971 E 1 a）。
　　又は，
　　② 人格代表者が解職され，又は最終報告書が裁判所に提出のうえ登録され1年経過により失職し，被相続人の遺産のうち全ての不動産の価値が宣誓供述書作成日の価値として10万ドルを超えないこと。その不動産に関する被相続人の権利の価値は，担保付きの場合には，死亡時の未払い負債によって不動産価額決定される場合を除き，宣誓供述書

が作成された年の不動産評価簿冊上の価額により決定されること（§14-3971 E 1 b）。
B　期　間
　　宣誓供述書に添付した被相続人の死亡証明書の写しに示されている被相続人の死亡日より6か月経過したこと（§14-3971 E 2）。
C　費　用
　　被相続人が支払うべき葬儀費用，最終治療費用，その他の負債（§14-3971 E 3）。
D　権限範囲
　　宣誓供述書に署名した者は，①家産（Homestead），免責財産（Exempt property）又は家族手当（Family allowance）に代わる手当として，②相続人として承継により，③被相続人の有効な遺言による遺贈により，不動産に関する権限を行使することができる（§14-3971 E 4）。
E　権限者
　　不動産に表示された被相続人の権利は他の誰も行使できない（§14-3971 E 5）。
F　連邦遺産税
　　連邦遺産税は被相続人の遺産には課税されない（§14-3971 E 6）。

(2)　宣誓供述書の効力
ア　宣誓供述書
　　宣誓供述書に記載された動産に関しての支払，引渡し，移転又は発行をする者は，人格代表者がその管理のために支払等処分と同程度の善管注意義務で責任免除又は責任解放される。その者は動産に関する申請書面を調査義務はなく，宣誓供述書記載のいかなる書証の真偽を調査する義務もない。
　　宣誓供述書に記載された者がその支払，引渡し，譲渡又は発行を拒否する場合は，原状に復され，その者は，人格代表者又は優先権を持つ者に回答，説明しなければならない（§14-3972 A）。
イ　車　両
　　宣誓供述書記載上の自動車移転に関しては，人格代表者がその管理のために支払等処分と同程度の善管注意義務で責任免除又は責任解放される。

動産の申請書面の調査又は宣誓供述書上の書証の真偽を調査する義務もない（§14-3972 B）。

ウ　不動産

14-3971条に基づき発行され認証ある宣誓供述書の写しに記載された承継者から不動産を購入した者で不動産所在地の郡登録所に登録されているときは人格代表者から取得した者と同様の保護を受ける権利を有する。その権利は14-3910に規定する人格代表者から処分証書を受領した購入者と同様の保護を受ける同等の権利である（§14-3972 C）。

(3)　**諸経費控除を超える不動産価値と処分**

担保及び負担を控除し，家産，免除財産，家族手当，管理経費及び費用，必要な葬儀費用，終末の必要な治療費，入院費のための諸経費が全体の不動産価額を超えないことが目録及び評価書から明らかなときは，人格代表者は，債権者に対する告知することなく，即座に，遺産を承継する者に移転分配し，14-3974条に基づき最終報告書を登録することになる（§14-3973）。

3　事　例

小額遺産手続による不動産の相続による移転手続

── ポイント ──
① 小額遺産手続とは
② 小額遺産手続における宣誓供述書作成方法は
③ 権利放棄証書と贈与証書の違いは
④ 権利放棄証書作成方法は

(1)　**事案の概要**

法律事務所からの紹介である。依頼者は長男である。母の日本での相続が一段落したときに，その途中で発見されていたアリゾナ州ヤヴァパイ郡（Yavapai County）の財務官からの財産税（Property tax）の2年分の税金及び延滞税の請求書が届いており，その処理がなされていないとのことであった。これまでは，母が納税していたので分からなかったが，母の亡くなった

53

ことで，その土地が判明することになった。納税通知書によるとその土地の名義は父及び母のJoint Tenancy形態の合有と記載されていた。母と父が離婚したときに，自宅の土地建物を財産分与で取得していたのであるが，アリゾナの土地は名義を変更することがなかったので，相変わらず請求書は母の住所地に父母宛の請求となっていた。父は3年前に亡くなっていた。Joint Tenancyは，一方が亡くなるともう一方の合有者に自動的に所有権が移転する性質であるが，母はそのことは露知らず離婚時に自分が取得したものとして納税は続けていたようである。そこで母の相続手続において，相続人は，長男と長女であったが，アリゾナの土地は長男が承継することになったということでその手続の依頼であった。請求書を見ると，土地そのものの税金のほか，郡，学校，コミュニティカレッジ，防火地区，図書館，洪水地区のため等各種の税金が課税されていることが分かった。また，評価額は12,499ドルとなっていた。

(2) 現地アターニの選定

ネットでヤヴァパイ郡のアターニを検索したところ，熟練のスコット（仮名）と契約を締結することができた。着手金として1000ドルを彼の口座へ振り込むと同時に，在日米国大使館領事部において被相続人の戸籍及び長女並びに長男の戸籍の翻訳認証を行い，スコットのもとに郵送した。

10日後，スコットよりAffidavit of Succession及びGift Quit Claim Deedの2通の書式を送付してきた。Affidavit of Successionには，長女と長男の署名を，Gift Quit Claim Deedには，長女の署名を在日米国大使館領事部で認証をするよう指示して送付されてきた。依頼者2名は在日米国大使館領事部に出頭するには距離がありすぎるので，現地の日本公証役場で公証人の面前で署名のうえ公証人に認証してもらうことにした。

(3) **Affidavit of Successionについて**

本件は，5万ドル（当時は5万ドルであったが，現在は10万ドル）を超えないときは小額遺産手続に従って宣誓供述書をヤヴァパイ郡の上級裁判所（Superior Court）に対して不動産移転のための宣誓供述書（Affidavit for transfer of title to real estate）と題しての申立書である。その内容は下記のと

おりである。

〈例1　不動産移転のための宣誓供述書〉

不動産移転のための宣誓供述書

1．被相続人ヤスコは，死亡証明書記載のとおり，本宣誓供述書作成日より6か月前である年月日に死亡した。被相続人の死亡時の本源住所はアリゾナ州になく，日本国である。しかしながら，同人はアリゾナ州ヤヴァパイ郡に不動産を所有していた。
2．宣誓供述者らは，被相続人の不動産の所有権の相続人であり，A.R.S §14-3972 E(1)(4)の無遺言相続規定に従い被相続人の権利を取得したものである。被相続人との関係は次のとおりである。
3．ジュンコは，長女であり，カツミは長男である。不動産の共有持分は目録A記載のとおりである。
4．不動産の表示は，目録B記載のとおりである。被相続人は，目録B記載の不動産の単独所有者である。
5．アリゾナ州に所在する不動産の価値は，被相続人の不動産を担保とする債務を含め，死亡時の不動産に対する先取特権その他の負担を控除して5万ドルを超えていない。
6．人的代表者の選任申請又は申立ては継続しておらず，また，如何なる管轄裁判所においても選任決定はなされていない。
7．全ての葬儀費用，終末の治療費用及び被相続人の全ての負債は支払済みである。
8．宣誓供述書に署名した者らは，無遺言相続の規定によって被相続人の不動産の権利を取得したものである。
9．他の何人も不動産上の被相続人の権利を有していない。
10．アリゾナ相続税は，被相続人の遺産には，課せられない。
11．本宣誓供述書の全ての内容は，真実かつ重大であり，偽証罪を科せられる虚偽の内容を含むものでないことを確認する。
12．本宣誓供述書は被相続人の所有する不動産に対する請求のためにA.R.S §14-3972(E)に従って作成されたものである。

上記のとおり宣誓の上供述する。
日付；年月日

　　　　　　　　ジュンコの署名

> C/Oとして，筆者の事務所所在地
> 申立人
> カツミの署名
> C/Oとして，筆者の事務所所在地
> 申立人

目録A
不動産の共有持分の比率は下記のとおり，
A　ジュンコの持分比率　　　　　50%　　分割不可
B　カツミの持分比率　　　　　　50%　　分割不可

目録B
不動産の法律上の表示

① 不動産登録簿上の表示
② 1970年4月22日，非専属の地役権設定がある旨並びにその権利設定の不動産登録簿の表示
③ 1977年2月8日設定された水路引込みの権利の表示並びにその権利設定の不動産登録簿の表示
④ 上記地役権の内容について道路，公路のための通行権である旨の表示
⑤ 不分割50%の各々の権利は，ガス，石油，炭化水素，ウラニュウム，分裂製物質等の地下資源の権利を有すること
⑥ 牧草権，放牧権を有する。ただし，上記道路，公路が設置によって，その内側に柵で囲われなければならないときまでである旨
⑦ 登録された全ての事項，税金，評価，公共施設のための地役権，前所有者の公有地譲渡，証書上の留保条項と全ての地役権，人工水路，側壁等の設置，通行権，負担，特約や条件又は制限及び将来発生する政府機関によるゾーニングの設定による占有等は承継される旨
⑧ A.R.S §33-401[4]における要件である信託受益権の開示は登録簿冊775から781頁に登録された書面でなされている。

---

4) §33-401 Formal requirements of conveyance; writing; subscription; delivery; acknowledgment; defects

ジュンコ及びカツミが日本の公証役場において，公証人の面前で署名しているものであり，その住所として筆者の住所をC/O（care ofの略で，〜様方の意味になる）として表示している。日本において，本人を特定する際は，本人の住所及び本人の氏名であるが，アメリカ公証人（Notary Public）の面前での署名であれば，アメリカ公証人は署名に際してパスポート等で本人確認をするため本人の住所は，要素とはならないのかもしれないと考えてしまった。また，そもそも，アメリカの州では住民登録制度はないためなのかとも考えてしまった。その居住を証明する手段は，不動産の表示に関して読み込むと牧草地の一角を購入したもので，建物を建てることができないような土地ではなかろうかと思われた。

(4) Quit Claim Deedについて
ア 権利放棄証書（Quit Claim Deed）
　権利放棄証書（Quit Claim Deed）とは，共有者間で，一方が他方共有者へ共有持分権を移転する方法としては簡便で，安価な方法である。一般的には，夫婦合有持分権を離婚時に一方の配偶者に分割する際に使われる。不動産持分権を放棄する共有者は，譲渡人（Grantor）と呼称され，単独所有者となる共有者を譲受人（Grantee）と呼称される。譲渡人は何らの補償することなく持分権を放棄又は譲受人より支払いを受ける。支払を受けるときは，証書（Deed）に記載され，支払代金のために譲渡人に所得税が査定される。権利放棄証書は持分共有者両方が登録所において登録される前に，署名の上認証されなければならない旨解説[5]されている。

　権利放棄証書は，権利・所有権のみを譲渡人から譲受人に移転させる証書で，権利の保証やその他土地の価値等の保証はしない。したがって，土地や家屋の売買に使われる証書ではなく，多くは，親族間で名義変更をする際に使われる。また，離婚した際に片方の配偶者が土地と家の権利を放棄する際にこのQuit Claim Deedを通して名義変更をする旨の解説がなさ

---

[5] http://homeguides.sfgate.com/quitclaim-deed-vs-gift-deed-1494.html, https://www.junglecity.com/pro/pro-ib-employment/deed-in-washington/（井上奈緒子弁護士のホームページ）

れている。

イ　贈与証書（Gift Deed）
　一方，贈与証書（Gift Deed）とは，不動産の所有権を移転するに，単純に，認証された証書である。不動産は単独所有である場合もあるが，そればかりではない。譲渡証書は親族間，友人間で使用されることが多い。不動産を贈与する者を贈与者（Donor）と呼称し，譲り受ける者を受贈者（Donee）と呼称する。不動産贈与は，受贈者は連邦所得税について申告しなければならない。贈与証書は，無償又は無補償の場合に使用される。贈与証書に贈与者が署名する際は，利害関係のない証人2名の副署が必要である。例えば，母親が娘に不動産を贈与する際に，母親の配偶者や娘の配偶者は証人にはなれないことを意味する。また，証書は認証されなければならない。そこで，贈与証書は補償なくして自由に贈与者が所有権を受贈者に移転することであり，一方，権利放棄証書を使って不動産を移転したとき，そこに何らかの支払いがあるなしに関わりはない。仮に支払がないときに相手方は当該不動産に関して連邦所得税を申告する必要はない。権利放棄証書は離婚の際に使用されるが，幸福な婚姻関係中に，夫が妻に何らの補償がなくて移転する際に，贈与証書又は権利放棄証書のいずれかを選択できる。そのとき，権利放棄証書を選択したときは，妻は，贈与の際の連邦税申告をしなくてよいとしている。

ウ　贈与権利放棄証書（Gift Quit Claim Deed）
　宣誓供述書（Affidavit of Succession）に続いて，贈与権利放棄証書（Gift Quit Claim Deed）については，長女ジュンコの署名を求めてきたのであるが，その贈与権利放棄証書は次の内容が記載されていた。

〈例2　贈与権利放棄証書〉

> A.R.S. §11-1134(A)(7)により適用除外
>
> ## 贈与権利放棄証書
>
> 　カツミと兄弟姉妹関係にあるジュンコの尊敬と敬意並びにその他の有効及び有価を約因として，ジュンコは，譲渡人（Grantor）とし，カツミを譲受人（Grantee）として，ジュンコのアリゾナ州ヤヴァパイ郡に所在する不動

産所有権並びに下記に表示するすべての権利，権益を放棄する。
　下記に表示するすべての権利，権益の表示は，上記宣誓供述書記載の「目録B・不動産の法律上の表示」に記載されている内容と同一である。

(5)　相続による移転並びに贈与による権利放棄の登録

　スコットは，日本より送られてきた認証済みのAffidavit of Successionをヤヴァパイ郡上級裁判所に登録申請をなし，後掲のAffidavit of Succession記載の最後の頁にヤヴァパイ郡上級裁判所の書記官であるジーン・ヒックスは当書記官室に登録された原本の写しに相違ない旨認証のスタンプが押印され，登録は終了した。そこでこの土地の所有者はジュンコ及びカツミの名義になった。その後この移転登記を待って，更に，スコットは，ジュンコの日本で認証されたGift Quit Claim Deedをヤヴァパイ郡上級裁判所に登録申請をなし，後掲のGift Quit Claim Deedの最初の頁に，登録官よりこの証書は確認された写しである旨の登録官の署名及び日付がスタンプされた。

　最終的にこの土地の登録名義人はカツミの単独所有として表示されることになったものである。

第2章 アリゾナ州

〈例3 不動産移転のための宣誓供述書 (Affidavit for Transfer of title to real estate)〉

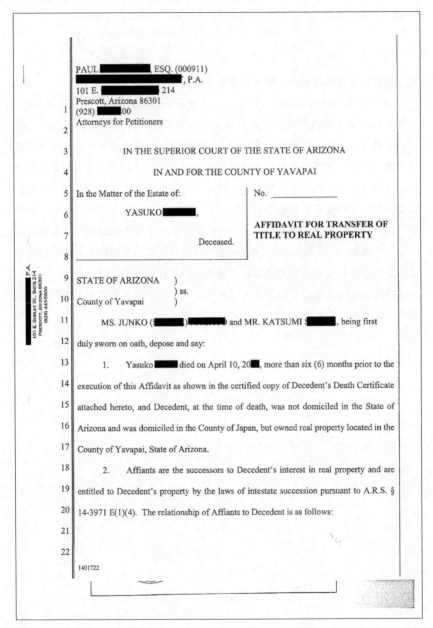

3. Ms. Junko ████, Daughter and Mr. Katsumi ████ Son. The percentage of ownership of the real property is listed on Exhibit "A" attached hereto.

4. The description of the real property in Decedent's Estate is listed on Exhibit "B" attached hereto. The Decedent was the sole owner of the real property described in Exhibit "B".

5. The value of all real property, including any debt secured by a lien on real property, in Decedent's Estate located in Arizona, less liens and encumbrances against said real property as of the date of death, does not exceed $50,000.00.

6. No application or petition for appointment of a Personal Representative is pending or has been granted in any jurisdiction.

7. All funeral expenses, expenses of last illness, and all unsecured debts of decedent have been paid.

8. The persons signing this Affidavit are entitled to the real property in Decedent's Estate by reason of the law of intestate succession.

9. No other person has a right to the interest of Decedent in the described real property.

10. No federal or Arizona estate tax is due on Decedent's Estate.

11. We affirm that all statements in this Affidavit are true and material and further acknowledge that any false statement may subject us to penalties relating to perjury and subordination of perjury.

12. This Affidavit is made pursuant to A.R.S. § 14-3971(E) for the purpose of making claim to real property of the above-named Decedent under said statute.

第 2 章　アリゾナ州

FURTHER Affiants sayeth naught.

DATED this _14_ day of _September_, 20▓.

　　　　　　　　　　　　　▓▓▓ 淳子
　　　　　　　　　　　　　―――――――――――
　　　　　　　　　　　　　Ms. Junko ▓▓▓
　　　　　　　　　　　　　c/o Mr. Hidehito ▓▓▓
　　　　　　　　　　　　　RIS International
　　　　　　　　　　　　　CJ Building, 11th Floor
　　　　　　　　　　　　　7-4, ▓▓▓, 2-Chome, Minato-ku
　　　　　　　　　　　　　Tokyo, Japan 105-0003
　　　　　　　　　　　　　Petitioner

　　　　　　　　　　　　　▓▓▓ 克己
　　　　　　　　　　　　　―――――――――――
　　　　　　　　　　　　　Mr. Katsumi ▓▓▓
　　　　　　　　　　　　　c/o Mr. Hidehito▓▓▓
　　　　　　　　　　　　　RIS International
　　　　　　　　　　　　　CJ Building, 11th Floor
　　　　　　　　　　　　　7-4,▓▓▓, 2-Chome, Minato-ku
　　　　　　　　　　　　　Tokyo, Japan 105-0003
　　　　　　　　　　　　　Petitioner

　　　　　　)
　　　　　　) S.S.
　　　　　　)

　　　　SUBSCRIBED AND SWORN to before me this _____ day of
_____, 20▓ by Ms. Junko (▓▓▓▓▓▓▓).

　　　　　　　　　　　　　_____
　　　　　　　　　　　　　Notary Public

My Commission expires:

_____

3 事例

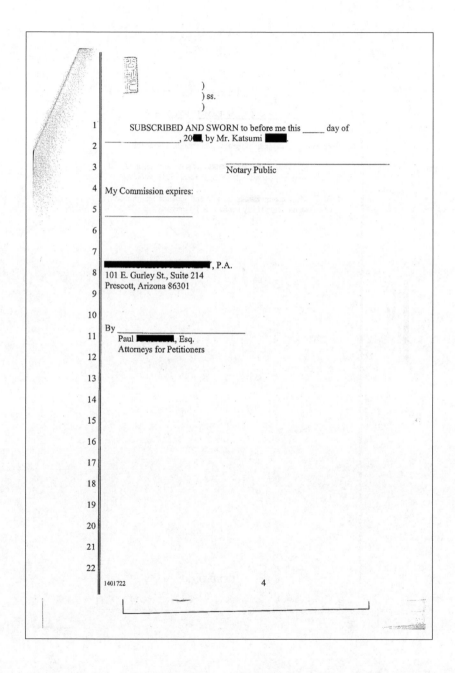

第２章　アリゾナ州

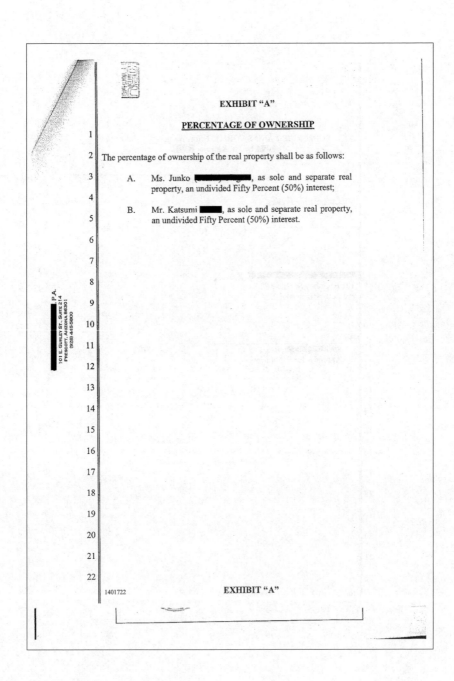

3 事例

EXHIBIT "B"

LEGAL DESCRIPTION

Parcel ■, Arizona's Juniperwood Ranch, Unit 7, according to the Result of Survey recorded in Book 1 of Land Surveys, Page ■, Yavapai County, Arizona.

SUBJECT TO: That certain Declaration, Reservation and Establishment of Non-Exclusive Easements recorded on April 22, 1970 in Book 1070 of Official Records, pages ■ to ■ inclusive, Yavapai County.

EXCEPTING the water holes as conveyed by Deed recorded on February 8, 1977 in Book 1057 of Official Records, pages 404 to 410, Yavapai County, Arizona.

AND EXCEPTING AND RESERVING to Grantor, its successors and assigns, a non-exclusive right of way and easement for ingress and egress, for roadway and public utility purposes on, over, along and across all easements shown on the recorded Result of Survey as set forth hereinabove; which non-exclusive right of way and easement for roadway and public utility purposes shall be appurtenant to all lands formerly, presently or hereafter owned by Grantor in Townships 19, 20, 21 and 22 North, Ranges 1, 2, 3, and 4 West of the Gila and Salt River Base and Meridian, Yavapai County, State of Arizona, and shall run with the title to such land formerly, presently, or hereafter owned by Grantor, or any part or portion thereof.

AND EXCEPTING AND RESERVING to Grantor, its successors and assigns, an undivided fifty percent (50%) interest in and to all minerals of every kind and character, inclusive of, but not limited to, gas, oil, and other hydrocarbon substances, uranium, and any and all other fissionable materials and rights.

AND EXCEPTING AND RESERVING to Grantor, its successors and assigns, all range use and grazing rights, with the right to the use and possession of said Parcel for pasturage and grazing purposes, until the Grantee, his heirs or assigns shall enclose all of said Parcel by erecting a good and substantial fence along the inside lines of the roadway and public utility easement above described.

SUBJECT TO: All matters of record, taxes and assessments chargeable against the real property described herein; easements for public utilities, rights of way for canals, laterals, reservoirs and

EXHIBIT "B"

65

第2章 アリゾナ州

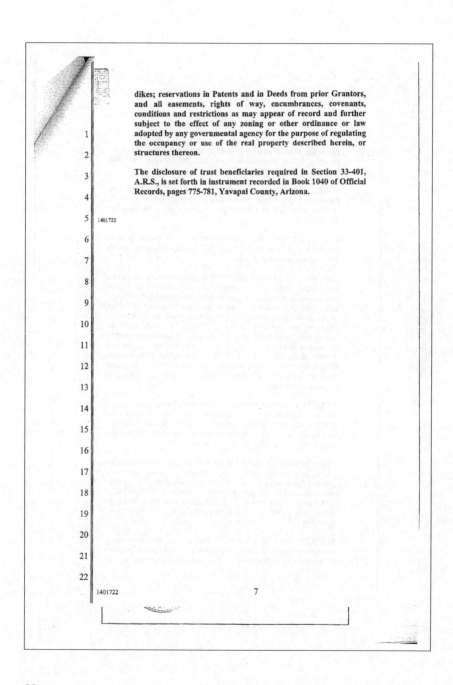

dikes; reservations in Patents and in Deeds from prior Grantors, and all easements, rights of way, encumbrances, covenants, conditions and restrictions as may appear of record and further subject to the effect of any zoning or other ordinance or law adopted by any governmental agency for the purpose of regulating the occupancy or use of the real property described herein, or structures thereon.

The disclosure of trust beneficiaries required in Section 33-401, A.R.S., is set forth in instrument recorded in Book 1040 of Official Records, pages 775-781, Yavapai County, Arizona.

3 事 例

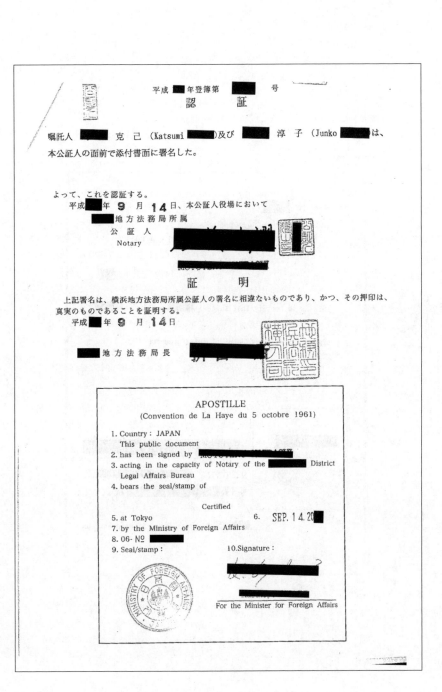

67

第2章 アリゾナ州

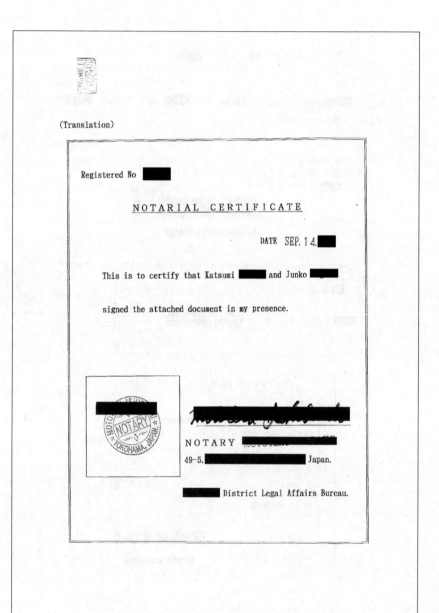

〈例4　贈与権利放棄書（Gift Quit Claim Deed）〉

When recorded mail to:
Paul ▮▮▮▮▮, Esq.
▮▮▮▮▮▮▮▮, P.A.
101 E. Gurley St., Suite 214
Prescott, Arizona 86301

EXEMPT pursuant to A.R.S. §11-1134 (A) (7)

GIFT QUIT CLAIM DEED

For and in consideration of the respect and admiration that Ms. Junko (▮▮▮▮) ▮▮▮▮ has for her brother Mr. Katsumi ▮▮▮▮, and other good and valuable consideration, Ms. JUNKO (▮▮▮▮) ▮▮▮▮▮▮, hereinafter Grantor, hereby quit claims to MR. KATSUMI ▮▮▮▮▮▮, hereinafter Grantee, all her right, title and interest in and to the real property situated in Yavapai County, Arizona and more particularly described as follows:

Parcel ▮, Arizona's Juniperwood Ranch, Unit 7, according to the Result of Survey recorded in Book 1 of Land Surveys, Page 139, Yavapai County, Arizona.

SUBJECT TO: That certain Declaration, Reservation and Establishment of Non-Exclusive Easements recorded on April 22, 1970 in Book 1070 of Official Records, pages 89 to 95 inclusive, Yavapai County.

EXCEPTING the water holes as conveyed by Deed recorded on February 8, 1977 in Book 1057 of Official Records, pages 404 to 410, Yavapai County, Arizona.

AND EXCEPTING AND RESERVING to Grantor, its successors and assigns, a non-exclusive right of way and easement for ingress and egress, for roadway and public utility purposes on, over, along and across all easements shown on the recorded Result of Survey as set forth hereinabove; which non-exclusive right of way and easement for roadway and public utility purposes shall be appurtenant to all lands formerly, presently or hereafter owned by Grantor in Townships 19, 20, 21 and 22 North, Ranges 1, 2, 3, and 4 West of the Gila and Salt River Base and Meridian, Yavapai County, State of Arizona, and shall run with the title to such land formerly, presently, or hereafter owned by Grantor, or any part or portion thereof.

AND EXCEPTING AND RESERVING to Grantor, its successors and assigns, an undivided fifty percent (50%) interest in and to all minerals of every kind and character, inclusive of, but not limited to, gas, oil, and other hydrocarbon substances, uranium, and any and all other fissionable materials and rights.

AND EXCEPTING AND RESERVING to Grantor, its successors and assigns, all range use and grazing rights, with the right to the use and possession of said Parcel

第2章 アリゾナ州

for pasturage and grazing purposes, until the Grantee, his heirs or assigns shall enclose all of said Parcel by erecting a good and substantial fence along the inside lines of the roadway and public utility easement above described.

SUBJECT TO: All matters of record, taxes and assessments chargeable against the real property described herein; easements for public utilities, rights of way for canals, laterals, reservoirs and dikes; reservations in Patents and in Deeds from prior Grantors, and all easements, rights of way, encumbrances, covenants, conditions and restrictions as may appear of record and further subject to the effect of any zoning or other ordinance or law adopted by any governmental agency for the purpose of regulating the occupancy or use of the real property described herein, or structures thereon.

The disclosure of trust beneficiaries required in Section 33-401, A.R.S., is set forth in instrument recorded in Book 1040 of Official Records, pages 775-781, Yavapai County, Arizona.

Dated this _14_ day of _September_, 20__.

_____
Ms. Junko (   )   , Grantor

)
) ss:
)

On this, the ___ day of _____, 20__, before me, the undersigned Notary Public, personally appeared Ms. Junko (   )   , who acknowledged herself to the undersigned and executed the within instrument for the purposes therein contained.

Witness my hand and seal.

My commission expires: _____

_____
Notary Public

Mailing address for tax notices is: Mr. Katsumi   , 15-8,   1-chome,   -ku,   -shi, Kanagawa, Japan 225-0011

1408520

70

3 事 例

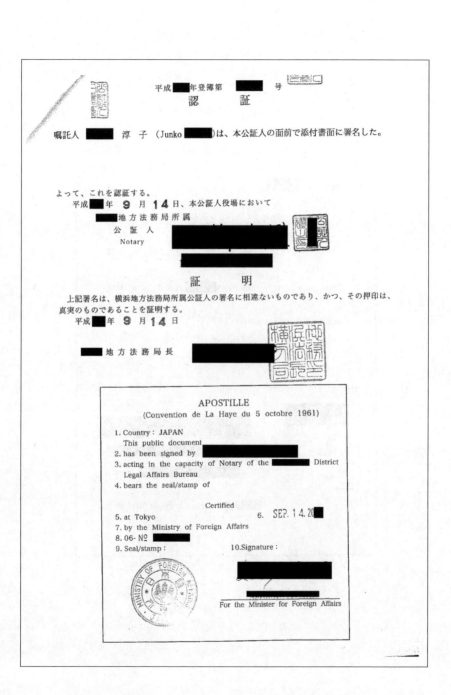

第2章 アリゾナ州

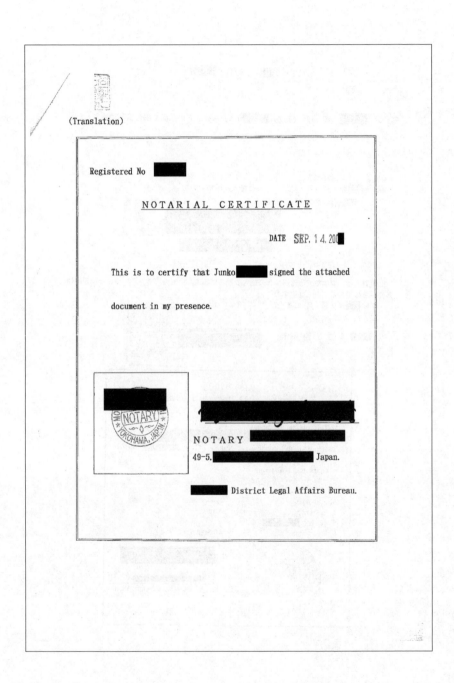

第3章　ヴァジニア州

　ヴァジニア州のプロベイト手続等は，第5編（Title5）64.2の遺言（Wills），信託（Trusts），受認者（Fiduciaries）において，以下のようになっている。

Subtitle I General Provisions
　　Chapter1. Definition and General Provitions
Subtitle II Wills and Decedent' Estate．
　　Chapter2. Decedent and Distribution
　　Chapter3. Rights and Married Persons
　　Chapter4. Wills
　　　Article1. Requisites and Execution
　　　Article2. Revocation and Effect
　　　Article3. Construction and Effect
　　　Article4. Uniform International Wills Act
　　　Article5. Probate
　　　Article6. Recordation and Effect
　　Chapter5. Personal Representatives and Administration of Estate
　　Chapter6. Transfers without Qualification
　　　Article1. Virginia Small Estate Act
　　　Article2. Payments, Settlements or Administration without Appointment of Representative
　　　Article3. Uniform Transfers on Death (TOD) Security Registration Act
　　　Article4 Nonprobate Transfers on Death
　　　Article5 Uniform Real Property Transfer on Death Act
Subtitle III Trusts
Subtitle IV Fiduciaries and Guardians

Part A Fiduciaries
　　　Part B Power of Attorney
　　　Part C Guardianship of Minor
　　　Part D Guardianship of Incapacitated Persons
　Subtitle Ⅴ Provisions Applicable to Probate and Nonprobate Transfers

　以上のとおり，プロベイト手続は遺言の章に組み込まれており，人格代表者が独立の章となり，他の州とは多少異なる編成となっている。
　ヴァジニア州のプロベイト手続を以下に要約する[1]。

1 プロベイト手続

　ヴァジニア州では，別に検認裁判所として特別に設置されているわけではなく，全てのプロベイト手続は，郡の巡回裁判所に係属する。一般的には，巡回裁判所の書記官又は書記官補が，遺言プロベイト又は小額遺産を処理し，巡回裁判所の裁判官は関与していないとしている（§64.2-444）。ただし，遺言の利害関係人は，書記官の遺言プロベイト決定から6か月以内に裁判官に上訴することができる（§64.2-445）。
　事件が正式プロベイト手続として係属した場合，裁判所は遺産管理を担当する人物として人格代表者を指名する。被相続人は，自分の遺言で人格代表者に指名できる。指名がないときは，裁判官又は書記官が指名することになる（§64.2-500）。

2 人的代表者の職務について

1）被相続人の資産をまとめること
2）負債（葬儀費用，債権者に対する負債，税金，一般管理費）の支払をなすこと

---

1) ヴァジニア州裁判所書記協会の「Probate in Virginia Administration of Estates」http://www.courts.state.va.us/courts/circuit/resources/probate_in_virginia.pdf及びhttp://statelaws.findlaw.com/virginia-law/virginia-probate-laws.htmlを参照した。

3）残余遺産を分配すること

3 遺産管理の種類として

　遺産管理のプロセスは，被相続人が有効な遺言を残していたか否かにより，被相続人の遺産プロベイトは異なってくる。ヴァジニア州では，遺産が小額である場合，プロベイトを経ずに簡易な手続によることができる（§64.2-600～605）。それ以外は，裁判所で正式プロベイト手続を行う必要がある。

(1)　小額遺産
　不動産以外の5万ドル以下の動産か，もしくは1万5千ドル以下の資産であり，相続開始後60日を経過後申立てをなすことが要件である。

(2)　正式プロベイト手続の対象遺産
　被相続人が自己名義の財産を残して死亡した場合（被相続人の名義のみの家屋等），または財産を受け取る権利を有する場合には，プロベイト手続を経ることになる。例えば，共有名義や受益者指定もない被相続人名義の銀行口座，被相続人名義の不動産，共有名義の不動産持分，被相続人名義の株式，衣服，宝石，家具，被相続人名義の自動車等被相続人が占有する動産である。

4 プロベイト手続が回避できる制度

　プロベイト手続が回避できる制度として，取消可能信託，生存権付き合有不動産（Joint tenants with a right of survivorship），夫婦合有不動産（Tenancy by the entirety），指定受益権付き生命保険や，退職口座（Life insurance Policies and Retirement accounts with a designated beneficiary），POD（Payable on Death。113頁参照）又はTOD（Transfer on Death。78頁参照）銀行口座が挙げられている。

5 税金について

　ヴァジニア州では原則，相続税（Estate tax）は課税されないが，遺言の

プロベイト申立時にプロベイト登録税として，$1,000.00の遺産価値に対して$1.00の州税と.33¢の地方税を支払うことになる。
　また，その他の州税として，
1）被相続人の最終所得税（Income tax return）申告
2）被相続人の最終的な動産税（Personal property tax return）申告
3）死後において遺産からの所得があれば，遺産所得税（Income tax return for the estate）申告及び連邦税の申告
があるとのことである。

6 無遺言時の相続人及び相続分

　遺言なく死亡したときは，葬儀費用，債務，管理費等の支払後の残余遺産は下記の順位及び相続分によって分配される。
　　第1順位　配偶者と子（その直系卑属）の場合—妻は3分の1，子は3分の1
　　　　　　—配偶者のみの場合　全部
　　　　　　—子のみの場合　全部
　　第2順位　配偶者及び子が居ない場合—父母
　　第3順位　配偶者，子，父母が居ない場合—兄弟姉妹，その直系卑属
　　第4順位　ヴァジニア州法令による特別受益者（contingent beneficiaries）

7 遺言の登録及び効果

　遺言の登録及び効果について，Article6. Recordation and Effectに規定している。

(1) **登録機関（書記官事務所，郡役所，市役所，市立図書館）**
　巡回裁判所又は巡回裁判所書記官によって検認された全ての遺言又は認証された写しは，文書提出命令（subpoena duces tecum）により他の裁判所に提出され又は§17.1-213の定めがある場合を除いて書記官によって登録さ

れ，書記官事務所に保管される。遺言の証明された写し（certified copy）又は認証された写し（authenticated copy）は，遺言によって遺贈された遺産，不動産又は動産が所在する郡役所又は市役所に登録されることができるとしている。

登録された全ての遺書又は認証された写しは，その遺言又は写しが登録されている郡又は市に所在する不動産に関する遺言上の受遺者又は権利者に対する遺言内容の告知の効力を有する。

郡又は市における巡回裁判所の裁判官の承認を得て，書記官は遺言書の原物（original）を書記官事務所からヴァジニア州立図書館のアーカイブ部門に移管し，遺言書の写しは，マイクロフィルム化又は電子登録化され，書記官又はその被指名者は，マイクロフィルム化又は電子登録化された遺言の写しを認証して発行することができる旨規定している（§64.2-455）。

(2) 生前又は死後の善意の不動産取得者

被相続人が所有する州内の不動産につき，その不動産を遺言で遺贈していたときに，その遺言内容を告知を受けずに，生前又は死後に，当該不動産を購入した善意の第三者は被相続人が亡くなったときに受贈者に対抗することができるが，その遺言が被相続人の死亡後1年内に，①受遺者に遺言が執行されたとき，②州外でのプロベイト手続がなされたときは，認証ある遺言書の写し又はプロベイト済みの証明書は，管轄の裁判所又は書記官にプロベイト手続のために提出されなければならないし，不動産の遺言として裁判者又は書記官事務所にプロベイトが認められかつ登録されたときは，その善意の第三取得者は当該不動産を取得できないことになるとしている（§64.2-456）。

同様に，遺贈の対象である州内の不動産について，生前又は死後に，①受遺者，②売却，担保提供，賃貸借又は交換に関する権限を授与されていた人格代表者からの遺言内容の告知なく取得した第三取得者は，別の遺言によって遺贈されていたとしても，善意の第三取得者の権利は影響を受けることはないが，前条のように被相続人の死後1年内に同様の手続をなされたときは対抗できなくなるとしている（§64.2-457）。

更に，前条の第三取得者について，遺言が結果的に無遺言となり，その後

の遺言確認請求によっても善意の第三取得者の権利は影響を受けることはないが，被相続人の死亡後1年内に，遺言承継者より裁判所に訴状が提出された場合は適用されないとする（§64.2-458）。

8 不動産の死亡時移転

(1) 定　義

死亡時移転については，Article 5. Uniform Real Property Transfer on Death Actとして規定している。この章の定義として，

① 「受益者（Beneficiary）」とは，死亡時移転証書（transfer on death deed）により財産を取得する者とする。

② 「指定受益者（designated beneficiary）」とは，死亡時移転証書により財産の取得を指定されている者とする。

③ 「合有者（joint owner）」とは，生存権付き（right of survivorship）の他の者と同時に財産を所有している者で，joint ownerは，生存権付きの合有（joint tenant）及び生存権付きの合有（tenant by entirety）を含み，共有（tenant in common）を含まない。

④ 「人（person）」とは，個人（individual），会社（corporation），事業信託（business trust），信託（trust），合名会社（partnership），有限会社（limited liability company），共同体（association），企業共同（joint venture），公営企業（public corporation），政府又は下部組織（government or governmental subdivision），機関（agency），代行機関（instrumentality），法的又は商業組織（legal or commercial entity）をいうとする。

⑤ 「財産（property）」とは，所有者の死亡時移転ができるこの州に所在する不動産に関する権利を意味する。

⑥ 「移転時死亡証書（transfer on death deed）」とは，この章の下で認証された証書（authorized deed）をいう。

⑦ 「譲渡者（transferor）」とは，移転時死亡証書を作成した者をいう。

と定義している（§64.2-621）。

(2) 死亡時移転の効力

証書にしたがって財産の権利は移転し，指定受益者に権利が付与されることになる。指定受益者の権利は，譲渡者死亡後に指定受益者が生存していることであり，譲渡者より先に亡くなったときは指定受益者の権利は失効する。死亡時譲渡証書を設定した後，譲渡人が婚姻離婚又は婚姻が取り消された場合，死亡時譲渡に明示的に規定されていない限り，離婚又は婚姻取消しにより指名受益者として元配偶者への譲渡は取り消されるとしている（§64.2-632）。

(3) 死亡時移転証書の書式

法律で，任意ではあるが，死亡時移転証書の書式を提示している。その手続において，死亡時移転証書は，Article 5. Uniform Real Property Transfer on Death Actの規定に従って，撤回可能を前提として，ノタリ・ハブリックの面前で作成され譲渡者が生存中に登録され，その登録税は免除されるとする（§64.2-635）。

9 事 例

アメリカで作成した遺言書によるプロベイト手続，遺産管理人による不動産売却，銀行預金解約手続

関西方面の同職より，海外遺産相続手続に関しては処理した経験がないということで当事務所にその処理の紹介を受けた案件である。

ポイント
① 遺言書作成，自己証明宣誓供述書とは
② 受遺者は指名受益者としてプロベイト手続を回避できるのか
③ 特別委任状（Special power of attorney）による売却代理と登録制度と登記制度の相違は
④ 公印確認・アポスティーユ制度とは
⑤ Share certificate purchase (Certified deposit ; CD), Individual retirement account (IRA) とは
⑥ Payable on death, Designated beneficiariesによるプロベイ

ト手続回避
⑦　Individual taxpayer identification number（ITIN）とは
⑧　非居住者による不動産場売却時の源泉徴収とは

1　事案の概要

　ヴァジニア州の遺産執行者と称するジェリーとカレンより1通の手紙を大阪に居住する古森義孝（仮名，以下「義孝」という。）が受け取った。その内容は，次のとおりである。

　ヴァジニア州に居住する古森美代子（仮名，以下「美代子」という。）が，定年前は会計士をしており，アメリカ海軍所属の夫は既に亡しているが，今般，美代子が遺産として不動産，銀行預金を遺して2013年6月15日に亡くなった。美代子には遺言書があり，不動産については，甥である義孝に遺贈する旨遺言されている。そこで，プロベイト手続の上，名義は義孝にしてあるが，これを売却したいとのことで，これについては特別委任状（special power of attorney）を発行してもらいたいとのことであった。また，銀行預金については2種類あり，1口座はCD[2])口座となっておりPODが設定されており，受益者は姪の子・カズキとなっているとのこと，もう一方の口座はIRA[3]）であり，この口座については，古森恵美子（仮名，以下「エミコ」という。）ほか3名が受取人として指定されているとのこと，遺産執行者の執行範囲ではないので，ヴァジニアの銀行の担当者を記載しておくので直接コンタクトしてもらいたいとのこと。また，プロベイト手続や口座解約について手続が複雑であるので現地のアターニであるシャロン・デルベッキオ（仮名，以下「シャロン」という。）にコンタクトしてほしい旨の内容であった。また，資料として，①遺言書写し，②ヴァジニアの銀行のShare certificate purchaseとタイトルがある預金証書，③Traditional IRA beneficiary designation/change（Form 2303）とタイトルがある個人退職設定証書，④美代子の死亡証明書（Commonwealth of Virginia Certificate of death），⑤遺産告知書（Notice regarding estate），⑥自己証明による軍における遺言作成宣誓書（Mil-

---

2）Certificate of depositの略で，譲渡性預金と訳されている。
3）Individual retirement accountの略で，個人退職口座と訳されている。

itary testamentary instrument self-proving affidavit），⑦埋葬次第希望書（My desires regarding funeral arrangements），⑧不動産売却委任状（Special power of attorney）の写しが送付されてきた。

2　遺言書について
(1)　遺言内容

　遺言書は2013年4月9日付けで，ヴァジニア州ノーフォーク海軍基地で軍属法律支援部門の手により作成されており，二人の証人についても，軍所属の者が署名しているものである。遺言者である美代子は，合衆国の退役軍人の未亡人であり，自分自身が従前に作成した遺言の全てを取り消し，この遺言書を作成する旨を宣言している。第1条において，この遺言に別段の規定がない限り病院費用，葬儀費用，遺産にかかわる管理費用，各種税金等を残余遺産より支払うことを指示する旨規定し，第2条では，遺体は埋葬してほしいことを宣し，第3条において，自分所有の不動産（my real estate）は，甥である古森義孝に与える，仮に，義孝が死亡しているときは，義孝の妻であるリンコに与えるとしている。第4条で動産類については，友人であるカレンに与え，カレンが死亡しているときは友人のジェリーに与えるとしている。第5条では，銀行預金は義孝に与え，義孝が死亡しているときは，鈴子に与えるとしている。第6条で遺言執行人に対して管轄裁判所の同意なく，6か月の間に執行のための全ての権限を全て与える旨宣し，第7条で，残余財産についてはカレンに，カレンが死亡しているときはジェリーへ，ジェリーが死亡しているときは義孝へ，義孝が死亡しているときはリンコに与えるとし，これ等の受益者がいないときはヴァジニア州に居住する私の相続人である未婚の者に与えるとしている。第8条として，仮に未成年者又は障害者に自身の財産が移転するときは，遺言執行者は彼らの健康維持，教育のため，彼らの後見人，コミッティ，法定代理人に移転すること，未成年者が18歳になるまでの間移転を保留しなければならない旨を指示するとしている。第9条で，遺言執行者として，カレンを指名し，カレンに不都合があるときはジェリーを遺言執行者として指名するとしている。第10条として，遺言執行者や受託者にはヴァジニア法典のタイトル64.2遺言，信託及び信認の中の§64.2-105（Incorporation by reference of certain powers of fiduciaries into will or trust instrument）に規定する権限を与えるとし，第11条として，受益者は私の死後30日以内生存していないときは，自分自身より以前に死亡したものと推定されるとすることを記述している。

(2) 自己証明による軍における遺言作成宣誓書（Military testamentary instrument self-proving affidavit），埋葬次第希望書（My desires regarding funeral arrangements）について

ヴァジニア州法Chapter4. Will. Article 5. Probateの中の§64.2-452（How will may be made self-prove; affidavits of witnesses）により美代子及び証人二人が役人の面前で宣誓供述した書面である。また，遺言書の第2条にも記載があるのであるが，あえて，宣誓供述の同日に，埋葬希望を表明しているもので，他州で作成された遺言書ではあまり目にしたことのない書面である。

(3) 遺産告知書（Notice regarding estate）について

ヴァジニア州法Chapter5. Personal representatives and administration of estates. Article 1. Appointment and qualificationの中の§64.2-508Written notice of probate, qualification and entitlement to copies of inventories, account, and report to be provided to a certain partiesによる告知書で，差出人として，人格代表者であるカレンとジェリー名義での告知である。その内容として，美代子の遺産であり，同人は2013年6月15日に亡くなったこと，ヴァジニア・ビーチ巡回裁判所（所在地が明記されていた。）での手続であり，人格代表者として，カレンとジェリーが指名されていることを遺言の受遺者である義孝宛に告知しているものである。

(4) 名義書換について

ヴァジニアの遺言内容に不動産に関して受益者として指名されているときは，自動的に受益者へ移転することになる。そのためにプロベイト裁判所に遺言書を提出して，プロベイト手数料並びに税金を支払うことになる旨のシャロンからのe-mailでの情報であった。そこで，直接の根拠規定がヴァジニア州法の中にあるか調べてみたが見つけることはできなかったが，他のロイヤー等のホームページでも次の内容の記述を見つけることができた。すな

わち，プロベイト財産（Probate property）とは，被相続人の死亡時に被相続人の名義で存在するもので，指名された受益権や生涯権のように法によって自動的に他者へ移転する財産権以外の財産権である。被相続人の有効な遺言がないときは，被相続人が有するプロベイト財産は無遺言相続として州法に従って移転されることになる。一方，指名受益者（beneficiary designation）とは，指名された受益者がいる財産は自動的に（被相続人の遺言の規定にかかわらず）指名受益者に移転する。このような指名は契約，遺言の規定，証書等に記載されている。指名受益者は通常は生命保険，退職年金計画に使われるが，全てのタイプ（銀行口座，投資用口座，株式，債券，LLC出資，自動車，不動産等）にも使われている旨の記載を見つけた。依頼者の遺産計画により受益者は配偶者，子供，公益団体又は信託に利用されている旨記述していた。今回の遺言書に記載されていた義孝へ遺贈する旨の記載は指名受益者と同様と考えてよいということになるのだろうと納得した。

(5) 特別委任状（Special power of attorney），不動産情報

　そこで，インターネットの不動産情報で不動産所在地であるヴァジニア・ビーチを調べたところ，所有者情報に所有者名はなかったが，所有者住所として，不動産所在地，所有権移転日は，2013年7月3日と記載され，証書番号はあるが，証書簿冊・頁は空欄となっていた。義孝は日本在住にもかかわらず，日本の不動産登記法とは異なり，プロベイトで証明された遺言書を下に，義孝名義で住所は不動産所在地とする所有権移転登録が可能であるということである。そして，義孝の下に送付されてきた特別委任状（Special power of attorney）の義孝の住所地欄には日本国兵庫県尼崎市とタイピングされていた。この特別委任状について，義孝に在日米国領事館又は公証人の面前で署名し，認証してもらうよう要請していた。

　所有権移転の際における日本の登記制度とアメリカの登録制度の相違点がはっきりするところである。日本の登記制度は書面申請主義のため，当該不動産の登記情報に登載されている所有者及び住所と所有権移転登記申請情報に義務者として記載されている者及び住所が一致していなければならないし，そのために本人を確認する書面として，義務者の印鑑証明書，登記識別情報又は登記済証を添付させるが，その印鑑証明書の住所が登記情報上の住所と

一致しなければ，その前提として所有名義人住所変更登記を必要とし，日本の登記制度が手続を複雑にしていると思われる。その思想には予防法学が前提にあると考えるのであるが，アメリカの登録制度においては，証書（Deed）を登録する際に所有者の住所，氏名の一致よりも，本人であるかについての確認がノタリパブリックによって，確認されているかが重要であり，仮に，登録について利害関係を有する者がいて，その所有権を争うのであれば訴訟で決着するのを選択すればよいとする思想が前提になっているのかと思われる場面である。今回のケースは，遺言執行者が被相続人の死亡後1年内に売却する場合にはその売却代金はヴァジニア法律により現地ロイヤーに預託される旨シャロンからのメールに記載されていたが，制度の違いとはいえ日本の登記制度の下での実務を行っている筆者としてはなんとも不可解な委任状と思われて仕方がない。

(6) アポスティーユ手続

在日米国領事館での認証であれば，そのまま，ヴァジニアに郵送すればよいが，義孝は，下肢障害による歩行困難で出向くことができないため，日本の公証人に義孝の自宅へ出向いてもらい，委任状に公証人の面前で署名し，公証人の認証をしてもらうことになった。この公証人の認証印について，海外機関へ提出する書面となると，また，面倒な手続を必要とする。外務省の公印確認，アポスティーユに関して，外国での各種手続のために日本の公文書を提出する必要が生じ，その提出先機関から，外務省の証明を取得するよう求められた場合，また日本にある提出先国の大使館・（総）領事館の領事による認証（領事認証）取得に際して要求された場合に必要になる旨外務省のホームページに掲載されている[4]。

日本にある提出先国の大使館・（総）領事館の領事による認証（領事認証）を取得するために必要な外務省の証明が公印確認で，一方，アポスティーユとは，「外国公文書の認証を不要とする条約」（略称を認証不要条約といい，1961年10月5日ハーグ条約）に基づく付箋（アポスティーユ）による外務省の認証で，提出先はハーグ条約締結国だけであるが，アポスティーユがあれば，

---

4) 外務省ホームページ，http://www.mofa.go.jp/mofaj/toko/page22_000548.html

日本にある大使館・（総）領事館の領事の領事認証があるものとして，提出先国で使用することができると書かれている。

また，公証人が認証した公証人証書は，原則，その公証人が所属する（地方）法務局長による公証人押印証明が必要であるが，埼玉，茨城，栃木，群馬，千葉，長野，新潟及び静岡の８県の公証役場において，公証人の確認と法務局長による公証人押印証明を一度にでき，その後，外務省で公印確認又はアポスティーユの手続をなすことになるが，更に，東京都，神奈川県及び大阪府の公証役場においては，ワンストップサービスと称して，申請人の依頼があれば，公証人の認証，法務局の公証人押印証明及び外務省の公印確認又はアポスティーユを一度に取得することができる。

更に，提出先機関の意向で日本外務所の公印確認ではなく，現地の日本大使館や総領事館の証明を求められている場合は，ワンストップサービスを受けず，東京（横浜地方）法務局[5]で公証人押印証明を取得しなければならない。外務省で公印確認又はアポスティーユを受けた書類は，現地日本大使館や総領事館で重ねて証明されることはないし，逆に，現地日本大使館又は総領事館で証明を受けた書類は外務省で公印確認又はアポスティーユが発行されることもない旨注意をしている。

本件は，兵庫県の公証人が出張認証したため，神戸地方法務局長の公証人押印証明を受けた後，当事務所まで郵送してもらい，外務省に公印確認申請書とともに提出し，翌日交付を受けたものである。ちなみに代理申請する際には委任状を必要とするが，旅行代理店，弁護士，行政書士及び司法書士など依頼者に代わり書手続を行うことが認められている者が申請する場合は委任状添付を不要としている。

3　ヴァジニアの銀行のShare certificate purchaseとタイトルがある預金証書，Traditional IRA beneficiary designation/change（Form 2303）とタイトルがある個人退職設定証書

(1)　各預金証書の内容

　　銀行からのShare certificate purchaseと表示されている書面（譲渡性預金；

---

5)　東京法務局ホームページ，http://www.mofa.go.jp/mofaj/toko/page22_000607.html

Certified Deposit；CD）の内容は，美代子が亡くなる３年前に購入し，投資金額欄は５万ドル，期間欄は12か月，利率欄は2.04パーセント，個人の箇所及びPayable on deathの欄にチェックを入れ，所有者名欄は美代子の名前がタイピングされ，POD受益者名欄に姪の子・カズキの名前がタイピングしてあり，下段の書名欄には，美代子の署名と銀行の担当者の署名があった。

また，Traditional IRA beneficiary designation/change（Form 2303）とタイトルがある個人退職設定証書についての内容は，同日に設定しており，銀行名，社会保障番号（Social Security Number），美代子の名前が手書きされ，指名受益者（Designated beneficiary）の当初（Primary beneficiaries）欄に

> 第１欄に，持分40％，エミコの名前，住所，続柄・妹，生年月日
> 第２欄に，持分20％，義孝の名前，住所，続柄・甥，生年月日
> 第３欄に，持分20％，カズキの名前，住所，続柄・姪の子，生年月日
> 第４欄に，持分20％，リンコの名前，住所，続柄・義孝の妻

として，下段のIRA所有者名として美代子の署名並びに署名日日付が自署してあった。

(2) ヴァジニアの銀行との交渉

シャロンのe-mailでは，依頼者はあくまで遺言執行者と決めているためか，銀行との交渉を積極的に引き受けようとせず，直接，銀行の担当者に対して交渉してほしい旨であった。

そこで，銀行担当者へ交渉するとともに下記の質問をなした。

① 貴方の以前のe-mailに書かれている有効なIDと「CD#21の受益者としての資金解除請求書」の内容はどのようなものか。

② 美代子は，Share certificate purchase（50,000）及びTraditional IRA Beneficiary designation（Form2303）の２種の預金を持っているようだが，IRA口座の残高を知らせてほしいこと，また，２種の預金は同じ預金口座が記載されているが，２種の違いは何かを教えてほしい。

③ エミコは前年12月に亡くなっているが，エミコの40パーセントの持分は誰が相続するのか。そのための準備する書類はどのようなものか，例

えば，エミコの死亡証明書か。
④ ITIN（Form "W-7"）について，代理による申請は可能か。その際は "Form2848" を使用するのか。
⑤ カズキ，義孝，リンコはパスポートを所持していないが，カズキは運転免許書，義孝は身体障害者手帳，リンコは写真付き証明書がないため住基カードを取得する予定である。しかしながら，IPSはパスポートが唯一の証明書といっているが，これらの証明書で大丈夫か。

銀行担当者の回答は下記のとおりである。
まずもって，IRAの手続に関しては，IRA担当者とコンタクトしてほしい旨の回答であった。その他の回答として，
① について，「CD#21の受益者としての資金解除請求書」の内容は，本人の特定及び解除請求する旨及び送付先住所を明記し，最後に本人の署名をなしIDの写しを添付していればよいとのことであった。
② 美代子は，CDと呼称するShare certificate及びIRAを保有していたこと，IRAの残高は$18,893あること，Share certificateは利息付貯蓄型商品で，IRAは退職年金型口座であること，両方とも同じ基本口座番号であるが，双方を区別するための接尾辞にすぎないものである。
③ エミコは亡くなっているとのことで，死亡証明書が必要であること，40パーセントの持分ファンドに関しては，IRA受益者間においてその持分に従って帰属することになる。

その後，親切にも他の銀行担当者より，IRSのホームページのInternational Servicesを紹介してきた。各国のアクセプタンス・エージェントが紹介されており，日本においては5名のアクセプタンス・エージェントが表示されていた。

その間に，シャロンにも問い合わせると不動産売買にはITINが必ず必要で，そのため売却ができずにいるという。日本のアクセプタンス・エージェントをしている税理士に問い合わせてみると銀行口座については，ITINは必要でなく，不動産売買については売却後納税の際に必要である旨の回答をもらい，当事務所としては混乱の極みに陥ってしまった。

(3) 個人用納税者番号（Individual Taxpayer Identification Number；ITIN）

　ヴァジニアの銀行との交渉において，銀行の各受益者が受益権を取得するためには，受益者は海外に居住する者であるため，ITINを取得するよう要請された。そもそも，このITINとは何かを調べるためITINに関するホームページをいろいろ調査してみた。在日米国大使館のホームページに次のような説明があったので紹介する[6]。

　社会保障番号（Social security number；SSN）は，米国籍者，米国永住権者（グリーンカード保有者），米国籍以外の者で米国内で就労を許可された者あるいは米国連邦年金受給者のために社会保障番号が必要な者のみが有するもので，それ以外の者には，納税申告用として米国内国歳入庁（Internal revenue service；IRS）により個人用納税者番号（ITIN）を発行してもらうことになる。この納税者番号は連邦所得税の納税目的にのみ使用されるもので，身分を証明するものでも在留資格を与えるものでもない旨の注意を促していた。

　個人用納税番号の申請方法として，IRS申請書W-7申請様式を使用することになる。各申請者は連邦所得税申告のために納税者番号が必要だということを証明しなければならないこと，また，連邦所得税申告書又は例外として連邦所得税申告書の提出の必要がない場合はそれを裏付ける資料を添付しなければならない旨告知している。また，この番号は申請してから発行されるまで約7週間掛かる旨告示している。

　更に，番号取得のためには，米国籍以外のパスポート認証手続がある。アメリカ大使館や領事館では，納税者番号取得の場合のみ米国籍以外のパスポートの認証を受け付けているとのことで，認証を受けるパスポートの原本を必ず持参してほしいとのこと，認証は代理人でも可であるが，その場合は本人のパスポート及び代理人の身分証明書を持参すればよく，委任状は不要とのことである。

　本人名義で，W-7様式に，カズキ，義孝，リンコ各自に署名をしてもらい，添付書類として，ITINが必要である旨の宣誓供述並びに本人確認に関する

[6) 在日米国大使館ホームページ，https://jp.usembassy.gov/ja/u-s-citizen-services-ja/itin-ja/

証明，銀行からの手紙等を日本の公証人の面前で署名の上公証人の認証及びアポスティーユを付けてテキサス州オースチンにあるIRS・ITIN Operation宛，郵送にて提出した。その後，ITIN Officeより義孝宛，FAXにて，"Return of Original Documents"と題して，提出された添付原本は，申請者本人の元に返却する旨，郵便物の追跡番号を記載して送付してきた。無事受け付けられたと信じたのであるが，残念ながらその10日後カズキの元に，申請受付は拒否するとして申請書及び添付書面が返却されてきた。

(4) 再度のヴァジニアの銀行との交渉
　ア　ITIN番号取得

　　ITIN取得のためのIRSへ申請をした旨をヴァジニアの銀行に伝えた頃には，銀行担当者より，銀行で再度調査したところ，IRAについては必要であるがCD#21にはITINは必要ではない旨，また，CD#21の残高$52,262について，この銀行は国際的送金ができないので，カズキ宛小切手で郵送するとの返事で，その後，カズキは無事小切手を受領することができ，後は，ITINが無事発行されるだけだと思っていたのである。
　　IRSのITIN OfficeのW-7申請の受付拒否について，早速，銀行担当者へe-mialした。担当者の意見は，パスポートが唯一，IDと外国籍を証明するものであるので，W-7申請の際には，パスポートと及びITINを必要とする根拠である銀行の手紙を添付して再度申請するよう意見が付されてきた。
　　そこで，やむなく各自はITIN取得のためにパスポート申請をなすことになった。1か月後，各自がパスポートを取得したので改めてIRSにITIN取得のために申請書を提出した。その約1か月後ついにITINの番号が各自に付与された旨の通知が各申請者の住所地へIRS ITIN Officeより送達された。

　イ　源泉納税

　　ITINを取得した旨を銀行に連絡すると，すぐさま銀行よりIRA残高を3等分にして支払う旨の通知を受けた。源泉分として受益権受領額の10パーセントをIRSに納税するための，"IRS WITHDRAWAL STATEMENT"を送付してきた。その"IRS WITHDRAWAL STATE-

MENT"について全て記入済みで，後は公証人の面前で署名するだけになっていた。直ぐに，カズキ，義孝，リンコ各自に署名をしてもらい，公証人の認証のうえ（アポスティーユを付けるのを失念していたが銀行は何らのクレームもつけてこなかった。）銀行へ返送したところ，前回同様に，小切手にて各人の住所地へ郵送してきた。

(5) 不動産売却における非居住者源泉徴収

ITINを取得し，銀行手続が全て完了したので残る手続は不動産売却のみとなった。カレンに連絡したところ，年末近くになって，市場価値は16万ドルであるところ，15万5千ドルで売却できた旨の連絡を受けた。このときは経費等が掛かっているので売り急ぎのため多少減額して売却したものと思っていた。後で判明したのであるが米国税理士に言わせると，死亡時の市場価値は18万6千ドルであったのでいくら売り急ぎでも安すぎるのではないかとの疑問を呈していたが後の祭りであった。売却の際に，売主は非居住者であり，買主（中国系アメリカ人夫婦であった。）は源泉徴収義務があるため売買価額の1割を納付した。その納付されたことをユタ州オグデンのIRSの財務部門（Department of treasury）より義孝の住所宛"Form8288-A Copy B Statement of Withholding on deposition by foreign pers U.S. real property interests"なる通知書を郵送してきた。この手続は，日本での非居住者[7]が居住者に売却した際も売買価額の1割を源泉徴収されるシステムと同じである旨感心したが，日本の場合は土地等の譲渡価額が1億円以下で，その土地等を自己又は親族の居住のように供するために譲り受けた個人から支払われるものについては源泉徴収は不要である旨の定めがあるが，同様の規定がIRSになかったのか後になって気付いたのであるが，遅きに失していた。

(6) 米国税理士

ヴァジニアでの税務処理のため，ハワイ在住の税理士に依頼をした。米国税務制度や税務用語等が不案内のため，英語より日本語で連絡しあう方がべ

---

7) 国税庁ホームページ，https://www.nta.go.jp/taxes/shiraberu/taxanswer/gensen/2879.htm

ターであると考え日系税理士テツコに依頼することができた。

　テツコによると，前述した不動産売買価額155,000ドルについて，シャロンに問い合わせたところ，シャロンは不動産鑑定はせずに固定資産税額によった旨回答したとのことであった。テツコによると美代子が亡くなった日近くの固定資産税評価額は186,900ドルで，売却時の評価額は191,500ドルで，売却価額の差が大きすぎるといっていた。そこで気付かされたことが2点ある。① 売却損が出たとテツコが言ったことである。損益の基準日が亡くなった日としている点である。日本では相続時ではなく被相続人が取得した日の取得価額による。当事務所で取得した不動産情報によればこの不動産取得時の価額は35,240ドルとなっていた。とすると売却益が出ていることになる。② 売却時の固定資産税額が判明することである。日本では2年に1回の評価額改訂であるが売却時の評価額がでるとは驚きである（もっとも，日本では相続財産評価は路線価を基準とするのであるが。）。

　そもそも，米国遺産税控除額は525万ドルで，本ケースは遺産税対象ではないことで，孝義については，売却損が少なくとも源泉分15,500ドルであるので，還付請求ができることになる。また，カズキ，リンコについては，数百ドルの税金が掛かるかもしれないが，プロフェッショナルとしての会計業務，当事務所の連絡業務を経費として計上し，控除すれば納税額はゼロになるとのことで申告をIRSに提出してもらい，結果的に，義孝については15,204ドルの還付金が支払われることになった。

(7)　おわりに

　美代子さんは83歳の時に遺言書作成しており，作成日から亡くなるまでの間が2か月と短く，また，友人と称する夫婦が遺言執行者として指名されて，死亡日から20日足らずで遺言書のプロベイトをなし，かつ，遺言書に基づき受遺者である義孝名義に書き換えたこと，遺言執行者を代理人として売却を急いでいること，遺言執行者の代理人となったカレンは，日本側の代理人ではないとの意識なのか与える情報も最小限にしたこと等を考えると本ケースはすっきりとしないことが多かったが，州によっても相続手続，プロベイト手続の違いや税務等が学べるケースではあった。

〈例5　遺言書（Last Will and Testament）〉

LAST WILL AND TESTAMENT

OF

MIYOKO ███████████

Dated: April _9_, ███

Prepared by:

LT ███████████
Licensed in the Commonwealth of Massachusetts (BBO #661292)
Legal Assistance Attorney
Region Legal Service Office, Mid-Atlantic
9620 ███████████
Norfolk, Virginia 23511
757-███████

9 事 例

MILITARY TESTAMENTARY PREAMBLE: This is a MILITARY TESTAMENTARY INSTRUMENT prepared pursuant to Title 10 United States Code, Section 1044d, and executed by a person authorized to receive legal assistance from the military services. Federal law exempts this document from any requirement of form, formality, or recording that is prescribed for testamentary instruments under the laws of a state, the District of Columbia, or a territory, commonwealth or possession of the United States. Federal law specifies that this document shall be given the same legal effect as a testamentary instrument prepared and executed in accordance with the laws of the jurisdiction in which it is presented for probate. It shall remain valid unless and until the Testatrix revokes it.

LAST WILL AND TESTAMENT

OF

MIYOKO ▇▇▇▇▇▇

I, MIYOKO ▇▇▇▇▇▇, a resident of the Commonwealth of Virginia, make, publish and declare this to be my Last Will and Testament, revoking all wills and codicils at any time heretofore made by me. I am the widow of a person who was retired from the military service of the United States.

FIRST: I direct that the expenses of my last illness and funeral and the expenses of the administration of my estate shall be paid from my residuary estate without apportionment. I direct that all estate, inheritance and similar taxes payable with respect to property included in my estate, whether or not passing under this will, and any interest or penalties thereon, shall be apportioned among the people interested in my estate in the manner provided by law in the absence of a contrary direction in this will.

SECOND: It is my desire that, upon my death, my body be cremated.

THIRD: I give all my real estate, and all rights that I have under any related insurance policies, to my nephew YOSHITAKA ▇▇▇, if he survives me. If my nephew YOSHITAKA ▇▇▇ shall not survive me, I give all my real estate, and all rights that I have under any related insurance policies, to my nephew's wife RINKO ▇▇▇ if she shall survive me.

FOURTH: I give all tangible personal property owned by me at the time of my death, including without limitation personal effects, clothing, jewelry, furniture, furnishings, household goods, automobiles and other vehicles, and all rights that I have under any related insurance policies, to my friend KAREN ▇▇▇, if she survives me. If KAREN ▇▇▇ does not survive me, then I give all of my tangible personal property to my friend JERRY ▇▇▇, if he survives me.

FIFTH: I make the following cash bequests:

93

第３章　ヴァジニア州

I give the contents of any banks accounts I have to my nephew YOSHITAKA ▇▇▇, if he survives me. If my nephew does not survive me, I give the contents of any bank accounts I have to my nephew's wife, RINKO ▇▇▇, if she survives me.

SIXTH: I authorize my Executor, in addition to any rights conferred by law and in the absolute discretion of my Executor, and without the consent of any court having jurisdiction over my estate, to disclaim or renounce, in whole or in part or with respect to specific amounts, parts, fractional shares or assets, any legacy, devise, or interest in or privilege or power over any trust or other disposition provided for my benefit under the will or other instrument of any person at any time within nine months after the date of the transfer (whether by reason of such person's death or otherwise) which created an interest in me.

I authorize any person, in addition to any rights conferred by law, at any time within nine months after my death, to disclaim or renounce, in whole or in part or with respect to specific amounts, parts, fractional shares or assets, any devise, legacy, interest, right, privilege, or power granted to that person by this will. Any such disclaimer or renunciation shall be made by a duly acknowledged, irrevocable, written instrument executed by that person or by his or her conservator, guardian, committee, attorney-in-fact, executor, or administrator, delivered to my Executor and filed in accordance with any requirements of applicable law. Any person considering making a disclaimer or renunciation should consult an attorney.

SEVENTH: I give all the rest, residue and remainder of my property and estate, both real and personal, of whatever kind and wherever located, that I own or to which I shall be in any manner entitled at the time of my death (collectively referred to as my "residuary estate"), as follows:

(a) If my friend KAREN ▇▇▇ survives me, to my friend KAREN ▇▇▇.

(b) If my friend KAREN ▇▇▇ does not survive me, my residuary estate shall be paid and distributed to my friend JERRY ALLEN ▇▇▇, if he shall survive me.

(c) If my friend JERRY ALLEN ▇▇▇ does not survive me, my residuary estate shall be paid and distributed to my nephew YOSHITAKA ▇▇▇, if he shall survive me.

(d) If my nephew YOSHITAKA ▇▇▇ does not survive me, my residuary estate shall be paid and distributed to my nephew's wife RINKO ▇▇▇, if she shall survive me.

(e) If none of the beneficiaries described in clauses (a) through (d) above shall survive me, then I give my residuary estate to those who would take from me as if I were then to die without a will, unmarried and the absolute owner of my residuary estate, and a resident of the Commonwealth of Virginia.

9　事　例

EIGHTH: If any property of my estate vests in absolute ownership in a minor or incompetent, my Executor, at any time and without court authorization, may: distribute the whole or any part of such property to the beneficiary; or use the whole or any part for the health, education, maintenance and support of the beneficiary; or distribute the whole or any part to a guardian, committee or other legal representative of the beneficiary, or to a custodian for the beneficiary under any gifts to minors or transfers to minors act, or to the person or persons with whom the beneficiary resides. Evidence of any such distribution or the receipt therefor executed by the person to whom the distribution is made shall be a full discharge of my Executor from any liability with respect thereto, even though my Executor may be such person. If such beneficiary is a minor, my Executor may defer the distribution of the whole or any part of such property until the beneficiary attains the age of eighteen (18) years, and may hold the same as a separate fund for the beneficiary with all of the powers described in Article TENTH hereof. If the beneficiary dies before attaining said age, any balance shall be paid and distributed to the estate of the beneficiary.

NINTH: I appoint my friend KAREN ▉▉▉▉▉▉▉▉▉▉ to be my Executor. If my friend KAREN ▉▉▉▉▉▉▉▉▉▉ shall fail to qualify for any reason as my Executor, or having qualified shall die, resign or cease to act for any reason as my Executor, I appoint my friend JERRY ▉▉▉▉▉▉▉, JR. as my Executor. I direct that no Executor shall be required to file or furnish any bond, surety or other security in any jurisdiction.

Any bank, trust company or similar institution at any time serving as Executor hereunder shall be entitled to receive compensation for its services in accordance with its standard schedule of compensation in effect when such compensation is payable.

TENTH: I grant to my Executor and Trustee all powers conferred on executors under Title 64.2 and Section 64.2-105 of the Code of Virginia, as amended, or any successor thereto, and all powers conferred upon fiduciaries in every jurisdiction in which my Executor and Trustee may act. I also grant to my Executor power to retain, sell at public or private sale, exchange, grant options on, invest and reinvest, and otherwise deal with any kind of property, real or personal, for cash or on credit; to hold, manage, insure, repair, improve, demolish, divide, and otherwise deal with and dispose of any property; to borrow money and mortgage, encumber or pledge any property to secure loans; to pay any legacy or distribute, divide or partition property in cash or in kind, or partly in kind, and to allocate different kinds of property, disproportionate amounts of property and undivided interests in property among any parts, funds or shares; to determine the fair valuation of property, with or without regard to tax basis; to exercise all powers of an absolute owner of property; to compromise and release claims with or without consideration; and to employ attorneys, accountants and other persons for services or advice. The term "Executor" wherever used herein shall mean the executors, executor, executrix or administrator in office from time to time.

----------------THIS SECTION INTENTIONALLY LEFT BLANK----------------

3

第 3 章　ヴァジニア州

ELEVENTH: I direct that for purposes of this will a beneficiary shall be deemed to predecease me unless such beneficiary survives me by more than thirty days.

IN WITNESS WHEREOF, I, MIYOKO , sign my name and publish and declare this instrument as my last will and testament this 9th day of April, ■■■.

MIYOKO

The foregoing instrument was signed, published and declared by MIYOKO ███████, the above-named Testatrix, to be her last will and testament in our presence, all being present at the same time, and we, at her request and in her presence and in the presence of each other, have subscribed our names as witnesses on the date above written.

WITNESS:

███████████████
Signature

███████████████
Print

NAVY PERSONNEL COMMAND
███
5720 INTEGRITY DRIVE
MILLINGTON, TN 38055-3130

███████████████
Signature

███████████████
Print

NAVY PERSONNEL COMMAND
5720 INTEGRITY DRIVE
MILLINGTON, TN 38055-3130

第3章　ヴァジニア州

〈例6　遺言である旨の自己証明宣誓供述書（Military Testamentary Instrument Self-proving Affidavit）〉

MILITARY TESTAMENTARY INSTRUMENT SELF-PROVING AFFIDAVIT

WITH THE UNITED STATES ARMED FORCES
AT NAVAL STATION NORFOLK, NORFOLK, VIRGINIA

　　　　　We, the Testatrix and the witnesses, whose names are signed to the attached or foregoing instrument, being first duly sworn, do hereby declare to the undersigned authority that in the presence of the military legal counsel and the witnesses the Testatrix, MIYOKO ▅▅▅▅▅▅▅▅▅▅, signed and executed the instrument as her military testamentary instrument, that she had signed willingly, and that she executed it as her free and voluntary act and deed for the purposes therein expressed. It is further declared that each of the witnesses, at the request of the Testatrix, in the presence and hearing of the Testatrix, the military legal assistance counsel and each other, signed the military testamentary instrument as witness, and that to the best of his or her knowledge the Testatrix was at the time at least eighteen years of age or emancipated, of sound mind, and under no constraint, duress, fraud or undue influence.

MIYOKO
Testatrix

WITNESS
Signature
Print

Signature
Print

　　　Subscribed, sworn to and acknowledged before me by the said MIYOKO ▅▅▅▅▅▅▅▅▅, Testatrix, and subscribed and sworn to before me by the above-named witnesses, this ▅▅ day of April, ▅▅.

　　　　I, the undersigned officer, do hereby certify that I am, on the date of this certificate, a person with the power described in Title 10 U.S.C. 1044a of the grade, branch of service, and organization stated below in the active service of the United States Armed Forces, or an authorized civilian attorney under Title 10 U.S.C. 1044a, and that by statute no seal is required on this certificate, under authority granted to me by Title 10 U.S.C. 1044a.

Name of Officer and Position: NICOLE ▅▅▅▅
Grade and Branch of Service: LT, JAGC, USN
Command or Organization: RLSO MIDLANT ▅▅▅▅
NO SEAL

MY DESIRES REGARDING FUNERAL ARRANGEMENTS

It is my desire that, upon my death, my body be cremated. This desire is expressed in my Will, but I repeat it here so that it may be acted upon prior to any formal reading of my Will.

Dated: April 7, ▊

MIYOKO ▊

〈例7　裁判所に登録した遺贈告知書（Notice Regarding Estate）〉

NOTICE REGARDING ESTATE
Commonwealth of Virginia
VA. CODE § 54.2-508

No. ▇▇▇-735

ESTATE OF _____ Estate of Miyoko ▇▇▇

(who died on ____ June 15, ▇ ____)

Virginia Beach _____ Circuit Court

2425 ▇▇▇▇, Virginia Beach, Virginia 23452
CIRCUIT COURT CLERK'S MAILING ADDRESS

TO: Yoshitaka ▇
1-2-19 ▇
▇▇, Hyogo-Ken, Japan

The notice is mailed or delivered to you as required by law because the person who signed this notice has identified you as a spouse, heir at law or beneficiary under a will of the deceased person named above. This notice is to tell you that, in the circuit court clerk's office, listed above, either a personal representative has qualified or a proponent has probated the deceased person's will.

THIS NOTICE DOES NOT MEAN THAT YOU WILL RECEIVE ANY MONEY OR PROPERTY.

The name, address and telephone number of a personal representative or a proponent of the will is:

Karen ▇▇▇ & Jerry ▇▇▇, Co-Executors
3705 ▇▇▇
Virginia Beach, VA 23456
Ph: (757) 635-5312 (Karen)

who is a person who may be able to provide more information regarding the deceased person's estate. The person sending this notice is a:

[X] personal representative who is handling the deceased person's estate. (See additional information below.)

[ ] proponent of the will.

[ ] person having an interest in the estate.

July 3, ▇▇▇▇
DATE

Karen ▇▇▇
NAME

SIGNATURE

See NOTICE on Page Two.

Jerry A. ▇▇▇

FORM CC-1616 (MASTER, PAGE ONE OF TWO) 10/12

9 事 例

NOTICE: If personal representatives qualified on this estate, they are required by law to file an inventory with the commissioner of accounts within four months after they qualify in the clerk's office, to file an account within sixteen months of their qualification, and to file additional accounts within sixteen months from the date of their last account period until the estate is settled. If you make written request therefor to the personal representatives, they must mail copies of these documents (not including any supporting vouchers, but including a copy of the decedent's will) to you at the same time the inventory or account is filed with the commissioner of accounts unless (i) you would take only as an heir at law in a case where all of the decedent's probate estate is disposed of by will, or (ii) your gift has been satisfied in full before the time of such filing. Your written request may be made at any time; it may relate to one specific filing or to all filings to be made by the personal representative, but it will not be effective for filings made prior to its receipt by a personal representative. A copy of your request may be sent to the commissioner of accounts with whom the filings will be made. After the commissioner of accounts has completed work on an account filed by a personal representative, the commissioner files it and a report thereon in the clerk's office of the court wherein the personal representative qualified. If you make written request therefor to the commissioner before this filing, the commissioner must mail a copy of this report and any attachments (excluding the account) to you on or before the date that they are filed in the clerk's office.

The name and mailing address of the appropriate Commissioner of Accounts is:

John ▮▮▮
Asst: Melodee Case-Polis
P.O. Box 536
2101 ▮▮▮, Suite 700
Virginia Beach, VA 23451

FORM CC-1616 (MASTER, PAGE TWO OF TWO) 7/02

101

第3章 ヴァジニア州

〈例8　Joint Tenaneyによる預金証書（Share Certificate Purchase）〉

〈例９　個人退職口座（Individual retirement Account）〉

[redacted] 91

TRADITIONAL IRA
BENEFICIARY DESIGNATION/CHANGE (FORM 2303)

Please Print or Type

[redacted]
CUID

[redacted]
Credit Union Name

[redacted] . 7790 . 51　　Miyoko [redacted]
Social Security Number　　IRA Suffix　　IRA Owner's Name (First, Initial, Last)

☐ I am the beneficiary. (Check this box if you are not the original owner of this account, but instead received it as the designated beneficiary and are now designating your own beneficiaries.)

Original IRA Owner's Name　　Original IRA Owner's Social Security Number　　IRA Suffix

(Before filling out the "DESIGNATION OF BENEFICIARY" section, please see instructions on reverse side.)

DESIGNATION OF BENEFICIARY

(Revocable)

PRIMARY Beneficiary(ies)

%	Name	Mailing Address	Relationship	Birth Date	SS #
40	EMIKO [redacted]	1-2-19 [redacted]	SISTER	1/29/30	
20	YOSHIYAKA [redacted]	HYO GO-KEN JAPAN	NEPHEW	5/20/49	
20	KAZUKI [redacted]	〃	GRAND NEPHEW	12/20/52	
20	RINKO [redacted]	〃			

% Column MUST total 100%

SECONDARY Beneficiary(ies)

%	Name	Mailing Address	Relationship	Birth Date	SS #

% Column MUST total 100%

TERTIARY Beneficiary(ies)

%	Name	Mailing Address	Relationship	Birth Date	SS #

% Column MUST total 100%

(This beneficiary designation overrides all previous designations for this IRA. If you have more than one IRA, you must fill out a separate Beneficiary Designation/Change Form for each IRA.)

CONSENT OF SPOUSE

I consent to the designation of beneficiary on this form, and I agree to convert this IRA into the separate property of my spouse to be distributed as shown on this form following my spouse's death. I understand that by signing this consent, I am giving up both my current community/marital property rights in this IRA and my community/marital property rights in any future contributions to this IRA. I further understand that I may not revoke this consent in the future. However, this consent will be automatically revoked if my spouse amends this designation of beneficiary during my lifetime.

X
Signature of IRA Owner's Spouse　　Date (MM/DD/YYYY)

IRA OWNER'S SIGNATURE

(This beneficiary designation is not effective unless signed.)

X Miyoko [redacted]　　12/27/[redacted]
IRA Owner's Signature　　Date (MM/DD/YYYY)

Stock #80013
2303
(Rev. 11/2001)

第3章 ヴァジニア州

〈例10 委任状 (Apostille付Special power of Attorney)〉

- 1 -

登録番号平成■年第■号

　　　　　認　　証

嘱託人■■■は法定の手続に従って、本公証人の面前で、添付証書の記載が真実であることを宣誓した上、同証書に署名した。

よって、これを認証する。

平成■年１２月１０日　兵庫県■■■■
１－２－１９嘱託人宅において
　　■市昭和通７丁目２３４番地
　　■地方法務局所属

　　　　　　　公証人

Registered No.

CERTIFICATE

This is to certify that Yoshitaka ■■■ swore before me, in accordance with legal procedure ,that the statement in the attached document is truthful, and his signed the document in my presence on this 10th day

第3章 ヴァジニア州

of December ▇ .
at 1-2-19 ▇▇▇▇▇▇ city,
Hyogo Pref.,Japan

▇▇▇▇▇▇▇▇▇▇

KOBE DISTRICT LEGAL AFFAIRS BUREAU NOTARY 7-234, SHOWA ST. AMAGASAKI CITY, HYOGO PREF., JAPAN

Notary

▇ Showa st.Amagasaki city,Hyogo Pref,
Japan
Attached to the ▇ DISTRICT LEGAL AFFAIRS BUREAU

9 事 例

SPECIAL POWER OF ATTORNEY

KNOW ALL MEN BY THESE PRESENTS:

I, Yoshitaka ▇▇▇▇▇▇▇, Grantor, at present residing in ▇▇▇▇▇▇▇▇, Hyogo-Ken, Japan, Grantee, appoint Jerry and Karen ▇▇▇▇▇▇▇ my true and lawful attorney-in-fact (hereinafter "my agent") to act on my behalf as follows:

1. My Agent is authorized to act for and on my behalf with respect to all matters relating to my interest in the real property located at 5674 ▇▇▇▇▇▇▇▇, Virginia Beach, Virginia 23464 (the "Property"), including, but not limited to the following:

   a. To lease, sublease, release; to eject and remove tenants or other persons from, and recover possession of by all lawful means; to accept real property as a gift or as security for a loan; to collect, sue for, receive and receipt for rents and profits and to conserve, invest or utilize any and all of such rents; profits and receipts for the purposes described in this paragraph; to do any act of management and conservation, to pay, compromise, or to contest tax assessments and to apply for refunds in connection therewith; to employ laborers; to subdivide, develop, dedicate to public use without consideration, and/or dedicate easements over; to maintain, protect, repair, preserve, insure, build upon, demolish, alter or improve all or any part thereof; to obtain or vacate plats and adjust boundaries; to adjust differences in valuation on exchange or partition by giving or receiving consideration; and to release or partially release real property from a lien.

   b. To mortgage and/or convey by deed of trust or otherwise encumber my property. To sell or lease all or any part or parts of my property, upon such terms as my agent may deem appropriate. To execute and deliver on my behalf any deeds, leases and conveyances thereof, with all necessary covenants, warranties and assurances, and to sign, seal, acknowledge and deliver the same.

   c. To execute and perform any other act or thing which is necessary, or in the opinion of my agent, ought to be done in connection with the management of the Property.

I hereby confirm all lawful acts done by my agent pursuant to this Power of Attorney. An affidavit executed by my agent, setting forth that he has not, or had not, at the time of doing any act pursuant to this Power of Attorney, received actual knowledge or actual notice of the revocation or termination of this Power of Attorney or notice of any facts indicating the same, shall, in the absence of fraud participated in by the person or persons acting in reliance upon this Power of Attorney, be conclusive proof of the nonrevocation or nontermination of this Power of Attorney at such time, except as specifically set forth below. I further declare that as against me or persons claiming under me, everything which my agent shall do pursuant to this Power of Attorney shall be valid and binding in favor of any person or entity claiming the benefit hereof who has not received actual notice of my death and who has not received actual written notice that this Power of Attorney has been revoked.

3. My agent shall be entitled to reasonable compensation of 1% of the purchase price received from the sale of the real property and reimbursement for any expenses incurred on my behalf under this instrument.

This power (or this authority) shall not terminate on disability of the principal, and such disability shall not affect the authority herein granted.

I, Yoshitaka Wakabayashi, sign my name to this power of attorney this _10_ day of _12月_____, and being first duly sworn, do declare to the undersigned authority that I sign and execute this instrument as my power of attorney and that I sign it willingly, or by willingly directing another to sign for me, that I execute it as my free and voluntary act for the purposes expressed in the power of attorney and that I am eighteen years of age or older, of sound mind and under no constraint or undue influence.

Yoshitaka

9 事例

第3章 ヴァジニア州

〈例11 アメリカ歳入庁用の個人用納税者証 (Individual Taxpayer Identification Number for IRS (ITIN))〉

第4章 オクラホマ州

1 オクラホマ州の検認手続

　オクラホマ州の検認手続に関しては，Oklahoma StatutesのTitle58にProbate Procedureとして規定している。

　オクラホマの法律実務家協会（Oklahoma Bar Association）のホームページのプロベイト手続の案内[1]や他のホームページの解説[2]を読んでみると他州とほぼ同様の内容になっているが，細かい点において違いがあることが分かる。

(1) プロベイト手続について

　遺産所有者が死亡した場合，オクラホマ州法はプロベイト財産を確定し，その価値を評価し，債権者や相続人に分配するための法的手続を規定している。そのような手続は，不動産所有者の居住地の郡（County）の地方裁判所で行われる。他州に居住する被相続人のプロベイト財産は，付随的管理（ancillary administration）と呼ばれる手続が必要となるとすることは他州の説明と同じである。

(2) 非プロベイト財産

　人が死亡した場合，その人の財産は，1）プロベイト財産，又は2）非プロベイト財産に分類される。プロベイト財産には，一般的に，被相続人が所有した財産であり，信託財産は含まれない（例えば，銀行口座預金，証券口座預金，不動産）。プロベイト財産は，プロベイト手続を経なければならない。

　今日では，多くの人々が非プロベイト財産で保有している。信託財産，確

---

1) http://www.okbar.org/public/Brochures.aspx, 2018.03.23閲覧
2) http://statelaws.findlaw.com/oklahoma-law/oklahoma-probate-and-estate-tax-laws.html, 2018.03.23閲覧

定拠出個人年金である401(k)及びIRA（Individual Retirement Arrangements：退職金積立金），生命保険，POD（Payable-On-Death）銀行口座，TOD（Transfer-on-Death）証券口座，合有財産（Joint tenancy）などで，非プロベイト財産はプロベイト手続を経る必要はないことも他州の説明と同じである。

(3) 小額遺産手続及び略式管理手続
ア 小額遺産手続
　小額遺産手続はプロベイト手続を経る必要はない。不動産を除き遺産額が２万ドル未満の場合，被相続人が亡くなった日から10日経過後に，その財産は小額遺産に関する利害関係人の宣誓供述書（Affidavit）によって相続人が取得することができるとする（§58-393）。
イ 略式管理手続　その１
　プロベイト手続の申立て並びに人格代表者が指名された後，裁判所は，遺産目録作成並びに鑑定額が15万ドル以下の場合，略式手続ができる（§58-241）。
ウ 略式管理手続　その２
　下記の場合には，利害関係人より略式管理手続の申立てができる（§58-245）。
① 遺産額が20万ドル以下（2013年10月31日以前は17万５千ドル）である場合
② 被相続人が５年以上前に死亡している場合
③ 死亡時に別の管轄裁判所区域に居住していた被相続人である場合

(4) 家族手当
　光熱費を含み，遺産より家族の１年間の維持に必要な合理的な手当及び裁判所に認められた追加的手当，ただし，遺産が破綻しているときは１年を超えることができない。資金が不足している場合，裁判所は自宅を除く遺産たる不動産に抵当権設定のうえ借入することを許可することができるとする。

(5) 相続その他の税
　相続その他の州税は2010年１月１日以降は課税されなくなったとのことである。

2 Payable on Deathについて

オクラホマ州のPayable on Deathについて，オクラホマ制定法（Oklahoma Statutes）の第6章（Title6）銀行及び信託会社（Banks and Trust Companies）において，共有又は単独預金口座におけるPayable on Deathの申請（Share or deposit account payable on death – Application）として規定している（§6-2025）。

A．口座預金者の死亡時に受益者に支払われる共有又は単有預金口座手続に関しては，下記の規定に従うとして，

1．共有預金，又は単有預金が，クレジット・ユニオンにおいて，「ペイラブル・オン・デイズ」又は「POD」という用語が使用されているとき，そのような預金は，オクラホマ州法84章の第41条から第57条の規定にかかわらず，口座名義人がPOD受益者又は受益者として指定された個人に，その生存にかかわらず，受益者の指定された遺産として，預金者の死亡時に支払われるものである。指定されたPOD受益者は，内国歳入法典26 USC第501条(c)(3)の規定により課税を免除された信託受益者，個人，または非営利団体でなければならない。

2．POD指定の共有又は単有預金口座は，口座名義人との契約で構成され，一人以上の口座名義人とクレジット・ユニオンの関係において，口座名義の最後の共有者の死亡時に，預金担保権者への支払の後は，クレジット・ユニオンは指定当初受益者に残預金の保有又は支払をなすことになる。

3．口座に指定された各POD受益者は，条件付受益者として特に指定されていない限り，当初受益者である。

4．口座に当初POD受益者が一人しかいない場合で，その受益者が個人である場合においては，口座名義人は，残預金を保有又は支払を受けることができる一人又は数名の条件付受益者を指定することができる。ただし，共有預金者の最後の一人が亡くなったときに当初受益者が生存していないことが条件となる。また，複数の当初POD受益者がいる場合は，条件付受益者は指定されることは許されない。

5．唯一の当初POD受益者が生存していなく，4．により認められた条件付受益者が指定されている場合，残預金は条件付受益者に均等に保持さ

れるか支払われ，当初受益者の遺産に属さないことになる。当初受益者及び条件付受益者も生存していない場合は，条件付受益者の遺産にその持分につき，残預金を保有し又は支払われることになる。

6．複数の当初POD受益者を指定するには，口座内容は下記による。「口座名義人」,（受益者名），（受益者名）及び（受益者名）の各自に均等に「死亡時支払（POD）」と記載する。

7．口座に当初POD受益者が一人しか指定されていない場合，口座名義人は口座の種類又は預金契約書に以下のような意味の文言を追加することができる。

　「指定されたPOD受益者が死亡した場合，（受益者名），（受益者名）及び（受益者名）に対する口座名義人の死亡時に条件付受益者に均等に支払う」

8．生存権及び受益者の数を考慮のうえ，口座名義人の数に応じて内容を調整することができる。各受益者は，最後の口座名義人が死亡した後でかつ預金担保権者への弁済後にのみ，残預金を比例配分により受ける。

　口座名義人の死亡前に受益者が死亡した場合，その受益者の持分は，受益者の遺産に属するものとする。ただし，4．に規定しているように受益者に代替して一人以上の条件付受益者が指定されている場合を除くことになる。

　指定された条件的POD受益者並び唯一の当初受益者が死亡した場合の条件的POD受益者は，その持分はすべて均一である。

9．クレジット・ユニオンは，口座名義人に，当初又は条件付POD受益者の住所を提供するよう求めることがある。同じく，POD口座が金利付口座であり，最後の口座名義人が死亡後60日以内にPOD受益者又は受益者による請求がない時か，又は，クレジット・ユニオンが死亡通知した時のいずれか遅い時点をもって，口座を無利子口座に変更することができる。

10．指定受益者の指定の変更は，口座名義人及びクレジット・ユニオン所定の書式，方法によって行われない限り有効ではない。ただし，本条は，オクラホマ州法の第15章§178（Contracts of Designating former spouse as beneficiary or providing death benefits-Effect of divorce or

annulment）の規定に従うものとする。口座名義人又はその共有名義人の死亡まで，口座名義人又はその共有名義人は，口座変更決定権，その他の特権，引き出し権の全部又は一部を含む口座に関する全ての権利を保有し，行使することができ，いかなる方法でも取り扱うことができる。口座名義人又はその共有名義人の領収書又は弁済受領証書は，支払に関してクレジット・ユニオンに対する有効かつ十分な権利放棄であり以後請求できないことになる。
11. 受益者が死亡し代替指名受益者が誰もいない場合，指名された受益者又はその受益者の遺産の人格代表者による支払領収書又は弁済受領証書は，支払に関してクレジット・ユニオンに対する有効かつ十分な権利放棄となり以後請求できないことになる。そして
12. 2008年1月1日以降，クレジット・ユニオンは，POD口座を開設する顧客に，POD口座の収益金配分は本条の規定と整合的に行われることを書面で通知するものとする。

B．本条の規定は，共有口座，取引口座，貯蓄口座，預金証書，譲渡性払戻指図預金（Negotiable order of withdrawal・NOW）口座，市場金利連動型普通預金（Money market deposit account・MMDA）口座を含む全ての預金口座に適用される。

3 事 例

日本の公正証書遺言に基づく，オクラホマ市の銀行口座（その口座がPayable on deathであった）のプロベイト手続

― ポイント ―
① 日本の公正証書遺言があるときに，どのようにして英米法系の検認手続と大陸法系たる日本の検認手続の違いを説明するか
② POD口座での受益者の遺産になる要件は何か
③ 銀行預金についての遺産税，相続税はどうなるのか

第4章　オクラホマ州

1　端緒

　知り合いの税理士事務所より，以前大学教授をしていた佐藤高麗男（仮名，以下「高麗男」という。）氏が，オクラホマ市の地方銀行に銀行預金2口を遺して亡くなったのでその手続をしてほしい旨の連絡が入った。

　その高麗男には，子供はいなく，公正証書遺言があり，遺産については信託銀行が遺言執行者に指名されているとのことであったが，その遺言の条項には，一定範囲の遺産について妻・佐藤鏡子（仮名，以下「鏡子」という。ただし，鏡子は高麗男が亡くなる以前に死亡していた。）に相続させ，日本の信託銀行が遺産執行者としてその執行をとり行うが，その余の遺産についての受遺者である妻・鏡子の姪の鈴木麻里子（仮名，以下「麻里子」という。）がその遺言執行者に指名されていた。ところが，その遺言条項の「一定範囲の遺産」の中には「遺言者名義で契約するその他の金融機関」と記載されていた。オクラホマ市の地方銀行は海外の金融機関であるが，遺言者名義で契約するその他の金融機関に該当すると思われるので，遺言執行者として海外での検認手続を行ってほしい旨要請したのであるが，預金残高が約21万ドルであったのと，海外での手続が煩雑で経費が掛かると判断したためか，当該遺言条項は海外資産を含まないため遺言執行はできない旨の回答してきたとのことである。彼女は医師でもあり英語も堪能であったので，高麗男がオクラホマの大学で客員教授として教鞭をとっていたときの同僚であった大学教授の応援を受けて，直接，オクラホマ市の地方銀行と電話，e-mailでのコンタクトをしていたのであるが，事態が前に進まず，らちが明かなくなったため当方の事務所への依頼となった次第である。

　ちなみに，鏡子が高麗男より先に亡くなっているのであるが，鏡子も同様に公正証書遺言を作成し，遺言執行者として信託銀行を指名していた。遺産が意外と少なかったようで，信託銀行は遺産執行人を辞する旨の通知が麻里子の下に郵送されていたとのことである。

2　事前準備並びにアターニ事務所の選定

　依頼者より面談の上，銀行預金についての情報，高麗男，鏡子それぞれの公正証書遺言書，戸籍除籍等，相続関係図等を受け取り，その書類の精査を為すとともに，オクラホマ市内のアターニ事務所を選定すべく，オクラホ

マ・バー・アソシエイションのホームページを閲覧し，数人の候補者を検討した結果，「We are familiar with ancillary probate laws and procedures」というキャッチフレーズに引かれて，トーマス・ジョンソン（仮名，以下「トーマス」という。）という人物とコンタクトすることになった。当初e-mailは，単にオクラホマ市の銀行預金取戻手続についてアターニを探している旨を書いて出したためか，返答は直ぐ来たが，small estateと勘違いしたのか，affidavitで簡単に取戻しができるし，受任したときのアワリチャージは222ドルである旨の短い内容であった。改めて少し詳しい内容に切り替えた。そのe-mail内容はクライアントの叔父が遺産としてオクラホマ市の地方銀行に21万2千ドルの預金があること，関係人は全て日本人であり，ドミサイルは日本であることを記して送付したところ，同人よりその日に返信があり，affidavitで取り戻せる金額は2万ドルまでで，これを超える金額は，通常プロベイト手続になること，報酬的には3千ドル及び手続費用が掛かるということで，詳細な資料の送付を依頼してきた。

　高麗男の公正証書遺言書及び翻訳文を付け，まだ業務委託契約が成立していないので依頼者の部分はマスキングのうえPDFにして，トーマス事務所に電送した。e-mailの中に，日本民法を理解してもらうために英文による日本民法での遺言の種類の中で公正証書遺言は検認手続が不要である旨，関連する条項を抜粋してPDFにて送付した。トーマスより，そのシステムはテキサス州の独立管理手続（Independent administration）に類似するシステムだと，若干異なった理解を示し，いずれにしても，より通常のプロベイト手続になってしまうのではないかという感想を述べ，かつ，費用についても2倍になってしまう旨，あらかじめ報酬を取り逸れないように回答をよこしてきた。当方としてもその程度は掛かる予測を立てていたので，折り返し了承する旨の返事をした。

3　POD口座

　その年の暮れにようやく，当事務所と業務委託契約（Attorney-client employee agreement）に署名をしてPDFをトーマスに電送し，早速，トーマスの銀行口座へ着手金として3000ドル相当の日本円（当時のレートは1ドル，122.33円だった。）を送金した。

第4章 オクラホマ州

　トーマスは，早速，地方銀行の担当者（以前当方の依頼者がコンタクトしていた人物）と面談をし，その際の会話を確認する文書を添付してその預金はPOD預金であった旨の報告してきた。その内容は，①確かに，高麗男の預金が存在していること及びプロベイトでの命令があれば人格代表者(Personal representative) に解約し支払うこと，②以前，高麗男のオクラホマ大学の友人ジョー教授がこの預金について交渉してきたことがある。銀行としてはジョーが人格代表者となってもらえれば手続が円滑に進むと思っていること，③預金者の受遺者である妻・鏡子が高麗男より先に亡くなっていること，この預金はPOD口座であり妻・鏡子が受益者となっているが，第2次受益者が指名されていないため高麗男の遺産になる旨を銀行側は言っていること，④銀行側は，この口座の解約支払に関してどのような書類が必要であるか銀行側の法務担当者に問い合わせるとのこと，トーマスは銀行側に銀行にファイルされている情報，特に，預金契約（Depository agreement），署名カード（Signature card），現残高の写しを開示するよう要請したこと，⑤トーマス側でプロベイト開始されたときは，納税身分番号（Tax ID）を取得し，銀行側に提示すること，⑥銀行側の法務担当者の氏名とコンタクト方法を知らせてほしいこと，等であった。

　その日に，銀行側法務担当者ボブより，トーマスへe-mailが入り，署名カード等によれば，高麗男は，PODとして鏡子を受益者として指名しており，条件付受益者は指名していないことが判明した。そこで鏡子は亡くなっているので鏡子の遺産として支払われることになる。鏡子の遺産として人格代表者が選任されていれば，その人格代表者に支払われることになる。認証された遺産管理状（Letter of administration）の写しを私に送ってくれれば手続は全て完了する旨の内容であった。

4　鏡子の遺産としてのプロベイト手続

　預金口座名義人についてのプロベイト手続を予定していたので，妻・鏡子の遺産としてプロベイト手続になるものとは考えていなかった。トーマスより次の書面又は情報を送付するよう依頼があった。①遺言書原本，②遺言書第8条で遺言執行者として日本の信託銀行が指名されているので，日本の信託銀行の認証された就任放棄書（Waiver of appointment notarized）及び麻里

子は受遺者となり人格代表者の候補者の一人になるため，友人のジョー教授を人格代表者に選任したいので，麻里子の人格代表者就任放棄書，③プロベイト手続を告知する対象者である相続人及び受遺者の一覧表（その中には，高麗男の遺言執行者である信託銀行も含めること。），④遺言書第10条に日本の信託銀行の遺言執行者報酬として「遺言執行者指定及び遺言書保管に関する約定書」に記載した遺言執行報酬基準により算出した額と定める旨の記載があるが，オクラホマ州の人格代表者の報酬は遺産額が最初の6000ドルに対して250ドルプラス残りの遺産額に2.5パーセントを乗じた額を加えるとのことである。大まかで5100ドル（もう少し多いように思ったが）になるという。

　このうち，トーマスがどうしても理解ができなかったのは，①遺言書原本についてである。コモンロー法体系でのプロベイト手続では遺言書原本は必ず裁判所に提出しなければならないことになっている。しかしながら日本の公正証書遺言の原本は公証役場に保管することになっている（公証人法25条）。そこで公正証書遺言書の正本しか提出できないことが理解してもらえず，公証人法の英訳を送って，これを裁判所に提出してもらいたいと要請した。

　次に，②の信託銀行の就任放棄書についても難航した。遺言書第8条の遺言執行者に選任されている信託銀行は，前述のとおり，遺産が意外と少なかったようで，信託銀行は遺産執行人を辞する旨の通知が麻里子及び鏡子の姉妹で麻里子の母親である鈴木美智子（仮名，以下「美智子」という。）宛に辞任通知が既に来ていたのであるが，改めて，オクラホマの裁判所に提出する就任放棄書について，信託銀行本店の代表権を有する取締役に公証人の面前で署名させることをトーマスは要求してきているのであるが（トーマスにしてみれば当然のことであるが），日本の大手信託銀行の代表者がとても公証役場に行きそうもない。そこでこの遺言書作成を取り扱った支店では，そもそも，英文放棄書の日本文への翻訳の正当性は誰が保証するのか，仮に日本の書式で放棄書又は辞任届を作成してその英訳文の正当性は誰が保証するのかと訳の分からない難題を突きつけ抵抗されてしまい，一時はデットロックに乗り上げる羽目に陥ってしまった。そこで，高麗男の公正証書遺言の際も，この信託銀行に抵抗されたのであるが，そのときは，海外の金融資産は遺言執行者の職務範囲外である旨回答されたので，やむなくこの理由を援用して，トーマスに放棄書は提出ができない旨回答した。

これらのトーマスとの事前の打ち合わせだけで約10か月近くが過ぎ，ようやく，申立てに至った。

5　申立て（Petition）

　トーマスは，当初，POD口座の受益者である鏡子に債権者がいるわけがないし，相続人は夫（遺言執行者である信託銀行），鏡子の妹・美智子，受遺者（金融資産以外の不動産の受遺者であるが，コモンロー系ではプロベイト手続の告知対象となるようである。），金融資産の受遺者である麻里子の4名を予定していたので，§58-240（Determination of heirs, devisees and legatees under certain circumstances - Hearing without notice.）の告知なしの聴聞手続の方法を採用すべく申立書を作成していたのであるが，上記のとおり遺言書原本の提出ができないこと，信託銀行の選任放棄書も提出できないこととなったため，告知なしは取りやめ，ただし，鑑定人の選任，遺産目録，会計人の登録を求めない方法による申立書に書き直して，その年の暮れに裁判所に提出した。その申立書には，遺言書原本につき日本の法律に基づき日本の公証役場に保管されているため正本を提出する旨，また，遺言執行者たる信託銀行はオクラホマの金融資産はその職務範囲外であり，かつ，海外での執行は費用が掛かりすぎるため就任を拒否した旨，更に受遺者である麻里子についても人格代表者になるには海外での執行には費用がかさむこと並びにジョー教授を人格代表者に推薦し，自らは人格代表者に就任しない旨の宣誓供述書を提出した旨を記載し，ジョー教授を人格代表者に選任するよう申立てをなした。添付書面として，①認証された公正証書遺言の翻訳及び公正証書遺言正本，②認証された麻里子の人格代表者推薦及び自らの就任放棄書を提出した。また，同日，裁判所判事より聴聞会を翌月4日13時30分開催する旨を告知する決定書が発せられた。

6　遺産管理状（Letter of Administration with will annexed）

　1月6日に裁判所よりジョー教授を遺言付き遺産管理人として人格代表者に選任する旨の遺産管理状（Letter of Administration with will annexed），申立書の申立事項を承認する決定書（Order admitting will to probate and determining heirs, devisees and legatees waiving the appointment of appraises and the filing of inventory and accounting）が発せられた。また，同日，ジョー教授によるプロベイト申立内容に関して人格代表者としての宣誓供述書（Testimony of personal representative on probate of will）が裁判所にファイルされたとして，この3通の書面がPDFにてトーマスより送付されてきた。そこで，当方より債権者の遺産に対する債権申出期限についてトーマスに問い合わせたところ，債権者に対して債権申出を3月16日までに申し出るよう債権者への告知書（Notice to creditors）は，裁判所に1月8日ファイルされた旨のPDFが送付されてきた。

7　税金問題

　債権申出期間は経過し，次の問題は，遺産税及び相続税に関して，トーマスはIRS（Internal Revenue Service国内歳入庁）に問い合わせ中だが，なかなか返事をしてくれない旨の回答であった。筆者事務所においても預金解約に際してIRSに個人納税身分番号申請（Application for IRS Individual taxpayer identification number）を提出したことがあったので，念のためと思いトーマスへマスキングした申請書を送っておいたところ，トーマスから改めて最終審尋期日の準備について次のようなe-mailが送付されてきた。「分配手続の準備をしているのであるが，鏡子の遺産につきIRSのEIN（Employer identification number）抜きで分配するか，又は，ITIN（Individual taxpayer identification number）を取得して分配するか考慮中である。そこで，二つの方法が考えられる。一つは，銀行が，納税なく，かつ，銀行に何らのペナルティーなく，口座から直接に人格代表者報酬及び代理人報酬を支払うことができるか。もっとも，依頼者及び裁判所の承認が必要である。その二つ目の方法は，EINが必要となる場合に，鏡子が社会保険番号（Social security number）を持っていないのにどうやってこれを取得すべきかである。現在，引き続き銀行法務担当者等との協議をなしている最中であるので暫時待ってほしい。」旨の内容であった。

　トーマスの返事からすると，遺産管理人は銀行預金を解約して遺産管理人の特別口座に入れているわけではなく依然として銀行口座のままになっている状態であることが分かる。通常は，遺産管理人が裁判所より遺産管理状の付与を受けたなら直ちに遺産管理人が遺産を自分の占有下に置き，同時並行

的に，債権者公告を行なうと教わっていたのであるが，今となってはその相違理由が判然としない。また，トーマスはPOD口座について，CD（Certificate of Deposit）の略語を頻繁に使用していたのが気になった。

最終的には，遺産税及び相続税の納税はないことに決定した。

8 寄 付

人格代表者であるジョー教授は，麻里子にe-mailを出し，高麗男とのオクラホマや日本での交流等思い出を語り，高麗男の役に立てたことで自分の人格代表者報酬は自分が勤めてきた大学へ寄付する旨を申し出た。麻里子もジョー教授の申出に感動し，自分が受ける遺産の2分の1について，アフリカの村に公共市場開設のための資金及びジョー教授の大学にそれぞれ2分の1を寄付する旨を申し出た。その寄付控除に関しては日本での寄付ではないため寄付控除は受けられない旨日本の税理士のアドバイスがあったが，麻里子は遺産の中より分配する旨を決定した。

9 最終審尋期日

最終の会計，分配手続申立てが7月20日になされ，8月23日に最終審尋期日が決定された。裁判所の審尋期日決定，期日呼出状及び人格代表者及び代理人の報酬決定申立書のPDFが送付されてきた。その後，麻里子の寄付申出について，裁判所宛の日本公証人の認証ある譲渡証（Assignment of interest in estate）に署名してオクラホマに送付した。また，遺産についても受領した旨についての受領書についても日本公証人の認証を受けオクラホマに送付して公正証書遺言によるオクラホマの地方銀行でのPOD口座の遺産手続は終了した。

3 事例

〈例12 遺言検認手続申立書（Petition for Probate of Will）〉

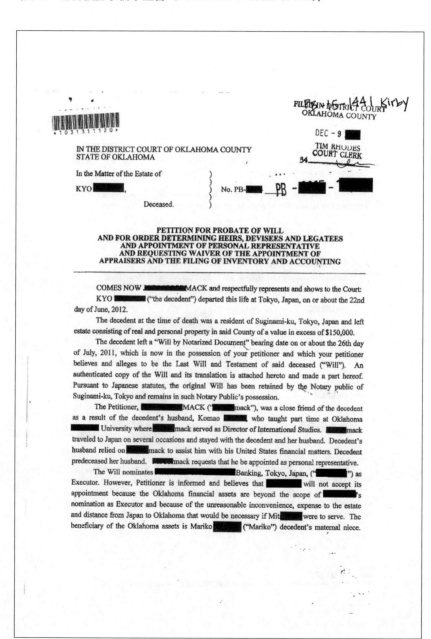

Mariko resides in Japan and declines her appointment for much the same reasons ███ will not serve. Mariko has nominated Petitioner to serve as Administrator with Will Annexed ("Personal Representative") of decedent's Will. Petitioner consents to act as Personal Representative.

The names, ages, and places of residence of the heirs, devisees, and legatees of said deceased, so far as known to your petitioner, are as follows:

HEIRS

NAME	RELATIONSHIP AGE	ADDRESS
Komao ███,	surviving spouse, deceased September 23, 2013.	
Named Executor of Komao ███.		1-4-5 ███████, Tokyo JAPAN
Mie ███	Sister	11-12, ███ 2 cho-me ███, Tokyo 167 ███ JAPAN

DEVISEES AND LEGATEES

NAME	RELATIONSHIP AGE	ADDRESS
Jiro ███	Relative/Legal age	11-15 ███ 2 cho-me ███, Tokyo JAPAN
Mariko ███	Niece/Legal age	1-2-20 ███, Tokyo 1840█ JAPAN

This Court should enter an order under the provisions of 58 O.S. Section 240 determining that all of the heirs, devisees and legatees of said decedent are as set out above.

To preserve the privacy of the decedent, conserve the assets of the estate and facilitate the administration of the estate the court should direct that no appointment of appraisers is necessary, that no inventory should be filed and that no annual accountings of this estate should be filed.

WHEREFORE, your petitioner prays:

Petition
Estate of Kyo███
Page 2   N:\TED\ADMINISTRATION OF ESTATES AND PROBATE███, Komao\Pleadings\Kyo\Petition 2015-11-25.doc

3　事　例

A. A day be fixed for hearing this Petition and notice thereof be given as required by law, and upon final hearing thereof, that said Will be admitted to probate and Letters of Personal Representative be issued thereon to ▓▓▓▓▓ MACK and that such minimal bond as possible be determined by the Court;

B. The heirs, devisees and legatees of the decedent be determined as set out above.

C. That the Court waive appointment of appraisers and the filing of an inventory and of an annual accounting;

D. This Court issue all other proper orders.

DATED this __2__ day of _Dec._, ▓▓▓

▓▓▓▓▓▓ MACK, Petitioner

▓▓▓▓▓ Clerck, OBA# 10▓▓
Attorney for Petitioner
▓▓▓▓▓▓ CLERCK, P.L.L.C.
202 ▓▓▓▓
Enid, Oklahoma 73701-4018
(580) ▓▓▓▓

VERIFICATION

STATE OF OKLAHOMA)
COUNTY OF OKLAHOMA) SS:

▓▓▓▓▓ MACK, being first duly sworn upon oath says: that he the Petitioner above named, that he has read the foregoing Petition and knows the contents thereof, and that the facts therein set forth are true.

▓▓▓▓▓▓ MACK

Subscribed and sworn to before me this _2nd_ day of _December_, ▓▓▓.

[NOTARY SEAL]　　　　　NOTARY PUBLIC
My Commission Expires: 10/11/▓▓
Commission No.: 1200▓▓

(Notary seal: # 1200▓ EXP. 10/11/16 STATE OF OKLAHOMA)

Petition
Estate of Kyo ▓▓▓▓
Page 3　N:\TED\ADMINISTRATION OF ESTATES AND PROBATE\▓▓▓▓\Komso\Pleadings\Kyo\Petition ▓▓-11-25.doc

第４章　オクラホマ州

〈例13　オクラホマ州のプロベイトコートに提出した遺産分割協議書日英文一式〉

AFFIRMATION OF ▇▇▇▇ Hidehito:
CERTIFICATION OF ACCURACY

I, ▇▇▇▇ Hidehito, male, solicitor, holder of Japanese Passport Number TH53▇▇▇▇, of 8-13-507 Higashi 1 cho-me, ▇▇▇▇ Saitama-ken 352▇▇▇ Japan, hereby affirm and say that:-

1)　I am well acquainted with Japanese and English languages, and have had experience in the translation of documents form Japanese into English for 38 years. I have obtained the certificate for English at ▇▇▇▇ University on March 25, 1970 and am the president of the International ▇▇▇▇ Association from 1987 to now.

2)　I hereby certify that the document hereto attached and marked Exhibit "A" is true, correct and complete English translation (consisting of 5 pages including the front cover) of the Japanese document hereto attached and marked Exhibit "B" (consisting of 7 pages excluding the cover).

HIDEHITO

Registered No. ▇▇▇▇

NOTARIAL CERTIFICATE

This is to certify that ▇▇▇▇ Hidehito has acknowledged himself in my very presence that the signature on the foregoing document is his own.

Dated this 17th day of November ,

Notary

TOKYO LEGAL AFFAIRS BUREAU
NOTARY OFFICE
CHUO-KU TOKYO JAPAN

3 事 例

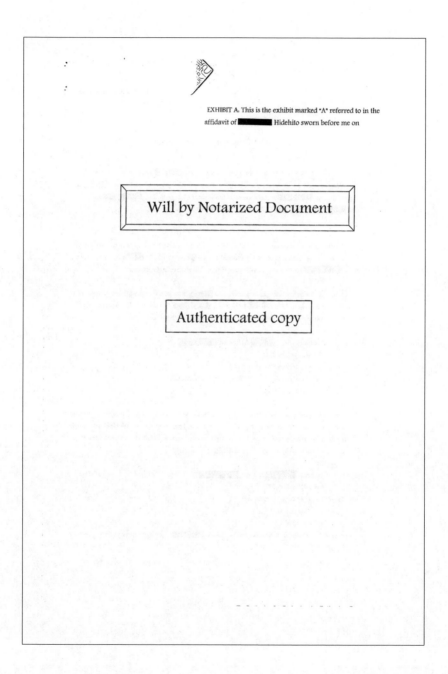

第4章 オクラホマ州

No. 255, ■

Authenticated copy

Will by Notarized document

I, Notary, take dictation from a testator, Kyo ■ and prepares and create this Notarial deed by the commission of the testator in the presence of Tadashi ■ and Yoshitaka ■ of the witness at the testator's house in 211 ■ 2-3-16 ■, ■, Tokyo on July 26, ■

Article 1 The testator makes this will as the following Articles after the testator revoked her will stated in the will by notarized document of No. ■ on March 2, ■ created by Wataru ■ who is a Notary affiliated with the Tokyo Legal Affairs Bureau.

Article 2 The testator devises/bequeaths Jiro ■ who is her relative (born on January 6, 1974 and living in 11-12 ■ 2 cho-me, ■, Tokyo) the following property that the testator owns/holds at the time of commencement of inheritance.

 House;
  Location: 158-1 ■ 2 cho-me, ■
  House Number: 258
  House category: Residence
  Structure: Wooden clay tile roofing house of one story
  Floor area: 50.41 ㎡

Article 3 In the case where the testator inherits the following property (all of co-ownership interests in case of co-ownership interests in real estate) from Komao ■ who is her husband (born on November 28, 1913) at the time of commencement of inheritance, the testator devises/bequeaths the aforesaid Jiro ■ such property.

 Land;
  Location: ■ 2 cho-me, ■
  Parcel Number: 157-1
  Land category: Housing area
  Parcel area: 139.90 ㎡

Article 4 The testator devises/bequeaths Mariko ■ of testator's niece (born on January

128

1, ███ and living in 2-20 ███ 1 cho-me, ███, Tokyo) the money (gross proceeds after deleting and adding the interest or fees and expenses) obtained through realizing the following financial assets (excluding the insurance policy and contributions) that the testator owns/holds at the time of commencement of inheritance by the Executor designated under paragraph 1 of Article 8 by appropriate method.

The Executor designated under paragraph 1 of Article 8 may give her the amount that remains after deducting the cost and expenses to be borne by her stated in Article 7 from the money that she would succeed.

In case that the aforesaid Mariko ███ has the right to inheritance at the effective time of this will, the above "devises/bequeaths" shall be read as "inherits"; the same shall apply in Article 5 and 6.

(Financial assets)
(1) Deposit and saving, Money held in trust, Share of stock, Bonds and debentures, Investment trust, Deposit, Gold receivables and all of other deposit estate and all rights such as the dividends receivable relating thereto that the testator concludes the deposit agreement with the following financial institutions under the name of the testator.

(Financial institutions)
① ███ (███ Branch)
② ███ bank, Ltd. (███ Branch)
③ Bank of ███ (███ Branch)
④ ███ and Banking Company, Limited (present. ███ Bank) (███ Branch)
⑤ Other financial institutions in the name of the testator
(2) All negotiable instruments that the testator holds and all rights such as the dividends receivable relating thereto.

2. Executor designated by Article 8, paragraph 1 should deliver in kind to Mariko ███ as a part of the property that the testator devises/bequeaths her by the assessed value of the inheritance tax based on the National Tax Agency Basic Instructions on Evaluation of Asset and the inheritance tax law at the time of commencement of the inheritance without converting the property that it is difficult to convert among Property of the preceding paragraph. In this case, the said assessed value of the inheritance tax shall be deem to be money obtained through the cashing in the preceding paragraph.

Article 5 The testator devises/bequeaths Mariko ███ the right to demand refund of the annual storage fee for the will under "Written contract concerning the Executor designation and the safekeeping of the will" having at the time of the inheritance.

第4章 オクラホマ州

Article 6 The testator devises/bequeaths, imposes or succeeds Mariko ▓▓▓▓ all property (including the real property and money) and obligation (including filing of return and payment of the capital gain on the transfer tax with the realization of the financial assets) that the testator owns/holds at the time of commencement of inheritance, always excepting what is provided for the preceding Article.

Article 7 The testator has Mariko ▓▓▓▓ bear the following expenses. Besides the Executor designated under paragraph 1 of Article 8 may pay always the following expenses from money to be acquired by her under Article 4.
(Expenses etc.)
(1) All expenses required to be executed this will by the Executor designated under paragraph 1 of Article 8 (including the taxes and other public charges and all expenses relating to the record and registration of the inheritance and testamentary gift)
(2) Remuneration of Executor designated under paragraph 1 of Article 8 (including the consumption tax)

Article 8 The testator shall designate the following person as Executor. The Executor may have, when Executor finds it to be necessary, the third party undertake the duties of Executor.

▓▓▓▓▓▓▓▓▓▓▓▓
1-4-5 ▓▓▓▓▓▓▓▓▓▓▓▓, Tokyo
2. Notwithstanding the provisions of the preceding paragraph, the testator shall designate Mariko ▓▓▓▓ as Executor with regard to the execution of this will pursuant to Article 6.

Article 9 The testator shall give all authorities of a contract for leasing a safe-deposit box, opening a box, termination and receipt concerning a custody agreement in the testator's name to the Executor designated under paragraph 1 of Article 8.

Article 10 The testator shall determine that the remuneration of Executor designated under paragraph 1 of Article 8 shall be the amount calculated pursuant to the provisions of the remuneration for the execution of this will stated in "Written contract concerning the Executor designation and the safekeeping of the will" that the testator submitted ▓▓▓▓▓▓▓▓▓▓▓▓.

Article 11 The testator has ▓▓▓▓▓▓▓▓▓▓▓▓ retain the authenticated copy and transcript of this will by notarized document.

··
Requirement other than the main objective

Testator, Kyo ▓▓▓, born on December 4, ▓▓, Inoccupation
211 ▓▓▓▓▓▓, 2-3-16▓▓▓▓▓▓ ▓▓▓▓▓, Tokyo

The testator has proved her identity by submitting the certificate of seal impression.

Witness, Tadashi ▓▓▓, born on September 25, 1958, Office worker
1-17-1 ▓▓▓▓ ▓▓▓▓▓▓, Tokyo

Witness, Yoshitaka ▓▓▓▓, born on January 28, 1983, Office worker
1-17-1 ▓▓▓▓ ▓▓▓▓▓, Tokyo

The testator and two witness affix his/her signature and seal because they respectively approved the accuracy of that entry after the notary had read the entire text aloud to them.

Kyo ▓▓▓▓▓, Testator (Seal)
Tadashi ▓▓▓▓, witness (Seal)
Yoshitaka ▓▓▓▓▓, Witness (Seal)

I, Notary, prepare and create this deed in compliance with the designated form under item 1 and 4 of Article 969 of Civil act and sign it and affix my seal under item 5 of Article 969 of Civil act at my office on July 26, ▓▓▓.

▓▓▓▓▓▓▓, Notary affiliated with the Tokyo Legal Affairs Bureau
27-6 ▓▓▓▓ 5 cho-me, ▓▓▓▓▓▓▓▓, Tokyo (Seal)

This authenticated copy was prepared based on the original at my notary office upon the request of Kyo ▓▓▓▓ on July 26, 2011.

▓▓▓▓▓▓▓ (signature), Notary affiliated with the Tokyo Legal Affairs Bureau
27-6 ▓▓▓▓ 5 cho-me, ▓▓▓▓▓▓▓, Tokyo (Seal)

第4章　オクラホマ州

EXHIBIT B. This is the exhibit marked "B" referred to in the affidavit of ▉▉▉▉ Hidehito sworn before me on

遺言公正証書

3 事例

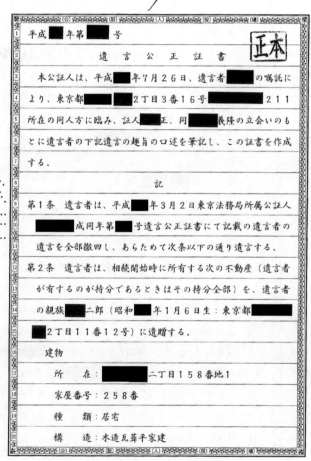

平成■年第■号

遺言公正証書

本公証人は、平成■年7月26日、遺言者■の嘱託により、東京都■2丁目3番16号■211所在の同人方に臨み、証人■正、同■義隆の立会いのもとに遺言者の下記遺言の趣旨の口述を筆記し、この証書を作成する。

記

第1条　遺言者は、平成■年3月2日東京法務局所属公証人■成同年第■号遺言公正証書にて記載の遺言者の遺言を全部撤回し、あらためて次条以下の通り遺言する。

第2条　遺言者は、相続開始時に所有する次の不動産（遺言者が有するのが持分であるときはその持分全部）を、遺言者の親族■二郎（昭和■年1月6日生：東京都■2丁目11番12号）に遺贈する。

建物
所　在：■二丁目158番地1
家屋番号：258番
種　類：居宅
構　造：木造瓦葺平家建

133

第4章 オクラホマ州

床面積：50.41㎡

第3条　遺言者は、相続開始時において、遺言者の夫■■■（大正■年11月28日生）から次の不動産（遺言者が有するのが持分であるときはその持分全部）を相続している場合には、当該不動産（遺言者が有するのが持分であるときにはその持分全部）を前記■■■■に遺贈する。

土地
所　在：■■■■二丁目
地　番：157番1
地　目：宅地
地　積：139.90㎡

第4条　遺言者は、相続開始時に所有する次の金融資産（ただし、保険契約、出資金を除く）について、第8条第1項に指定する遺言執行者をして、これを随時適宜の方法により、すべて換金させたうえ、その換金により得られた金銭（利息・手数料等加除後の手取額）を、遺言者の姪■■■（昭和■■年1月1日生：東京都■■■■■1丁目2番20号）に遺贈する。なお、第8条第1項に指定する遺言執行者は、その者が取得する金銭から第7条記載のその者が負担する費用等を控除した残額をその者に交付することができ

る。なお、本遺言の効力発生時に前記■■■■が相続権を有している場合には、上記「遺贈する」の文言を「相続させる」と読み替える（次項、第5条および第6条において同じ）。

（金融資産の表示）

(1) 遺言者が次の金融機関等との間で遺言者名義の預託契約等（貸金庫契約は含まない）を締結している預貯金、金銭の信託、株式、公社債、投資信託、預け金、金債権およびその他の預託財産のすべておよびこれに関する未収配当金その他の一切の権利。

（金融機関等の表示）

① ■■■■銀行（■支店）
② ■銀行（■支店）
③ ■■■銀行（■支店）
④ ■■■銀行（■支店）
⑤ 遺言者名義で契約するその他の金融機関

(2) その他遺言者が所有する有価証券のすべておよびこれに関する未収配当金その他の一切の権利

2項　第8条第1項に指定する遺言執行者は、前項の財産のうち換金が困難である財産については換金せず、当該財産を

第4章 オクラホマ州

相続開始時の相続税法および国税庁が定める財産評価基本通達に基づく相続税評価額をもって前記 ■■■ に遺贈する財産の一部として同人に現物にて交付する。この場合、当該相続税評価額をもって前項の換金により得られた金銭とみなす。

第5条 遺言者は、相続開始時に有する「遺言執行者指定および遺言書保管に関する約定書」に基づく遺言書年間保管料返還請求権については、前記 ■■■ に遺贈する。

第6条 遺言者は、前条までに記載した以外の遺言者が相続開始時に所有する一切の財産（不動産および現金を含む）および債務（金融資産の換金に伴う、譲渡所得税の申告・納付を含む）を、前記 ■■■ に遺贈し、また負担・承継させる。

第7条 遺言者は、次の費用等を前記 ■■■ に負担させるものとする。なお、第8条第1項に指定する遺言執行者は、次の費用等の支払いのためにその者が第4条により取得する金銭から随時支出することができる。

（費用等の表示）

(1) 第8条第1項に指定する遺言執行者のこの遺言の執行に要する一切の費用（相続・遺贈の登記・登録に関す

136

る一切の費用および公租公課を含む)
(2) 第8条第1項に指定する遺言執行者の報酬（消費税を含む）
第8条　遺言者は、この遺言の実現のために遺言執行者として次の者を指定する。なお、遺言執行者は必要と認めたときは第三者にその任務を行わせることができる。
　　東京都■■■■■一丁目4番5号
　　■■■■■銀行株式会社
2項　第6条にかかる遺言執行については前項にかかわらず、前記■■■■を遺言執行者に指定する。
第9条　遺言者は、金融機関等における遺言者名義のすべての貸金庫契約・保護預り契約に関する開扉・解約・内容物の受取り等一切の権限を、第8条第1項に指定する遺言執行者に付与する。
第10条　遺言者は、第8条第1項に指定する遺言執行者の報酬を、遺言者が■■■■■銀行株式会社に提出した「遺言執行者指定および遺言書保管に関する約定書」に記載した遺言執行報酬基準により算定した額と定める。
第11条　遺言者は、この遺言書の公正証書正本および謄本を■■■■銀行株式会社に保管させる。

第4章　オクラホマ州

	本　旨　外　要　件
	東京都　　　　　2丁目3番16号　　　　　211
	無　職
	遺言者
	大正　年12月4日生
	上記は、印鑑登録証明書の提出により人違いでないことを証明
	させた。
	東京都　　　　　1丁目17番1号
	会　社　員
	証　人
	昭和　年9月25日生
	東京都　　　　　1丁目17番1号
	会　社　員
	証　人
	昭和　年1月28日生
	上記遺言者及び証人に全文を読み聞かせたところ、全員その記
	載に誤りがないことを承認し、次にそれぞれ署名押印する。
	遺言者　　　　　　　　　　　　印
	証　人　　　　　　　　　　　　印
	証　人　　　　　　　　　　　　印

138

3　事例

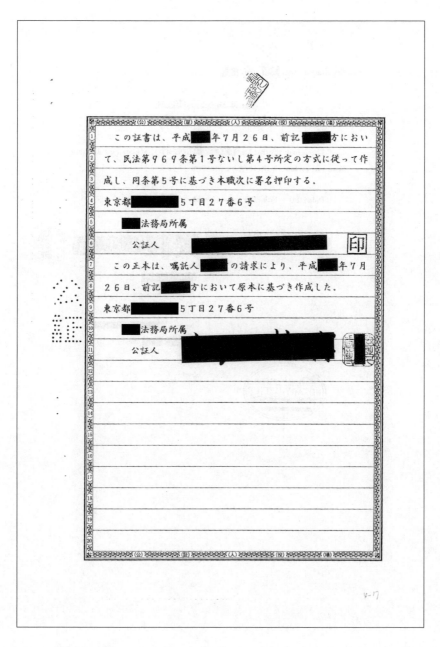

第 4 章　オクラホマ州

Registration No. ▆▆▆ of ▆▆▆

<u>NOTARIAL　CERTIFICATE</u>

This is to certify that Mr.▆▆▆▆▆ HIDEHITO has affixed his signature in my very presence to the foregoing document.

Dated this　17th　day of　November,　▆▆▆.

▆▆▆▆
Notary, attached to
The Tokyo Legal Affairs Bureau.
No.1-10,▆▆▆▆▆▆▆▆▆▆,
▆▆▆▆, ▆▆▆, Japan.

3 事 例

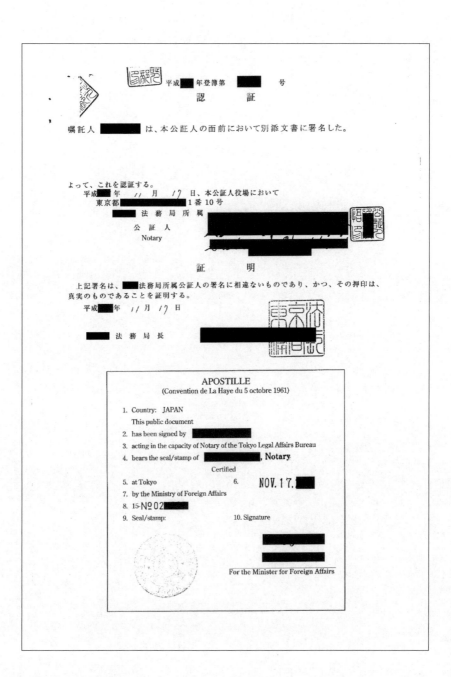

141

第5章 カリフォルニア州

1 カリフォルニア州におけるプロベイド手続

(1) 被相続人の遺産管理

カリフォルニア州における遺産管理手続に関しては，California Probate Codeにより規定される。

日本在住で亡くなった日本人のカリフォルニア州において不動産又は動産に関する財産が残されているときは，当該遺産が所在している地を管轄する裁判所に検認手続が行うことができるのかについては，Probate CodeのDivision7－被相続人の遺産管理（Administration of Estates of Decedents）に規定に従って適用されることになる。

このDivision7には，13のPartに分かれる。

Part1　一般規定（General Provisions）
Part2　遺産管理開始（Opening estate administration）
Part3　目録及び評価（Inventory and appraisal）
Part4　債権者（Creditors claims）
Part5　遺産執行（Estate management）
Part6　独立遺産管理（Independent administration of estates）
Part7　人格代表者及び代理人の報酬（Compensation of personal representative and attorney）
Part8　計算（Account）
Part9　負債の支払（Payment of debts）
Part10　遺産の分配（Distribution of estates）
Part11　遺産管理の終結（Closing estate administration）
Part12　推定死亡された行方不明者の遺産（Estate of missing person presumed dead）
Part13　非居住者被相続人（Non-domiciliary decedents）

そこで，日本在住で亡くなった日本人のカリフォルニア州において不動産又は動産に関する遺産は複雑でない限り，このPart6独立遺産管理（Independent administration of estates）及びPart13非居住者被相続人（Non-domiciliary Decedents）を注意しなければならないと思われる。

また，遺産額が15万ドルを超えなければDivision8遺産管理手続外の小額遺産の回収又は移転（Collection or transfer of small estate without administration）の規定に従うことになるので，これらの規定の紹介を主に取り上げることにする。

ア　独立遺産管理（Independent administration of estates）[1]

　(ア)　成立過程

独立遺産管理法（IAEA）は1987年に制定された。プロベイトでの売却処分手続の方法を改良し簡素化した。このIAEAは，人格代表者による裁判所の監督外による被相続人のほとんどの遺産管理ができるようにした一連の法である。このIAEAによる遺産管理の権限は遺言により又は人格代表者の申立てにより付与されるものである。独立遺産管理権限申立てはプロベイト手続の当初又は手続中においてもできるものである（§10400）。利害関係人はこの権限付与に関して異議を申し出ることができる。裁判所が遺言手続を通して付与するとき，いくつかの段階を踏んだ上で，裁判所は遺産に関する売却処分やその他の処分の監督権を放棄する。遺言で認めていない場合，利害関係人がIAEAでの遺産管理をすべきでないとの正当事由を裁判所に提出している場合は，IAEAの管理に服さないことがある（§10450）し，制限的権限が付与されている場合は，人格代表者の権限は，全面的より制限的権限となる（§10454(e)）。

　(イ)　IAEAの下での人格代表者の権限

制限されるものである。IAEAの下に裁判所は人格代表者に全面的又は制限的な権限を付与することができる（§10454(a)）。人格代表者が制限的な権限を有しているときは，裁判所監督権は遺産たる不動産の売却処分，交換又は購入選択権付与に関して行使される（§10501(b)）。人格

---

[1]「IAEA-What Is The Independent Administration of Estates Act」を参照した。https://www.sweenetyprobatelaw.com/Articles/Independent-Administration-Of-Estates-1

代表者が全面的権限を有しているときは，売却処分，交換又は選択権付与に関する裁判所監督権は，人格代表者又は遺産代理人たるアターニ本人が購入，交換又は選択権行使若しくは売却処分通知に異議が出されたときにだけ行使される（§10501(a)）。

(ウ) IAEA規則の下で制限的権限と全面的権限との差異

裁判所が人格代表者に制限的権限しか付与しなかったときは，人格代表者は裁判所監督権が行使される(1)不動産売却，(2)不動産交換，(3)不動産購入選択権付与，又は(4)不動産担保付借り入れを除き，IAEAに基づく承認された権限を行使することができる（§10501(b)）。

一方，全面的権限については，人格的代表者の裁量によって，不動産売買処分，交換，不動産購入選択権付与又は不動産担保付借り入れをなす権限を付与される（§10511, §10514, §10517）。

(エ) 遺産たる不動産の売却価額及び条件

遺産管理に関して全面的権限を有しているときは，人格代表者が売却代金及び条件を定めることができる。売却処分や値付手続に関しては裁判所監督権に服さない。不動産鑑定評価の少なくとも90パーセントであるよう要求している規則は，IAEAの下での売却処分には適用されない。しかしながら，人格代表者は相続人ら対し最大限で売却するよう信認義務を負っているものである。売却代金は現金又はクレジットで支払われなければならない（§10503）。

(オ) 売却処分の際の購入希望者に対する情報提供

人格代表者は，裁判所監督権に服することなく不動産売却処分のときは売却処分通知を発せなければならない（§10510, §10511）。人格代表者は，通知不要の書面や売却同意書に署名している者を除き，売却処分に関して利害を有する下記の関係人又は団体に情報提供をしなければならない。

① 遺言書に記載されている者
② 無遺言の法律上の利害関係者
③ 債権者又は信託受益者のような通知を受けるべき関係者
④ 仮に州に帰属するようなときは，総務長官

(カ) 売却通知処分の情報提供方法

人格代表者は利害関係者に対して,「売却処分通知」と称する書面を提供しなければならない。この書面には人格代表者が遺産のために売却処分をなす旨かつ下記内容を記載していなければならない（§10585）。

① 人格代表者の氏名,住所
② 追加情報のための連絡先氏名,電話番号
③ 処分方法,不動産の表示,売却処分,交換,不動産購入選択権付与等の条件,売却価額,計算方法及び仲介手数料の表示
④ 売却処分日

(キ) 売却処分通知時期

売却処分通知は売却処分日より少なくとも15日前に利害関係人へ郵便で又は個別的に手渡しで送付しなければならない。

郵便のときは,利害関係人の最新の住所宛かつファーストクラス郵便で郵送しなければならない。人格代表者又は遺産代理人アターニは,一般的に売却処分通知を全ての関係者に対して準備し送達することになる（§10586）。

(ク) 売却処分通知に対する異議申立て

売却処分通知に対して送達受領権者は誰でも異議申立書を通知書に記載されている人格代表者の住所へ郵送又は手渡しすることができる（§10587(b)）。

あるいは,異議申立者は,裁判所監督権に服さない人格代表者の権限を制限するよう裁判所に申立てをすることができる。ここで,裁判所は利害関係人の異議に応えるべく広い権限を持つことになる。裁判所は人格代表者に対する通知することなく,かつ,命令に対する理由を付すことなく申立てに対し裁判所権限を発しなければならない。裁判所は一旦,制限する権限を発したとき又は人格代表者が売却処分通知に対する異議書通知を受領したときは,裁判所監督権行使として,その財産に関連する何らかの行動を起こさなければならない（§10589）。

(ケ) 裁判所の指定した権限の拘束力

裁判所が人格代表者に対してIAEAの下での遺産管理の権限を付与したとしても,代表者はこの指定された方法で財産を売却処分することは

ない。代表者がAIEAの下で売却処分権限を行使するかどうかの決定要因は，何が遺産のためにベストか，下記のいくつかの要因を考慮して決定される。

① IAEAの下での売却過程が通常，裁判所関与の売却より迅速であるか
② IAEAのもとで競売又は裁判所売却の必要性があるか
③ 人格代表者が売却処分に関して必要と思われる諸条件に同意することができるものか
④ 経済的傾向，市場状況
⑤ 裁判所の競売において，購入価額が頻繁に増大し又は遺産手続が増大しているか
⑥ どの方法が財産価値を最大限として増加させているか

㈡ 売却処分に対する不動産業者の権利義務

人格代表者は90日間を経過しない当初の期間内に不動産を売却する排他的権利を付与する権限を持っている。更新についても90日を経過することができない（§10538(a)）。しかしながら，当初の売却依頼物件閲覧書（リスティング）及び全ての更新が270日まで延長する組合せのときに，人格代表者が遺言に記載された全ての利害関係人に売却処分通知を出さなければならない。更に，AIEAのもとに，不動産業者は媒介業者として不動産のエリアアクセスの具体的調査事項や法令遵守事項を要求される。媒介業者及び人格代表者は裁判所の関与なく媒介手数料の額を決定することができる（§10538(c)）。

イ 附則的遺産管理における非居住者被相続人（Non-domiciliary Decedents）の遺産管理手続について

㈠ 遺産管理手続開始の管轄

死亡時においてカリフォルニアに本源住所（Domicile）を有していない被相続人のカリフォルニアに所在する遺産の手続については，利害関係人，他州又は外国の既に選任されている人格代表者（personal representative）により，当該遺産を管轄する裁判所に申立てをすることにより開始する（§12510）。州内に本源住所のない被相続人についての管轄裁判所については§7052に従うことになるとする（§12511）。

§7052では，カリフォルニア州に本源住所を有していなかった者が死亡した州に財産を有していたときは，その州の財産が所在する郡（County）の裁判所が管轄し（§7052(a)），被相続人が亡くなった郡に財産を有していなかったとき又はカリフォルニア州以外で死亡したときは，財産が所在する郡が管轄することになる。ただし，どこで亡くなったかにかかわらず，二つ以上の郡に財産を残しているときは，最初に附則的遺産管理の申立てを登録した郡を管轄とし，その郡の裁判所が遺産管理の裁判所となる（§7052(b)）と定めている。

(イ)　人格代表者（Personal representative）

　他州で死亡した者であるときに，被相続人の本源住所地の裁判所で選任された人格代表者は，全ての者に優先される。ただし，遺言でカリフォルニア州での人格代表者に他の者が人格代表者として指名されている場合は，その指名された者がその遺産管理での人格代表者となる。他州の人格代表者は人格代表者として他の者を指名することができるし，被指名者は他州の人格代表者として同様に優先されることになる（§12513）。

(ウ)　遺言書の検認

　非居住者の遺言が他州又は外国で承認されて，又はカリフォルニア検認法典の要件を満たしている場合は，附則的遺産管理手続における遺言検認はこの条文に従うことになる（§12520(a)）。非居住者の遺言が他州又は外国で承認されているが，この条項の要件を満たしていない場合，遺言は，Part2（遺産管理開始（Opening estate administration）（§8000より始まる））に従い附則的遺産管理手続において検認されることになる（§12520(b)）。

(エ)　検認申立ての必要書類及びその他の要件

　非居住者被相続人の遺言検認申立てをなすには，(1)遺言書又は認証された遺言書の写し，(2)他州又は外国の検認手続で確認された検認状の認証された写し，又は，他州又は外国の法に従って遺言が認証された証拠又は証明書を必要とする（§12521(a)）。なお，「認証された写し」とは，カリフォルニア州証拠法典・第11編第2章の2（Article 2 (commencing with Section 1530) of Chapter 2 of Division 11 of the Evidence Code）

(§1530より開始する)の要件を具備しなければならないとしている(§12521(b))。

また,他州の法に従い非居住者被相続人の遺言が検認され,認証され又は証明された場合においては,裁判所はその検認を認めなければならないとする。ただし,(a)他州の決定が被相続人の死亡時に当該州に本源住所を有していたという事実認定に基づいていなかったとき,(b)利害関係人らに,その州における手続に関し,検認競合のための通知及び機会を与えていないとき,(c)他州での決定が最終のものでないとき等に該当するときは,検認の競合又は取消しを許可することにしている(§12522)。

非居住者被相続人の遺言が外国の法に従い検認を認められ又は認証され,証明された場合は,裁判所はこの州の検認を認めなければならないし,また,検認の競合又は取消しをすることができないとする。

さらに,外国の検認済状が提出され,又は他の方法で提出されたときには,(1)外国の決定が被相続人の死亡時に当該国に本源住所を有していたという事実認定に基づいていること,(2)利害関係人らに,外国における手続に関し,検認競合のための通知及び機会を与えていること,(3)外国での決定が最終のものであることの要件を具備していなければならないとしている(§12523(a))。もっとも,これらの要件を具備していても,適正手続条項を具備している公平な裁判又は調和のとれた手続条項を備えない司法制度の下での手続の場合は当該検認済状を拒否することができるとする(§12523(b))。

このように,カリフォルニア州法の下で検認を認められた非居住者被相続人の遺言は,この州においても認められ,この州に居住する間に亡くなった被相続人の遺言として有効でかつ効力を持つものであることを定めている(§12524)。

(オ) 準 用

被相続人の遺産の附則的遺産管理に関しては,遺産管理開始,目録,評価,債権届出,遺産管理,独立遺産管理,報酬,会計,負債の支払,分配及び遺産管理終結等の遺産管理に関しては,この法典の一般規定に従うことになる(§12530)。

(カ) 他の州の人格代表者への遺産の分配

　カリフォルニア州以外の州に本源住所をもって死亡した者の附則的遺産管理手続を行う裁判所は，遺産の分配方法又は利害関係人との関係が適正であれば，カリフォルニア州にある被相続人の遺産動産をカリフォルニア州以外の州の人格代理者に対して予備的な分配をさせることができるし，最終的な分配をさせることもできる（§12540(a)）。その裁判所の令状は，遺産分配（Part10 Distribution of Estate）の分配の令状（Chapter 10 Order of Distribution）に定めた方法によりなされることになる（§12540(b)）。

　必要であれば，非居住者被相続人の遺産たる不動産は，売却することができるし，裁判所はカリフォルニア州以外の州の人格代表者に分配するための手続を命じることができる。その売却方法は，本則に規定する遺産売却手続と同様な方法で行われなければならない（§12541）。

　非居住者被相続人が，その本源住所地で破産者であったときは，カリフォルニア州にある遺産の分配はカリフォルニア州以外の州の人格代表者に対してのみであり，受益者に配分してはならない旨定めている（§12542）。

(キ) 附則的遺産管理以外の手続におけるカリフォルニア州以外の州の人格代表者による小額遺産動産の回収（Collection of Personal Property of Small Estate by Sister State Personal Representative Without Ancillary Administration）について

　附則的遺産管理手続の申立てを除きカリフォルニア州以外の州の人格代表者は，被相続人の遺産たる動産の回収のための第8編（Division8・Disposition of Estate Without Administration）節1（§13100より開始）第3章（Chapter3・Affidavit Procedure for Collection or Transfer of Personal Property）に規定する宣誓供述手続を用いることができるとする（§12570）。

　この章に従って遺産たる動産のカリフォルニア州以外の州の人格代表者に対する支払，引渡し，移動の効力及びこれらができなかったときの効力についても，第8編節1，3章（§13100より開始）に従うことになる（§12571）。

カリフォルニア州以外の州の人格代表者は，被相続人の財産を占有している者に対して訴えを提起し，訴訟報酬費用等を負担させることができる（§12572）。

この章での宣誓供述による財産を管理しようとする他州人格代表者は，§13111のコンプライアンス規定に従い他州人格代表者が他州の非居住者被相続人の遺産を取り戻すについて，この§13109又は§13110での被相続人の財産に関する支払，引渡し，移転についての人格代表者としては，責任がない旨規定している（§12573）。

(ク) 外国の人格代表者に関する管轄

第4章（Chapter4）は外国の人格代表者に関する管轄を規定する。

他州又は外国の人格代表者は，その資格において，カリフォルニア州管轄裁判所に対して下記の遺産に関する手続についての申出をすることができるとし（§12590），(a)附則的遺産管理の申立て，(b)第3章（Chapter3§12570より開始）に従って，金銭又は他の動産の受領すること（ただし，受領する動産の金額又は価値により管轄は制限されるとすること），(c)カリフォルニア州がそれぞれ人格代表者を管轄するし，その者を人格代表者としてカリフォルニア州においていかなる提訴をすることができる。

他州又は外国の人格代表者は，非居住者被相続人の死亡時における管轄に服すると同程度の代表資格をもってカリフォルニア州の裁判管轄に服することになる（§12591）。

ウ　無遺言における遺産管理人の選任

先に見てきたように，日本在住で亡くなった日本人のカリフォルニア州において不動産又は動産に関する財産が残されているときは，当該遺産が所在している裁判所に検認手続が行うことができるのかについては，同CodeのDivision7 の被相続人の遺産管理（Administration of Estates of Decedents）のうち，Part13の非居住者被相続人（Non-domiciliary Decedents）において定められていることが判明した。次に，申立てが可能であることは判明したが，無遺言の場合には，裁判所において遺産管理人を選任しなければならない。その遺産管理人をどのように選任するかは，同じDivision7の被相続人の遺産管理（Administration of Estates of Decedents）

のうち，Part2 遺産管理開始（Opening Estate Administration），Chapter4 人格代表者の選任（Appointment of Personal Representative），Article4遺産管理人（Administrators）の項に規定されている。

(ア) 裁判所の選任権

そこには，まず，無遺言の場合，裁判所は人格代表者として遺産管理人を選任しなければならない（§8460(a)）とし，遺産管理人として一人又はそれ以上の者を選任することができるとする（§8460(b)）。

(イ) 優先順位

遺産管理人に選任される資格を持つ優先順位が定められている（§8461）。

優先順位は次のとおりである。

(a) 生存配偶者又は生存同性婚者
(b) 子供
(c) 孫
(d) 他の子孫
(e) 両親
(f) 兄弟姉妹
(g) 兄弟姉妹の子孫
(h) 祖父母
(i) 祖父母の子孫
(j) 先に亡くなった配偶者又は同性婚者の子供
(k) 先に亡くなった配偶者又は同性婚者の子孫
(l) 他の近親者
(m) 先に亡くなった配偶者又は同性婚者の両親
(n) 先に亡くなった配偶者又は同性婚者の両親の子孫
(o) 財産管理人（Conservator）又は後見人。ただし，被相続人以外の者の財産管理人又は後見人になっていない者に限る。
(p) 公的遺産管理人（Public Administrator）
(q) 債権者
(r) その他の者

㈦　生存配偶者及び生存同性婚者の優先順位の特則

　生存配偶者及び生存同性婚者の優先順位の特則について，被相続人の生存配偶者又は生存同性婚者，親類（Relative），先に亡くなった配偶者又は同性婚者の親類は，下記の条件を一つでも具備している限り§8461のもと優先順位を有するとする。その一つが，生存配偶者，生存同性婚者又は親類が遺産の全て又は一部について相続する資格を有するとき（§8462(a)）であり，次に，生存配偶者，生存同性婚者又は親類のいずれかが遺言内容を引き継ぐか，遺産の全部又は一部を相続する資格を有するとき，又は遺産についての全部又は一部を相続する資格を有する被相続人であるとき（§8462(b)）である。

　ただし，生存配偶者が婚姻費用負担の訴訟，被相続人と生存配偶者との間の婚姻の無効又は解消に対する訴訟の当事者であるとき，更に，被相続人が亡くなったときに別居状態にあったときは，生存配偶者は兄弟姉妹より後の優先順位となり，§8461に規定する優先順位はないものとする旨規定している（§8463）。

㈢　遺産管理人の要件

　遺産管理人として指名される資格を有する者が未成年者であるとき又は指名された遺産の後見人又は財産管理人であるときは，裁判所は裁量において，後見人，財産管理人又は指名される資格を有する他の者を選任することができるとする（§8464）。

㈥　遺産管理人の選任特則

　裁判所は下記の者より推薦された者を遺言管理人として選任することができるとする。(1)他に指名される資格を有する者，(2)他に指名権を有している者，ただし，合衆国に居住していないため，§8402(a)の(4)[2]により指名される者を除く，(3)他に選任される資格を持つ者の後見人又は遺産の財産管理人。ただし，その選任は書面でかつ裁判所に登録されなければならないとしている（§8465(a)）。

　正当事由によっては，裁判所は，遺産の財産管理人又は後見人に関す

---

2) §8402(a)Notwithstanding any other provision of this chapter, a person is not competent to act as personal representative in any of the following circumstances: (4) The person is not a resident of the United States.

る§8461により与えられた優先順位を許可することができる。その場合は，遺産の財産管理人又は後見人がその能力において行動し，その被相続人が死亡時に当初会計を登録されていなかったとき又は他者又は両方の後見人，財産管理人として行動していたときである（§8469(a)）。

遺産管理人の選任につき，前記(a)によって認められた優先順位を許可して欲しい旨裁判所に申し立てるときは，申立人は，他の通知を加えて，法に従った方法又は公的遺産管理人に郵便又は個別送達による聴聞通知に従った申立てをなさなければならない（§8469(b)）。

遺産管理人の選任に関して候補者となる場合は，生存配偶者又は同性婚者，子，孫，その他の子孫，親，兄弟姉妹，祖父母であるとき，候補者は，候補者となる者の等級の中でこれらの次に優先権を有する（§8465(b)）。さらに，前記(b)に規定された者以外であるときは，裁判所は，その裁量によりその候補者又は候補者となる者の優先順位より低い等級の者のいずれかを選任することができる。しかしながら，候補者になる者の同一等級の他の者が優先順位を持つものとする（§8465(c)）。

優先順位を持つ者が債権者の請求による遺産管理人としての指名であるときは，裁判所はその裁量において選任を否定し，他の者を選任することができるとしている（§8466）。

遺産管理人として指名資格につき，数名の者がその優先順位を有しているときは，裁判所は一人又は数名の者を選任できる。また，当該者を選任することができないときは，裁判所は公的遺産管理人又は同順位の利害関係がない者を次の優先順位者に選任することができる（§8467）。

遺産管理人として指名請求を怠った優先順位を持つ者であるときは，裁判所は他の指名請求する他の者を選任することができる（§8468）。

(カ) カリフォルニア州居住者でない候補者

遺産管理人の選任に関して候補者となる者が　前記(オ)の§8465(a)の(2)に規定された者であるときは，裁判所は遺産管理人として活動するためのカリフォルニア住民でない者を候補者として選任することができない。前記(a)の(2)に規定のもとに指名されたカリフォルニア住民に関して，裁判所は任務追行を誠実に執行するかを考慮しなければならない。また，裁判所は裁量により，選任を拒否することもできる。候補者を選任するか

の決定について，裁判所が考慮する要素は下記のとおりである（§8465(d)）。

> 1）候補者が，相続人又は他の利害関係者と利害が対立しているか，どうか
> 2）候補者が，被相続人が亡くなる前に被相続人又はその家族と事業を行っていたか又は個人的関係があったか，どうか
> 3）候補者が，遺産管理人に選任されるために相続人に依頼して，個人又は事業に代わって従事していたか又は活動していたか，どうか
> 4）候補者が他の遺産において人格代表者になっていたか，どうか

　指名された候補者が指名に従ってカリフォルニア住民でなくなったときは，第7（Article7 Changes in Administration・§8520より開始）の規定により遺産管理人を辞任したものとみなされる（§8465(f)）。
(キ)　候補者の立保証金
　候補者の保証金について，裁判所は上記(d)に示されている状況の下に候補者を選任するときは，候補者は保証金を立てることになる。ただし，正当事由があるときを保証金は不要となる。その正当事由は，特定の事実に裏付けられなければならないし，債権者，相続人，その他の利害関係人の利益を考慮しなければならない。相続人等からの立担保要求を放棄する前に，裁判所は，あらゆる収益を含む財産の条件を定める節5遺産管理（Estate Management）の第3章（Chapter3・Deposit of Money and Personal Property with Financial Institutions・§9700より開始）に従い遺産を保証するためあらゆる代替処置を考慮しなければならないし，裁判所の許可なく撤回されることはない。立担保要求に関する全ての相続人の放棄は正当事由を構成するものではないとする（§8465(e)）。
(ク)　受諾書の提出
　人格代表者としての選任を受諾により，候補者は管轄裁判所に自ら提出しなければならない（§8465(g)）。

(2)　**遺産管理手続外の小額遺産の回収又は移転手続**
　第8編（Division8）は，遺産管理手続外の処分手続を規定する。その第1

節(Part1)遺産管理手続外の小額遺産の回収又は移転(Collection or Transfer of Small Estate Without Administration)に関して,三つの方法を定めている。第1に,Chapter3において宣誓供述書の方法による小額遺産の回収又は移転(Affidavit Procedure for Collection or Transfer of Personal Property)であり,第2に,Chapter4において定める裁判所手続による移転手続(Court Order Determining Succession to Property)であるが,第3に,Chapter5において,小額の不動産に対する宣誓供述書による手続(Affidavit Procedure for Real Property of Small Value)が規定されているが,本書においては第1及び第3の宣誓供述書の方法についてのみ記述する。

ア 宣誓供述書の方法による小額遺産の回収又は移転手続

(ア) 遺産の範囲

遺産管理手続外の小額遺産の回収又は移転手続においては,カリフォルニア州に所在する被相続人の不動産及び動産の価額が15万ドルを超えず,かつ,被相続人の死亡時より40日を経過したときは,相続人は,遺産管理状(Letter of administration)の手続を踏むことなく又は遺言の検認(Probate of the will)を待つことなく,(a)金銭の回収,(b)有体動産の回収,(c)被相続人が債務,義務,権益,権利,担保に関する証拠を徴収し,又は被相続人から離脱した財産についての訴訟提起,不動産の先取特権によって担保されているかどうかに関する訴訟提起を選択することができるとしている(§13100)。

ただし,この小額遺産の中には次の財産は含まれないとする(§13050)。

① 財産,権益,担保権における合有(joint tenant),生涯不動産権(a life or other interest terminable upon the decedent's death),生存配偶者特権(passed to the decedent's surviving spouse pursuant to Section 13500),被相続人限りの撤回可能信託及び多数当事者口座(multiple-party account)夫婦共有財産(community property),POD[3]による受取人又は受益者(P.O.D. payee, or beneficiary)

---

3) Payable On Death:死亡時支払とは死亡時に指名された受益者に自動的に検認手続を経ずに銀行口座預金が移動することを意味する。

(§13050(a)(1)(2))
② 乗り物（vehicle），船（vessel），住宅（manufactured home），移動住宅（mobilehome），大型バス（commercial coach），キャンピングカー（truck camper），船上住宅（floating home）（§13050(b)(1)(2)(3)）
③ 軍隊の役務の対価，1万5千ドルを超えない給与や雇用主より支払われる有給代替金やその他の補償金（§13050(c)(1)(2)）

(イ) 宣誓供述書の内容

この金銭の回収，有体動産の受領又は，負債，義務，権益，権利，担保又は回復訴訟の選択に関しては，偽証罪の制裁を科す下記内容を含む宣誓供述書又は法定供述書によらなければならない（§13101）。
① 被相続人の氏名
② 相続人の死亡日及び場所
③ 死亡時より40日を経過していることを示す被相続人の死亡を証する写しを宣誓供述書に添付すること
④ 適宜下記の記述を必要とする
 a 被相続人の遺産についての遺産管理手続がカリフォルニア州において行われたことがないこと
 b 人格代表者は宣誓供述者に対し書面にて支払，移転，引渡しについて同意したこと
⑤ カリフォルニア州における遺産の現在市場価値が§13050の財産を除いて，15万ドルを超えないこと
⑥ 表示された財産は既に宣誓供述者に支払，移転，引渡しがされなければならないこと
⑦ 表示された財産についての相続人の氏名
⑧ 適宜下記を供述すること
 a 宣誓供述者は，相続人であること
 b 宣誓供述者は，遺産に関して相続人のために行動するものであること
⑨ 遺産に関して優先的権利を誰も有していないこと
⑩ 宣誓供述書は，遺産が自分に支払われ，引き渡され，移転するよう要求していること

⑪a 宣誓供述者は，この州の偽証罪の制裁の下で下記の供述は真実であり正しい旨を宣誓すること
 b 一人以上の者が宣誓供述書を執行する場所によっては，前項により要求される宣誓書はその事実を反映するために適宜修正されなければならない
 c 財産の特定事項が郡登記所に登録された担保権付の負債又は義務であるときは，宣誓供述書はこの条及び§13106.5の要件を満たしていなければならない
 d 認証された死亡証明書写しは，宣誓供述書に添付されなければならない
 e 人格代表者は宣誓供述者への財産の支払，移転，引渡しに同意したときは，その同意書の写し及び人格代表者の資格証の写しはその宣誓供述書に添付されなければならない

下記に参考のためAffidavitのフォームを掲載しておく。

```
Affidavit for Collection of Personal Property
California Probate Code Section 13100

The undersigned state(s) as follows:
1. _____ died on _____, 20___, in the County of
   _____, State of California.

2. At least 40 days have elapsed since the death of the decedent, as shown in a certified copy of the decedent's death certificate attached to this affidavit or declaration.

3. ☐ No proceeding is now being or has been conducted in California for administration of the decedent's estate.
        OR
   ☐ The decedent's personal representative has consented in writing to the payment, transfer, or delivery to the affiant or declarant of the property described in the affidavit or declaration.

4. The current gross fair market value of the decedent's real and personal property in California, excluding the property described in Section 13050 of the California Probate Code, does not exceed one hundred fifty thousand dollars ($150,000).

5. ☐ An inventory and appraisal of the real property included in the decedent's estate is attached.
   ☐ There is no real property in the estate.

6. The following property to be transferred, delivered, or paid to the affiant under the provisions of California Probate Code section 13100:


7. The successor(s) of the decedent, as defined in Probate Code Section 13006 is/are:

8. The undersigned
   ☐ The affiant or declarant is the successor of the decedent (as defined in Section 13006 of the California Probate Code) to the decedent's interest in the described property.
   ☐ The affiant or declarant is authorized under Section 13051 of the California Probate Code to act on behalf of the successor of the decedent (as defined in Section 13006 of the California Probate Code) with respect to the decedent's interest in the described property.

9. No other person has a superior right to the interest of the decedent in the described property.

10. The affiant or declarant requests that the described property be paid, delivered, or transferred to the affiant or declarant.

The affiant or declarant affirms or declares under penalty of perjury under the laws of the State of California that the foregoing is true and correct.

Dated: _____
Signed: _____
_____
_____
```

㈦　遺産の所有権証明

　　上記宣誓供述者は，遺産の所有権を示す証明があれば，遺産占有者に対して宣誓供述書とともに提示されなければならない（§13102(a)）し，所有者証明が，遺産占有者に提示されないときは，遺産占有者が宣誓供述者に対して財産の支払，引渡し，移転により引き起こすであろう全ての責任に対し被る損害，請求，命令，損失，費用に備えての保証金，相当金額の立担保の要求又は双方との合意することができるとする（§13102(b)）。

㈢　遺産としての不動産

　　被相続人の遺産に，カリフォルニア州の不動産が含まれているときは，宣誓供述書に不動産目録ならびに評価書を添付することになる。不動産目録ならびに評価書は，この法典のDivision7のPart3の規定に従わなければならないとし，不動産評価は§400に規定するコントローラーによって選任されている検認評価人の中から宣誓供述者の指名する検認評価人により鑑定されることになる（§13103）。

㈣　宣誓供述書の執行

　　宣誓供述書を執行する者の本人確認資料は遺産占有者に提示しなければならないし（§13104(a)），本人確認資料は①遺産占有者に知覚できるものであり，②遺産占有者の面前で宣誓供述内容を執行できるものでなければならない（§13104(b)）し，その宣誓供述内容は，罰則付きの本人確認資料を含んだものでなければならない（§13104(c)）。

㈤　本人確認資料

　　その本人確認資料としては，

　　(a)　身分証明書又は5年内に発行された運転免許証

　　(b)　5年内に発行されたパスポート

　　(c)　その他下記の5年内に発行された写真，氏名，署名，身分番号がある書類

　　　①　上陸許可のある外国のパスポート

　　　②　カリフォルニア州以外の運転免許証

　　　③　カリフォルニア州以外の身分証明書

　　　④　軍人証明書

⑤　宣誓者の本人確認した旨の公証人の証明がある宣誓供述書がある。

(3) 小額の不動産に対する宣誓供述書による手続（§13200）

被相続人の死亡後6か月経過し，相続人として請求する者は，被相続人が死亡時の住所地を管轄する裁判所（Superior court）に不動産登録をすることができるし，被相続人が死亡時にカリフォルニア州に住所を有せず，被相続人の不動産が郡管轄に所在しているときは，§1001に従い法務官（Judicial Council）により指定された宣誓供述書には下記内容が記載されていなければならないとする。

(1) 被相続人の氏名
(2) 被相続人の死亡日及び場所
(3) 不動産の表示及び被相続人の権利の表示
(4) 宣誓供述者が知る限りの被相続人の死亡時における遺産に関する後見人又は財産管理人の氏名及び住所
(5) この法典の§13050に規定する不動産を含み，かつ，宣誓供述書に添付されている評価書及び目録として記載されているカリフォルニア州に所在する被相続人の不動産の総額が50,000ドルを超えないこと。
(6) 宣誓供述書に添付されている被相続人の死亡証明書により，被相続人の死亡時から少なくとも6か月経過していること。
(7) 下記要件を具備すること。
　(a) 被相続人の遺産の管理に関してカリフォルニアにおいて何らの手続が実施されず又は進行していないこと。
　(b) 被相続人の人格代表者が本条に規定する手続を利用することに同意していること。
(8) 葬儀費用，病院費用，その他の費用が支払済みであること。
(9) 宣誓供述者は被相続人（§13006で定義する。）の相続人であり，遺産の被相続人の権利を有する者であり，遺産の最優先権を有する者である。
(10) 宣誓供述者はカリフォルニア州法に規定する罰則付きの下で，下記宣誓内容は真実で正確なものである旨の宣誓をなすものである。
　(b) 宣誓詳述書の内容を執行する者に関して，宣誓供述書に本人確認手

続をなした公証人により証明されなければならない。
(c) §13050に記載された不動産を含み，かつ，この州の不動産の目録及び評価書が宣誓供述書には添付されなければならない。不動産の目録及び評価書は，Division7, Part3（§8800より開始）に規定にしたがって作成されなければならない。評価は§400に規定するコントローラーによって選任される検認評価人の中から宣誓供述者の指名による検認評価人により鑑定される。

(11) 宣誓供述者の遺言による手続で，遺産手続が継続し，本法による手続であるときは，遺言の写しを宣誓供述書に添付すること。

(12) 被相続人の死亡証明書の認証された写しは宣誓供述書に添付すること。被相続人の人格代表者がこの章による手続を遂行することに同意するときは，同意書の写し及び人格代表者の許可状は宣誓供述書に添付すること。

(13) 宣誓供述者は，宣誓供述書及び付属書類の写しを(4)の後見人又は財産管理人に郵送すること。

2 事 例

銀行預金につき，プロベイト手続によりつつ，日本の遺産分割協議書に基づき，相続人の一人の銀行口座の分配金として振り込まれた事例

---ポイント---
① 相続準拠法について相続統一主義と相続分割主義の相違点は何か。
② 実質法たる相続法における包括承継主義と管理清算主義との相違点は何か。
③ カリフォルニア・プロベイト手続のための情報シートは，どのようなものか。
④ プロベイト手続の具体的フローチャートはどのようなものか。
⑤ 分配放棄書と日本の遺産分割協議書との相違点は何か。
⑥ プロベイト最終承認決定後の申立人の死亡は手続にどう影響するか。

第5章 カリフォルニア州

(1) 事例内容

　被相続人たる夫は，各国での海外活動が長く，カリフォルニア州の銀行口座に13万9388.15ドルを保有し，また，日本ではマンションならびに預貯金を残して，日本で2010年に亡くなった。相続人は妻，夫より先に亡くなった長男の子2名（息子，娘）及び中米出身の女性との間に生まれ，夫が認知した子2名（息子，娘）である。夫は遺言を残していなかったため，法定相続に従って遺産分割をなすことにした。日本における相続手続は完了したが，カリフォルニアに残した米ドルの銀行預金については，妻が取得する旨の遺産分割協議が整っている。

　カリフォルニア・プロベイト・コードの小額遺産手続に関する額は10万ドル以下であったため，小額遺産手続を採用することはできなかった。その後，小額遺産手続は2012年から15万ドルに改定されている。

(2) 法の適用に関する通則法

ア　相続準拠法

　　日本において，相続準拠法を考えると，法の適用に関する通則法36条では，「相続は，被相続人の本国法による。」旨規定している。この規定を適用すれば，被相続人は日本人であり，日本の民法を適用することができる。日本の民法906条は遺産分割に関して「遺産に属する物又は権利の種類及び性質，各相続人の年齢，職業，心身の状態及び生活の状況その他の事情を考慮してこれをする。」旨規定し，民法909条において「遺産の分割は，相続開始のときにさかのぼって，その効力を生じる。」旨規定する。そこで，相続人間において，「遺産分割の結果，カリフォルニアの銀行預金は，生存配偶者・何某が相続する。」旨の遺産分割協議書をカリフォルニアの銀行に提出して，その預金口座の解約又は妻の銀行口座名義へ振り込むよう要求できるのでないかと疑問が生じる。

　　一方，立場を変えて，遺産はカリフォルニアにあるので，カリフォルニアでの遺産手続として，相続の準拠法を考えてみる。カリフォルニア検認法典（California Probate Code）には，準拠法の規定がないし統一的な国際私法もない。しかしながら，アメリカ法律家協会が現行のアメリカ法中有力で妥当なものを簡単な条文の形式で体系的に再現し，Restatement of

Conflict of Lawsとしてまとめている。これはアメリカの国際私法に相当するものとして評価されている。Restatement of Conflict of Laws Secondの236条によれば Interest Succession to Land (1) The devolution of interest in land upon the death of the owner intestate is determined by the law that would be applied by the courts of the situs. (2) These courts would usually apply their owe local law in determining such questions. 及び260条Interest Succession to Movable, The devolution of interests in movables upon intestacy is determined by the law that would be applied by the courts of the state where the decedent was domiciled at the time of his death.となる[4]。すなわち，アメリカのコモンロー法体系諸国は原則として，相続準拠法に関しては相続分割主義を採用し，「不動産に関しては不動産所在地法，動産に関しては被相続人の死亡時の住所地法」となる。ここでの「住所」とはアメリカ法に基づく「住所・Domicile」で判断されなければならない。

　そこで，本件はアメリカに所在する銀行預金（動産）であり，被相続人は死亡時に日本に本源住所を有して亡くなっている。そうするとアメリカでの相続準拠法によっても日本法を適用してよいことになり，前記遺産分割協議書を用いてカリフォルニアの銀行に提出して，その預金口座の解約又は妻の銀行口座名義へ振り込ませることができるのでないかと疑問が生じる。

イ　管理清算主義

　しかしながら，相続法そのものについて，包括承継主義と管理清算主義との対立がある。包括承継主義とは日本，韓国，台湾やヨーロッパ大陸法系諸国が採用するもので，被相続人の死亡により，被相続人の遺産は，積極財産，消極財産を問わず全て包括して相続人に帰属するものとする。これに対し，コモンロー法体系諸国は，遺産の管理清算手続と残余財産の分配移転手続と2段階の手続を経ないと相続人は相続することができないとする。この残余財産の分配手続について相続準拠法が適用されるのであり，遺産の管理清算手続に関しては動産・不動産を問わず遺産が所在する管理

---

4) 国際家族法実務研究会『問答式　国際家族法の実務』（新日本法規出版，1987）

清算地（住所地）法が適用されることになるのである。そのため，カリフォルニアの銀行は，プロベイト手続を経ていないと預金の引渡しを拒否することになる。

　もっとも，アメリカ側の銀行又は手続の依頼を受けたアメリカの法律実務家において，その分配移転手続に関しての相続準拠法の適用を理解できず自国のプロベイト手続に固執し，無遺言相続の場合は相続人全員に分配する傾向が強いので，分配移転手続に関して日本法による「遺産分割協議書」が有効であり，「協議書」に基づき妻の銀行口座へ振り込むように，アメリカの法律実務家に依頼時点でよく説明をしておかなければならない。

　本件は，その説明を怠ってカリフォルニアの銀行預金についてプロベイト手続を依頼したものである。

(3) 法律実務家（attorney at law）のプロベイト手続並びに報酬の説明

　2011年11月頃より，カリフォルニアの銀行の所在地を管轄する裁判所の周辺に所在するアターニアットロー事務所をインターネットで検索したところ，カリフォルニア州オレンジ郡の女性アターニアットロー（以下，「ベティ女史」と仮称する。）とコンタクトすることになった。

　最初のベティ女史からのe-mailでは，まずは事件についての情報提供していただくための情報シートと彼女の報酬体系を次のように説明してきた。

　「相談又は鑑定するに当たり遺産管理に関する情報（添付しているワード版）を提供してください。私のアワリーレートは295ドルです。プロベイト手続であれば，アワリーレートではなく，報酬合意書にあるようにカリフォルニア検認法典によることになります。それは，例えば，銀行預金が単独の遺産であれば，最初の10万ドルに対し4パーセントの報酬とプラス次の10万ドルに対する3パーセントを加算します。プロベイト手続であれば，アワリーレートは，特別の手続の場合にのみ適用しますが，この遺産での適用はありえないものと思います。ただし，裁判所登録料，認証料，法的な新聞公告費，プロベイト・レフリー報酬に対する予納金として1500ドルが掛かります。」

　その後，e-mailアドレスに関してのトラブルがあった後に彼女から改めて，詳細なプロベイトのスケジュールを教えてきた。

　「遺言があるときは，遺言書原本を検認申立てと同時に裁判所に提出し登

録します。遺言執行者が選任されていたとしても，カリフォルニア裁判所は一般的にアメリカの非居住者を遺産執行者として選任しません。それは，保証会社が非居住者には保証金の代替をしないからです。遺言がカリフォルニア居住者を遺言執行者として指名しているときは，検認申立時に，その者を遺産管理人として選任するよう裁判所に申立てをすることができます。カリフォルニア居住の被指名者がいないときは，誰か居住要件を満たす者を指名しなければなりません。しかしながら，小額遺産であれば，多くの銀行又は信託会社は承認してくれるでしょう。貴方にカリフォルニア居住要件を満たしていなければ，当方はこれらの手続に詳しい私のアシスタントをその要件を満たす者としてお勧めいたします。人格代表者（遺言の場合の遺言執行者及び無遺言の場合の遺産管理者を総称して）の報酬は申立代理人としてのアターニ報酬と同額です。以前の私のe-mailに書いていた申立ての際のお問い合わせにも書きましたが，法は被相続人の家族（両親や子，兄弟姉妹，以前の婚姻及び現在の婚姻を含む。）のリストを要求しますので，これらの氏名，住所，生年月日を教えてください。相続人が亡くなっているときは，名前，続柄，凡その死亡日を教えてください。最初の連絡の際にこれらのことを言わずに申し訳ありませんでした。

　申立ては生存配偶者が署名するので，申立書原本は裁判所に提出し登録されると，裁判所審問がセットされ，地元新聞に審問通知の公告され，審問期日における審問の結果，遺産管理人としての人格代表者を選任することになります。審問期日は通常，裁判所に登録されてから7～8週間後（裁判所の込み具合によりますが）に指定されます。人格代表者が選任された日から遺産の債権者が未払い債権の回収ができるまでは4か月を経過しなければなりません。各支払につき，支払又は支払不能が確定するには，更に，7～8週間掛かります。その後，裁判所は遺言の規定に従い又は無遺言のときは法定どおりに配分を決定することになります。複雑な手続でない限り，裁判所の込み具合によりますが，一般的には8～9週間で終了することになります。」とのことであった。

　そこで，同女史より送られてきた「ESTATE ADMINISTRATION QUESTIONNAIRE」に必要事項を記入のうえ送り返した。

第 5 章　カリフォルニア州

〈例14　プロベイト手続のための情報提供シート〉

ESTATE ADMINISTRATION QUESTIONNAIRE

Date Information Provided: _____　Referred by _____

PERSONAL INFORMATION

Client Name: _____　Client Date of Birth: _____
Client Address: _____
Client Res. Phone: _____　Bus. Phone: _____
Client Cell Phone: _____　Email Address: _____
Client Social Security No.: _____
Client Driver's License No.: _____
Client Place of Birth: _____
Client occupation (or former occupation) : _____
Client Relationship to Decedent (relation, friend) : _____
Decedent Name: _____　Dec'd Date of Birth: _____
Decedent Place of Birth: _____　Dec'd Date of Death: _____
Decedent Social Security No.: _____
Decedent Last Address: _____
Decedent Last Res. Phone: _____
Decedent Driver's License No.: _____
Decedent Former Occupation: _____

DECEDENT FAMILY INFORMATION

Children:
Name　　　　　　　Address　　　　　Phone　　Date of Birth
　　　　　　　　　　　　　　　　　　　　　　　(if under 25)
_____

[IF ANY OF DECEDENT'S CHILDREN ARE DECEASED, PLEASE LIST THE NAMES, ADDRESSES, PHONE NUMBERS AND DATES OF BIRTH OF THE DECEASED CHILD'S CHILDREN; IF DECEDENT NEVER HAD CHILDREN, PLEASE LIST IN THE SPACE ABOVE DECEDENT'S LIVING SIBLINGS, OR, IF ANY SIBLINGS ARE DECEASED, LIST THEIR CHILDREN/ISSUE]

DECEDENT'S FAMILY DATA

DECEDENT'S:
Father: _____　Father's Birthplace: _____
Mother: _____　Mother's Birthplace: _____

DECEDENT ASSET INFORMATION

Decedent Residence: *(Please ATTACH copies of deed & most recent tax bill or Leisure World stock certificates)*
Address: _____
Present value of residence (estimated) : _____
Encumbrance on residence: _____
Other Real Estate: *(Please ATTACH copies of deed and most recent tax bill)*
1.   Address: _____
     Present value: _____ Encumbrance: _____
2.   Address: _____
     Present value: _____ Encumbrance: _____
3.   Address: _____
     Present value: _____ Encumbrance: _____
Vehicles, Boats, and Trailers:
1.   Description: _____
     License No.: _____ Vehicle ID No. _____
2.   Description: _____
     License No.: _____ Vehicle ID No. _____
3.   Description: _____
     License No.: _____ Vehicle ID No. _____
Stocks and Bonds: (if decedent owned individual original stock certificates, please bring them; if certificates are held by broker, provide brokerage account statements only)
Name of Stock: _____ No. of shares: _____
Is stock certificate in decedent's name only or owned jointly with another? _____ if owned jointly, with whom? _____
Name of Stock: _____ No. of shares: _____
Is stock certificate in decedent's name only or owned jointly with another? _____ if owned jointly, with whom? _____
Name, address and phone number of stock broker: _____

Account No: _____ *(please ATTACH copy of most recent brokerage statement)*
Present value of all stock: _____
Did decedent have Prepaid Burial Plots? _____ **Prepaid Burial Plans?** _____
Businesses, partnerships, etc.: (name, address and percentage of ownership) _____
Bank accounts and Savings Accounts: (please include bank name, address, account numbers and approximate balance - *INDICATE IN WHOSE NAME THE ACCOUNT STANDS (Please bring copies of bank books or most recent bank statements)*

Bank Name and Address   Account No.   Name (s) On Acct.   Appr Acct Balance
_____   _____   _____   _____
_____   _____   _____   _____

_____ _____ _____ _____
_____ _____ _____ _____

Safe Deposit Box Location: _____
(please indicate who is authorized to open box)
Other assets: _____

Life Insurance: (include name and address of company or agent, policy number and name of designated beneficiary)
_____

Pension plan, profit sharing plan, Keogh plan or IRA (please describe) :
1.   Name, address, phone number and account number: _____
_____
Designated beneficiary: _____
2.   Name, address, phone number and account number: _____
_____
Designated beneficiary: _____
Approximate value of total estate: _____

MISCELLANEOUS INFORMATION

Did decedent reside in another state for part of the year? _____
Did decedent ever serve in the Military? _____
Did decedent ever work for the Social Security Administration? _____

(4) 申立て (Petition for Letter of Administration)

　翌年1月半ば，ベティ女史は，オレンジ郡の上級裁判所（superior court）に，生存配偶者・妻を申立人とし，推定相続人一覧を添付して，遺産管理人（administrator）を推薦のうえ，遺産管理人の選任の申立てをなすとともに，遺産管理状（letter of administration）及び独立遺産管理法に基づく遺産管理人の認許（authorization to administer under the independent administration of estates act）を求める申立てをなし，2日月中旬，同申立ては同裁判所に登録され，審問期日を3月下旬とする通知をFAXにて受領した。

　審問期日に，ベティ女史は，生存配偶者・妻よりあらかじめ署名してもらっていた書面を裁判所に提出した。その書面は，調査後の遺産に関する利害関係人一覧表，ならびに送達すべき関係者一覧であった。送達すべき関係者一覧には，日本外務省カリフォルニア領事館の住所並びに日本側コンタク

ト事務所である筆者の事務所も掲載されていた。

　この送達すべき関係者リストが送付されてきたときに，先に亡くなった長男の娘の取扱いに混乱があった。当初申立書には未成年（minor）と記載していたにもかかわらず，依頼者に署名を求めた訂正の上申書（関係者として，遺言管理人をリストに追加する旨）では，成人（adult）と表記していた。当方で，ベティ女史に対して18歳に数か月足りないことを注意しておいた。ところが，裁判所に対する関係者の送達報告書には生年月日を記載し，minorの文字はなくなっていた。そのときは「何で？」としか気にしていなく，結局そのままやり過ごしてしまった。このことが後に，トラブルの一因になってしまった。

　また，聴聞期日が5月に指定された旨を知らせてきたので，その後の手続の流れがどう展開するのかを尋ねた。ベティ女史は，聴聞期日の聴聞の結果，申立てが裁判所に認められれば，遺産管理人が遺産名義の銀行口座を開設し，遺産が残る銀行口座より遺産管理人が開設した遺産名義口座へ預金し，遺産目録及び評価を作成準備し，それを裁判所へ登録する。4か月後，口座の収支計算についての裁判所の承認決定が発せられたら，生存配偶者へ残額遺産を委譲する決定の申立てをなし，その後6ないし8週間後に，最終の決定が発せられたら，遺産管理人並びに代理人報酬を差し引いて申立依頼者の銀行口座へ振込みをなす旨の一連の流れを説明してくれた。

(5)　審問期日（Hearing）

　5月の審問期日にベティ女史が出廷した際に，裁判所はベティ女史が推薦した遺産管理人ではなく，オレンジ郡の公的管理人（Orange County Public Administrator）から指名すべく通知することを決定したため審問期日が改めて6月に指定された旨を報告してきた。更に驚いたことに，認知された息子と娘の母親がスペイン人通訳を引き連れて突然，法廷に出廷してきた，その母親は，遺産である預金は合有（joint tenancy）であるか，自分が受益者（beneficiary）である旨法廷で主張してきたとのことである。彼女の30年を越す実務経験で初めてのことだと驚いた旨報告してきた。当方からは依頼者の元に送られてきた銀行報告書の写しをベティ女史の下にPDFにてe-mailにて送付しておいた。そこには合有又は受益者名義の記載はなかった。

第5章　カリフォルニア州

　次の6月初めの審問期日が開廷されたが，その法廷においても母親が出廷して改めて遺産たる預金の受益者である旨主張してきたとのことである。そのため裁判官は次回に遺産管理人の決定並びに遺産管理人に預金が受益者としてその母親が指名されているか否か，更に，申立人が推薦する遺産管理人を指名するか又はオレンジ郡の公的遺産管理人（public administrator）を指名するか否かを調査させたいとのことで，審問期日を改めて6月末に指定してきたとベティ女史よりこれまた30年を越す実務経験で初めてだと驚きをもって報告をしてきた。

(6)　遺産管理状（letter of administration）

　7月初旬にベティ女史よりのe-mailで，6月末の審問期日で，やっと，申立人推薦の遺産管理人が指名されたこと，遺産管理状（letter of administration）は1週間から10日以内に発行されるであろう旨安堵の報告があった。

(7)　財産明細計算書（accounting）提出

　9月下旬，ベティ女史より「裁判所の許可を得るための計算明細書作成（債権者公告経過後である6か月先の翌年2月ごろになると思う。）のため，相続人ら宛の手紙を準備している。事前に遺産分配に関する受領書の署名に関しての説明をしたいと思っている。なぜなら，遺産分配のための小切手を各相続人に送付しても，小切手の受領書を返送して来ない者がいると，彼らの受領書原本を裁判所に提出できなければ，遺産管理人の職務が終結しないし，保証金も解除することができないのである。
　今回の案件においては，相続人らはアメリカの社会保障番号を持っていないことは分かっている。筆者の事務所が各相続人らと連絡できるかどうか，または，生存配偶者だけの連絡なのか，生存配偶者と他の相続人らとの間に利益相反があるのかどうかは分からないが，各相続人らに分配受領書（Receipt on Distribution）を発送していいものかどうかについて助言してほしい。仮に，筆者の事務所ができないとしても，各相続人らのe-mail address等の連絡方法を教えてほしい。」旨の連絡が入ってきた。
　そこで，分配受領書（Receipt on Distribution）のサンプルを送付してほしい旨の返事をしておいたところ，そのサンプルを送付してきた。

(8) 放棄書（waiver）

　最終の裁判所の財産明細計算書の決定期日が近くなった翌年の2月ごろに，当方としては，今回のケースでは，日本で遺産分割協議が整い，遺産は生存配偶者のみが受領することになっているので，生存配偶者のみに小切手を切るよう手続を変更するか裁判所の許可をとってもらいたい旨を要請した。

　ベティ女史には日本での遺産分割協議の意味が分かっていなかったためか，この記述に関心を抱かず，認知された息子と娘の母親が以前裁判所に突然現れたことを気にしていて，生存配偶者のみに遺産分配したら，再度，法廷に現れるのではないかと心配し，また，倫理的にもそのようなことはできないこと，少なくとも認知された息子と娘を含む生存配偶者を除く相続人全員の遺産分配放棄書（waiver）がなければ，無遺言であるため全員に遺産分配する旨を伝えてきた。

　当方としては，日本の遺産分割協議制度を説明しているよりも，カリフォルニア州法に従って（というか，ベティ女子は鼻から日本の法律に興味を示さずカリフォルニア州法に従ってしか手続をしない決意のe-mailであった。），他の相続人の放棄書（waiver）を集めるので放棄書（waiver）を送付してほしい旨の連絡を入れたところ，今度は，ベティ女史より，認知された息子と娘の母親が気懸かりのためか，当方が，他の相続人のうち特に認知された息子と娘の相続人を代理している旨の裁判所への受任申立書を提出してほしい旨の返事をもらった。

　しかしながら，当方としては手続を代行しているだけであり，かつ，日本の遺産手続的には遺産分割協議は整い，全ての遺産は配偶者が取得し，他の相続人には代償金を支払済みである。一方，受任申立書を提出しないと，ベティ女史は，認知された息子と娘の相続人に直接，放棄書（waiver）を送付する意向である。そうすると，認知された息子と娘の相続人等が放棄書（waiver）を裁判所に提出しない限り，法定相続分に従った遺産の配当をすることになってしまうことになる。それでは，日本において認知された息子と娘の相続人等から配当金を回収しなければならなくなり手間が掛かりすぎることになってしまうことになる。

(9) 日本の遺産分割協議書

そこで，ベティ女史に対して改めて日本の遺産分割制度を説明し，理解してもらうように長文のe-mailを出すことにした。

「貴女より認知された息子と娘の相続人等が当方に対して委任した旨裁判所への提出書類を送ってきたが，当方としては異なる見解を持っている。そもそも，カリフォルニアの国際私法（International Conflict Law）に関して，「相続は，不動産については不動産所在地の法により，動産については被相続人の死亡時の住所地法に従う。」とされていると聞き及んでいる。今回の相続は，被相続人は日本に住所を有する日本人であるので，カリフォルニア州に動産を遺している場合には，実体法である相続法に関しては日本法を適用することになる。しかしながら，動産はカリフォルニア州に存在するので遺産管理手続については手続法であるカリフォルニア州のProbate Courtの手続が必要になる。手続が終了すれば，その残った遺産は日本の相続法に従って相続人に分配されるはずである。

日本法では，アメリカとはシステムが違い被相続人の全て（不動産，動産の区別なく）の遺産は裁判所の関与なく，全て直接に相続人の合有財産になる。遺言がなければ裁判所の関与なく相続人が全員一致の合意で遺産の処分を決定することができる（日本民法907条）。その決定に従って遺産は分配される。合意できないときに初めて，その分割を裁判所に申し立てることができることになっている。

そこで，今回の相続については，相続人全員一致の合意で被相続人が遺産については生存配偶者が全て取得する旨の遺産分割協議書を作成している。ただ，生存配偶者が全ての遺産を取得する代償として各相続人にその必要に応じて金銭を分け与えることになっている。この遺産分割協議書に相続人各自が署名押印し，その真意を担保するため各自が印鑑証明書を提出している。この遺産分割協議書をカリフォルニアの裁判所に提出してほしい。裁判所の決定により遺産管理人は生存配偶者の銀行口座へ振り込むことになると考えるが如何でしょうか。」

このe-mailを出した後，生存配偶者の長男の妻で，代襲被相続人の未成年の子の母が一番動ける人であったので，遺産分割協議書及び添付した印鑑証明書を英文化し，更に日英文で，これ等の遺産分割協議書は真正に成立した

こと等を宣誓供述書として日本の公証人のところで認証の上，ベティ女史のところへ郵送した。

⑽　遺産分割協議書のProbate CourtへのFiling
　ベティ女史は頑なにカリォルニア州プロベイトコードに従ってしか手続をしないといっていたところ，当方からの要請について翻意してくれたのか，当方から郵送した宣誓供述書（Affidavit）及び当方からのベティ女史への手紙文を裁判所に提出してくれた。
　数か月たったその年の10月ごろ，裁判所より，被相続人の長男の代襲相続人である18歳未満の娘について，その母親が遺産分割協議書に娘を代理して署名していることが，利益相反行為に該当するのではないかとの指摘を受けた。これについて釈明するよう指示があった旨連絡してきた。ベティ女史は相変わらずこんなことは長年の経験上初めてのことだ，裁判所は12月17日までに納得いく回答を求める旨きついe-mailを出してきた。
　そこで，当方としては，母親と娘の間に利益相反行為があるのではないかという質問は裁判所の誤解である旨下記の内容の報告書をベティ女史へ提出した。
　「ご連絡ありがとうございます。回答が遅れたことをお詫びします。
　裁判所は未成年の子とその母親との間に利益相反行為がある旨考えているみたいですが，間違っていると思う。未成年の子とその母親との間には被相続人の遺産関係において利益相反行為は何もありえない。なぜなら，未成年の子が被相続人の相続人の代襲相続人であって，その母親は被相続人の相続人ではない。その母親は未成年者の法定代理人として，遺産分割協議書に署名しているのみである。
　もう一度説明すると被相続人の相続人は，添付している相続関係図及び宣誓供述書記載のとおり，生存配偶者，その長男（2008年11月26日死亡）の代襲相続人長男及び代襲相続人長女，認知された息子と娘の相続人の5名であり，未成年者の子の母親は相続人ではない。その母親は，未成年の子の母親でしかない。
　未成年者の子の母親は相続人でないので，その未成年者の子と利益相反行為は存在しない。その子は未成年者であるため日本の法律では法律行為がで

きないために法定代理人である母親が未成年者の子を代理して遺産分割協議書に署名したもので，何ら利益相反行為は存在せず，日本の法律では適法である。

　カリフォルニアの利益相反行為において，親子間の準拠法は，親子の本国法によるはずである。これは正しいか？正しければ，カリフォルニアの裁判所においても親子の法律関係は日本法に従って適用されるべきである。日本の法律によれば，未成年の子の法律行為は法定代理人である親が行使できることになっている。そこには，日本の家庭裁判所で法定代理人を選任する必要はない。親子間の法律行為に利益相反行為がある場合には，家庭裁判所において特別代理人を選任しなければならないことになっている。

　しかしながら，何度も言うように，今回は母親は相続人の一人ではないので，親子の間に利益相反行為は存在しない。特別代理人を選任する必要がない。母親は未成年の子のために法定代理人として遺産分割協議に署名しただけである。被相続人の遺産について，遺産分割協議書では，全ては生存配偶者が取得し，未成年の子には代償金を支払う旨の合意をしているが，これは母親が生存配偶者の治療費等の支払いを考えて総合的に判断して合意したものであり，法律的には子に不利益な判断ではない。これをもって親子間に利益相反行為があるとは日本の裁判所は判断しない。利益相反行為が適用になるのは，親子間で財産をどのように分配するかであり，この場合には子に財産を多く配分しても利益相反行為として家庭裁判所の手続が必要になる。

　そこで，あなたの質問にある「日本での裁判所での何らかの手続をしたのか」であるが，アメリカの相続手続とは異なり，日本の相続法は，相続財産は裁判所の手続なしで被相続人の遺産は全て相続人に帰属する。そして，相続人間で遺産分割協議の合意が成立すれば，各相続人は合意の下で分配することになる。以前，あなたに送った日本で成立した遺産分割協議書に記載されている遺産（マンション及び預貯金）は，全て生存配偶者に移転し分配済である。残っているのはアメリカにある預金のみである。

　ちなみに，日本の相続法では，裁判所が関与するのは相続人間において遺産分割協議ができなかった場合に，相続人の一人が裁判所に分割手続を申し立てる場合のみである。

　再度，裁判所の裁判官と交渉してほしい。」旨，日本民法4条（成年），5

条（未成年者の法律行為），824条（財産の管理及び代表），826条（利益相反行為），906条（遺産の分割の基準），907条（遺産の分割の協議又は審判等）について，日本法令外国語訳データベースシステムにある英文条文を参照して，添付のうえ再度ベティ女史宛e-mailを送信した。

それに加え，未成年の子について成年者となったので改めて，その子より宣誓供述書により遺産分割協議書は真正に成立した旨を公証人の認証を受け裁判所に提出するよう指示を受けた旨ベティ女史より連絡してきた。

そこで，その子に日本の公証役場にて宣誓の上供述させ認証した宣誓供述書をベティ女史のもとに送った。

(11) **承認決定（Approved!!）**

最終財産明細計算書（accounting）承認決定期日が2日延び，12月19日決定がおりた旨ベティ女史より連絡が入った。決定書を受領したら直ぐにでも依頼者から署名をもらうための分配受領書（Receipt on Distribution）を送ること，及び，当方の銀行口座へ振込するための指示書を作成したい旨喜びの内容であった。喜びの一方で，裁判所の決定書手続は数日掛かること，当方が要求した印鑑証明書付きの遺産分割協議書のオリジナルは返還されないこと，ただし，写しが必要であれば裁判所から発行することは可能であるし，手数料が100ドル必要であること，分配受領書（Receipt on Distribution）を受け取ったら，遺産管理人に対して立担保については解除手続をなし，これ以上の利息金その他の費用が発生させなく手続を踏むことにする旨細かいことまで指示してきた。

(12) **生存配偶者の死亡**

前記の最終の決定所が出る前の約1か月半前に依頼者である生存配偶者が亡くなった旨の通知を受けていた。前記のとおりベティ女史との最後のやり取りをしている最中であり，ここで，生存配偶者の死亡を通知をすると更に混乱するものと思い決定が出るまで知らせことができなかった。しかしながら，分配受領書（Receipt on Distribution）に生存配偶者の署名ができるわけでもないので，生存配偶者の死亡を通知するとともに，生存配偶者はすでに公正証書遺言を作成しており，当該遺産は生存配偶者の姉妹の一人が取得す

ることになっている旨伝えた。

(13) **分配金の受領**

　翌年1月，ベティ女史の方より，生存配偶者の遺産についての人格代表者について，裁判所（カリフォルニア州では，裁判所の証明書）より人格代表者に指名された旨証明されれば，その者が，分配受領書（Receipt on Distribution）に署名すればよいと，あくまでもカリフォルニアの遺産手続に従った方法を冷たく知らせてきた。当方としては，この遺言書は日本の公証人の認証を受けた遺言書であり，日本民法においては，裁判所の検認手続は不要であることを説明したところ，ベティ女史より公正証書遺言及びその翻訳を日本の公証人の認証並びにアポスティーユを付して送るよう要請された。遺言執行者である筆者が公証人の面前で署名認証された宣誓供述書及び分配受領書（Receipt on Distribution）に筆者が署名の上ベティ女史へ郵送した。

　その後，しばらくベティ女史からの連絡が途絶えていたが約1か月半に裁判所の決定が出て，遺言執行者である当方の預かり預金口座へ分配金が振り込まれてきた。また，若干遅れてベティ女史より全ての明細書及びその領収書等をPDFにて送付してきたことにより一連の手続は終了した。

〈例15 遺産管理人候補者選任申立書（Nomination of Ms. ○○ to Act as Administrator)〉

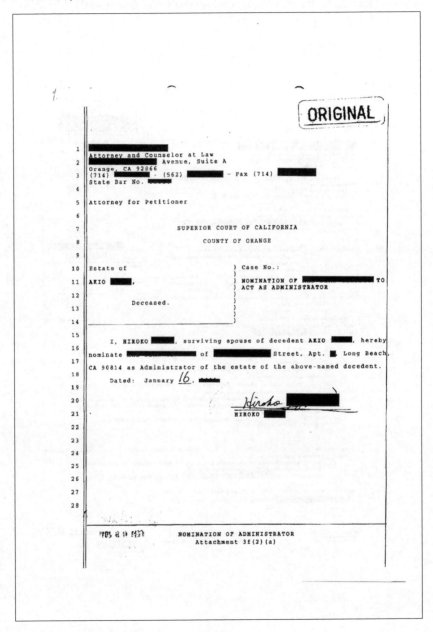

第5章 カリフォルニア州

〈例16 ①無遺言による検認管理状付与申立書（Petition for Letter of Administration），②独立検認管理法にもとづく管理権限付与申立書（Authorization to Administrator Under the Independent Administration of Estate Act）〉

2 事 例

DE-111

ESTATE OF (Name): Akio ▓▓▓▓   CASE NUMBER:
                                  DECEDENT

3. c. Character and estimated value of the property of the estate (complete in all cases):
  (1) Personal property: $ 139,388.15
  (2) Annual gross income from
      (a) real property: $ 0.00
      (b) personal property: $ 1,393.88
  (3) Subtotal (add (1) and (2)): $ 140,782.03
  (4) Gross fair market value of real property: $ 0.00
  (5) (Less) Encumbrances: $ (0.00)
  (6) Net value of real property: $ 0.00
  (7) Total (add (3) and (6)): $ 140,782.03
d. (1) ☐ Will waives bond. ☐ Special administrator is the named executor, and the will waives bond.
   (2) ☐ All beneficiaries are adults and have waived bond, and the will does not require a bond.
          (Affix waiver as Attachment 3d(2).)
   (3) ☐ All heirs at law are adults and have waived bond. (Affix waiver as Attachment 3d(3).)
   (4) ☐ Sole personal representative is a corporate fiduciary or an exempt government agency.
e. (1) ☒ Decedent died intestate.
   (2) ☐ Copy of decedent's will dated: ☐ codicil dated (specify for each):
                                                                          are affixed as Attachment 3e(2).
          (Include typed copies of handwritten documents and English translations of foreign-language documents.)
          ☐ The will and all codicils are self-proving (Prob. Code, § 8220).
f. Appointment of personal representative (check all applicable boxes):
   (1) Appointment of executor or administrator with will annexed:
       (a) ☐ Proposed executor is named as executor in the will and consents to act.
       (b) ☐ No executor is named in the will.
       (c) ☐ Proposed personal representative is a nominee of a person entitled to Letters.
             (Affix nomination as Attachment 3f(1)(c).)
       (d) ☐ Other named executors will not act because of ☐ death ☐ declination
                ☐ other reasons (specify):

             ☐ Continued in Attachment 3f(1)(d).
   (2) Appointment of administrator:
       (a) ☒ Petitioner is a person entitled to Letters. (If necessary, explain priority in Attachment 3f(2)(a).)
       (b) ☐ Petitioner is a nominee of a person entitled to Letters. (Affix nomination as Attachment 3f(2)(b).)
       (c) ☐ Petitioner is related to the decedent as (specify):
   (3) ☐ Appointment of special administrator requested. (Specify grounds and requested powers in Attachment 3f(3).)

g. Proposed personal representative is a
   (1) ☒ resident of California.
   (2) ☐ nonresident of California (specify permanent address):

   (3) ☒ resident of the United States.
   (4) ☐ nonresident of the United States.

PETITION FOR PROBATE
(Probate—Decedents Estates)

第5章 カリフォルニア州

	DE-111
ESTATE OF (Name): Akio ▮▮▮▮	CASE NUMBER:
DECEDENT	

4. ☐ Decedent's will does not preclude administration of this estate under the Independent Administration of Estates Act.
5. a. Decedent is survived by (check items (1) or (2), and (3) or (4), and (5) or (6), and (7) or (8))
   (1) ☒ spouse.
   (2) ☐ no spouse as follows:
      (a) ☐ divorced or never married.
      (b) ☐ spouse deceased.
   (3) ☐ registered domestic partner.
   (4) ☐ no registered domestic partner.
      (See Fam. Code, § 297.5(c); Prob. Code, §§ 37(b), 6401(c), and 6402.)
   (5) ☒ child as follows:
      (a) ☒ natural or adopted.
      (b) ☐ natural adopted by a third party.
   (6) ☐ no child.
   (7) ☒ issue of a predeceased child.
   (8) ☐ no issue of a predeceased child.
  b. Decedent ☐ was ☒ was not survived by a stepchild or foster child or children who would have been adopted by decedent but for a legal barrier. (See Prob. Code, § 6454.)
6. (Complete if decedent was survived by (1) a spouse or registered domestic partner but no issue (only a or b apply), or (2) no spouse, registered domestic partner, or issue. (Check the first box that applies):
  a. ☐ Decedent was survived by a parent or parents who are listed in Item 8.
  b. ☐ Decedent was survived by issue of deceased parents, all of whom are listed in Item 8.
  c. ☐ Decedent was survived by a grandparent or grandparents who are listed in Item 8.
  d. ☐ Decedent was survived by issue of grandparents, all of whom are listed in Item 8.
  e. ☐ Decedent was survived by issue of a predeceased spouse, all of whom are listed in item 8.
  f. ☐ Decedent was survived by next of kin, all of whom are listed in Item 8.
  g. ☐ Decedent was survived by parents of a predeceased spouse or issue of those parents, if both are predeceased, all of whom are listed in item 8.
  h. ☐ Decedent was survived by no known next of kin.
7. (Complete only if no spouse or issue survived decedent.)
  a. ☐ Decedent had no predeceased spouse.
  b. ☐ Decedent had a predeceased spouse who
   (1) ☐ died not more than 15 years before decedent and who owned an interest in real property that passed to decedent,
   (2) ☐ died not more than five years before decedent and who owned personal property valued at $10,000 or more that passed to decedent,
   (If you checked (1) or (2), check only the first box that applies):
     (a) ☐ Decedent was survived by issue of a predeceased spouse, all of whom are listed in item 8.
     (b) ☐ Decedent was survived by a parent or parents of the predeceased spouse who are listed in item 8.
     (c) ☐ Decedent was survived by issue of a parent of the predeceased spouse, all of whom are listed in item 8.
     (d) ☐ Decedent was survived by next of kin of the decedent, all of whom are listed in item 8.
     (e) ☐ Decedent was survived by next of kin of the predeceased spouse, all of whom are listed in item 8.
   (3) ☐ neither (1) nor (2) apply.

8. Listed on the next page are the names, relationships to decedent, ages, and addresses, so far as known to or reasonably ascertainable by petitioner, of (1) all persons mentioned in decedent's will or any codicil, whether living or deceased; (2) all persons named or checked in items 2, 5, 6, and 7; and (3) all beneficiaries of a trust named in decedent's will or any codicil in which the trustee and personal representative are the same person.

DE-111 [Rev. March 1, 2008]
PETITION FOR PROBATE
(Probate—Decedents Estates)
Page 3 of 4

2 事例

ESTATE OF (Name): Akio ▇▇▇▇		CASE NUMBER:	DE-111
	DECEDENT		

8. Name and relationship to decedent   Age   Address

SEE ATTACHMENT 8

[X] Continued on Attachment 8.
9. Number of pages attached: 2

Date: January 9, ▇▇▇
  FEBRUARY
▇▇▇▇▇▇▇▇▇▇State Bar No. ▇▇▇▇   ▶ _____
(TYPE OR PRINT NAME OF ATTORNEY)   (SIGNATURE OF ATTORNEY)*

* (Signatures of all petitioners are also required. All petitioners must sign, but the petition may be verified by any one of them (Prob. Code, §§ 1020, 1021; Cal. Rules of Court, rule 7.103).)

I declare under penalty of perjury under the laws of the State of California that the foregoing is true and correct.

Date: January 16, ▇▇▇

Hiroko ▇▇▇▇▇   ▶ /s/ Hiroko
(TYPE OR PRINT NAME OF PETITIONER)   (SIGNATURE OF PETITIONER)

▶
(TYPE OR PRINT NAME OF PETITIONER)   (SIGNATURE OF PETITIONER)

[ ] Signatures of additional petitioners follow last attachment.

DE-111 [Rev. March 1, 2008]
PETITION FOR PROBATE
(Probate—Decedents Estates)

Page 4 of 4

第5章 カリフォルニア州

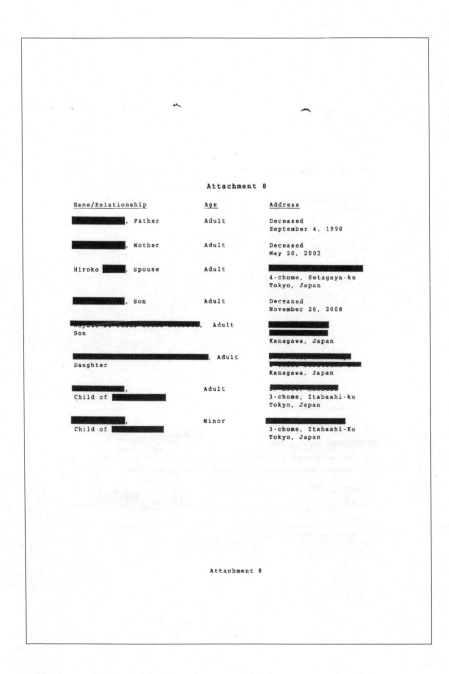

〈例17 Letter to Attorrey（カリフォルニアの申立代理人宛，日本での遺産分割協議書を裁判所へ提出し，協議書に基づいて分配するよう要請した）〉

第5章　カリフォルニア州

〈例18　Notice of Lodgment（日本の遺産分割協議が裁判所に採用された旨の告知書）〉

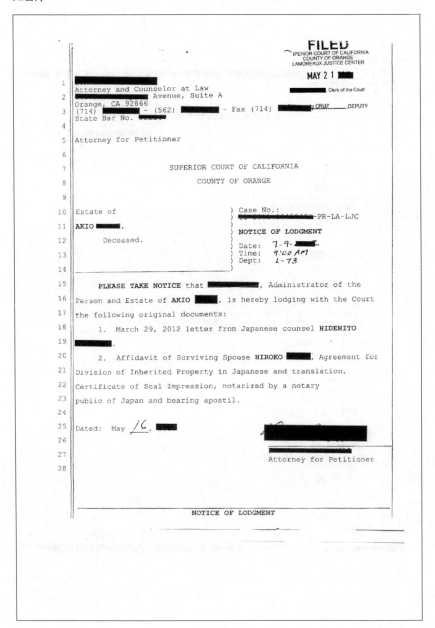

〈例19 最初で最後の計算書，遺産管理人の報告書，その他の決定書（Order Settling First and Final Account, Report of Administrator etc.)〉

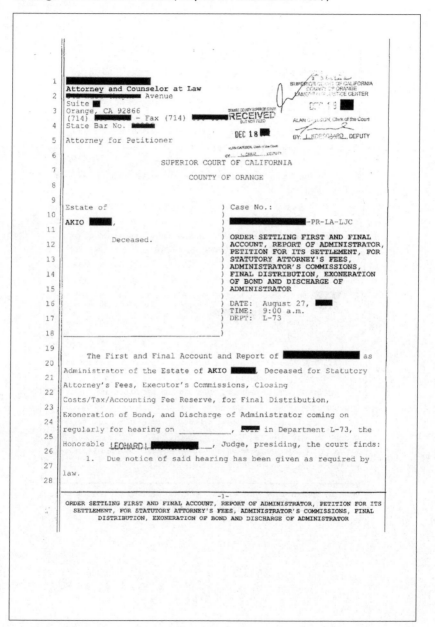

第5章 カリフォルニア州

```
 1      2.  The account is full, true and correct and should be
 2   settled allowed and approved as filed.
 3      3.  All of the allegations of the petition are true, and the
 4   acts of Petitioner, as Administrator, are confirmed and approved.
 5      4.  Notice of administration has been given to each known
 6   or reasonably ascertainable creditor who has not been paid and the
 7   time for filing or presenting claims has expired.
 8      5.  The estate consists entirely of the separate property of
 9   the decedent.
10      6.  The estate does not meet the requirements for federal and
11   estate tax returns.  All other taxes due and payable by the estate,
12   including California and Federal income taxes, have been paid.
13      7.  As of the March 29, ▊▊▊▊ accounting cut off date, the
14   estate consists of property valued at $139,181.05, all of which is
15   cash, as follows:
16         ▊▊▊▊ Bank, account no. 5080060086       $138,143.75
17         ▊▊▊▊ Bank, account no. 7650007217            276.50
             Funds in LORNA ▊▊▊▊▊▊▊▊▊▊
18             Client trust account                    760.80
19                                                $138,181.05
20
21      8.  The report should be approved, the petition granted and
22   distribution ordered as prayed.
23      THEREFORE, IT IS ORDERED, ADJUDGED AND DECREED that:
24      1.  The notice of hearing has been given as required by law;
25      2.  The account and report rendered herein is settled, allowed
26   and approved as filed;
27      3.  The acts and proceedings of Petitioner as Administrator are
28   confirmed and approved;
```

-2-
ORDER SETTLING FIRST AND FINAL ACCOUNT, REPORT OF ADMINISTRATOR, PETITION FOR ITS
SETTLEMENT, FOR STATUTORY ATTORNEY'S FEES, ADMINISTRATOR'S COMMISSIONS, FINAL
DISTRIBUTION, EXONERATION OF BOND AND DISCHARGE OF ADMINISTRATOR

2 事例

1 4. Petitioner is authorized and directed to pay to her
2 attorney, ███████████, the sum of $5,189.31 as statutory
3 attorney's fees for legal services rendered to Petitioner and this
4 estate;
5 5. Petitioner is authorized and directed to pay herself the
6 sum of $5,189.31 for her services rendered to this estate;
7 6. Petitioner is authorized to reimburse Surviving Spouse
8 HIROKO ████ the $1,615.80 she advanced Attorney ████████ herein.
9 7. Distribution of decedent's estate in Petitioner's hands is
10 ordered made to the person entitled to it as follows:
11 TO: HIROKO ████, surviving spouse
12 ~~PLUS any other property of the decedent or the estate not now~~
13 ~~known or discovered.~~ L.B.
14 LESS attorney's fees, administrator's commissions and closing
15 costs.
16 8. Upon the filing of Receipt(s) on Distribution and
17 Affidavit for Final Discharge, bond is exonerated and the
18 Administrator is discharged herein.
19 Dated: _____, ____
20   DEC 19

JUDGE OF THE SUPERIOR COURT

TEMPORARY JUDGE

-3-
ORDER SETTLING FIRST AND FINAL ACCOUNT, REPORT OF ADMINISTRATOR, PETITION FOR ITS SETTLEMENT, FOR STATUTORY ATTORNEY'S FEES, ADMINISTRATOR'S COMMISSIONS, FINAL DISTRIBUTION, EXONERATION OF BOND AND DISCHARGE OF ADMINISTRATOR

第6章 ハワイ州の相続

ハワイ州の相続法は，ハワイ州改訂法令法集（Hawaii Revised Statutes2016年度版）のDivision3, Property; Family中のTitle30, Uniform Probate Codeとして掲載している。統一州法委員全国会議（The National Conference of Commissioners on Uniform State Law）によって1969年に公表された統一検認法（Uniform Probate Code）を採用している18州のうちの一つがハワイ州である[1]。

人が死亡したときに財産が移転される法的手続は，検認手続と呼ばれる。この裁判所による監督のもとでの手続には，死亡した人の財産を全て遺産として管理する手続である。次に，遺産から負債と適切な遺産税を払う。残りの遺産は，相続人に分配される。検認手続は，各州が独自の検認手続法を実施している州固有のものである。

1 ハワイの検認手続

被相続人が死亡した場合は検認手続において，裁判所は，遺言に従って被相続人の遺産を分配する。これをTestate（有効な遺言の場合）という。一方，有効な遺言なしに被相続人が死亡した場合，被相続人の遺産は，下記のように相続法[2]にしたがって分配されることになる。これをIntestateという。

◎ **相続人**

被相続人の法定相続人は，配偶者，直系卑属，父母，父母の直系卑属，祖父母，祖父母の直系卑属となるが，その順位については下記のとおりである。
ア 被相続人の生存配偶者[3]について，
　　死亡した被相続人の生存配偶者（又は相互受益者）の配分は

---

1) 本書・第1アメリカ合衆国・5頁を参照のこと
2) 根拠法としてはHawaii Revised Statutes
3) section 560：2-102：Share of Spouse

① 次の場合には遺産全体を取得する。
　1) 直系卑属及び親がいないとき
　2) 直系卑属が生存配偶者の直系卑属であるとき
② 次の場合には，最初の20万ドルと残余遺産の4分の3を取得する。
　直系卑属がなく，親がいるとき
③ 次の場合には，最初の15万ドルと，残余遺産の2分の1を取得する。
　直系卑属と生存配偶者の連れ子がいるとき
④ 次の場合には，最初の10万ドルと残余遺産の2分の1を取得する。
　直系卑属の子孫がいるとき

イ　生存配偶者以外の相続人[4]について

　生存配偶者の取得分以外の残余遺産（配偶者がいないときは全て）は下記の順序に従って配分される。
　① 直系卑属
　② 両親
　③ 両親の卑属（具体的には，兄弟姉妹）
　④ 祖父母とその卑属（具体的には，叔父叔母）

2　遺産税（Estate Tax）

　遺産税は，被相続人の相続人に移転される遺産に課される税金である。ハワイ州は，ハワイの全ての居住者の課税対象遺産と非居住者が所有するハワイにある全ての課税可能な遺産の死亡時の移転に遺産税を課している。

　この遺産税は2012年1月25日後に亡くなった人々の遺産に課されるが，全ての遺産について遺産税を支払う必要はない。ハワイの遺産税の課税対象額は5,250,000ドル以上の遺産についてである。

　連邦政府も一部の遺産に遺産税を課すことに注意しなければならない。連邦遺産税の詳細については，IRSのウェブサイト[5]を参照すること。

---

4) section 560：2-103 Share of Heirs Other than the Surviving Spouse
5) https://www.irs.gov/businesses/small-businesses-self-employed/estate-tax

3 検認手続を回避する手段

　ハワイ州に限らず，検認手続は長くて費用が掛かり，数か月，場合によっては数年掛かることがある。掛かる時間が長くなればなるほど，費用はかさみ，被相続人が相続させたいと希望していた者が亡くなる可能性も出てくることになる。これらの理由から，多くの人が法的に安全で検認手続を回避する手段を見出すことになる。

　検認手続を回避して資産を移すことは，遺産を多くの時間と費用を節約するだけでなく，愛する人が長年煩わしい法的手続を避けるのにも役立つことになる。検認手続制度を回避するには，四つの一般的な方法がある。

① 合有所有権（Joint Property Ownership）
② 死亡時受益者（Death Beneficiaries）
③ 撤回可能生前信託（Revocable Living Trusts）
④ 贈与（Gifts）

(1) 合有所有権（Joint Property Ownership）

　「生涯権（right of survivorship）」を有する合有所有財産は，死亡時被相続人が有する合有所有権は生存者に移転するという非常に単純な理由で検認手続を回避することができる。これを行うにはいくつかの方法があり，選択された方法は特定の州が認めているものに限られる。

　生涯権を有するこれらの形式の合有所有権を設定するには，通常，合有所有権関係，共同所有財産権，生涯権を記載した文書が必要である。次に生涯権を持つ最も一般的な形式の合有所有権の形式を示すと，

① 生涯権をもつ合有所有権（Joint Tenancy with a Right of Survivorship）
　　その名前が示すように，「合有所有権」として財産を持ち，合有所有権者が死亡した場合，生存合有所有権者は死亡した合有所有権者の分を取得することになる。

② 夫婦共有財産制（Tenancy by the Entirety）
　　この制度は，夫婦のみ（及び幾つかの州ではパートナーも認める。）が利用できる所有形態の一つである。それは生涯権のある合有所有権とほぼ同じように機能する。一方の配偶者が死亡した場合，生存配偶者は死亡

した配偶者の合有所有権部分を承継することになる。
③ 合有財産制（Community Property）
　合有財産制を採用する州（アリゾナ，カリフォルニア，アイダホ，ルイジアナ，ネバダ，ニューメキシコ，テキサス，ワシントン，ウィスコンシン[6]）では，夫婦は生涯権のある合有財産制として財産を保有することができる。それは一方の死亡により夫婦共有財産制と同様に，生存配偶者が全ての財産所有権を取ることになる。
(ア)　生涯権をもつ合有所有権（Joint Tenants with a Right of Survivorship）と共有所有権（Tenants in Common）の相違について
　二人以上の人が建物のような財産を所有する場合に，その所有形態が，合有所有権（Joint Tenants）と共有所有権（Tenants in Common）のいずれとしても，各人は財産全体の持分（又は権益）を有することになる。これは，財産の特定の部分をいずれかの各人が所有するのではなく，全体として共有することを意味する。一方生涯権をもつ合有所有権は，多くの点で共有所有権と類似するが，特に占有権に関しては機能は同じであるが，共有者の一部が死亡した場合に相違が生じることになる。
(イ)　所有権益（Ownership Interest）
　二人以上の所有者のいずれもが財産の特定の部分を所有すると主張することはできないが，共有所有権（Tenants in Common）においては異なる所有権益（Ownership Interest）を持つことになる。例えば，共有者Aと共有者Bは，各々建物の25パーセントを所有し，共有者Cは財産全体の50パーセントを所有しているとする。他者が共有所有権を取得した後，共有所有権を取得するように，共有所有関係が異なる時期に設定されることもありうる。
　一方，合有所有権（Joint Tenants）は，同時に同一取引行為で財産の均等な持分を設定しなければならない。合有所有権又は共有所有権契約の条件は，捺印証書，権利証，他の法的拘束力のある財産所有関係書面に記載されていなければならない。いくつかの州では夫婦所有形態は，合有所有権制であり，他の州では共有所有制であるとしている。

---

6) 常岡112頁

合有所有者の一人が第三者に所有権益（Interest）を売却し，全当事者間で所有関係の規約を共有所有権に変更すると，合有所有権は機能不全となる。しかし，共有所有者が他の共有所有者を買収した場合，共有所有権は終了することになる。不動産が売却され，売却収益金が所有者間で均等に分配される場合又は分割訴訟が提起された場合には，財産を継承した相続人が自分の持分を売却することができるとしている。

(ウ) 生涯権（Right of Survivorship）

二つのタイプの所有権の主な違いの一つは，所有者の一人が死亡したときである。生存合有所有者が所有物を所有している場合，その生存合有所有者が死亡したときは，その権益は残存生存所有者に自動的に移転する。例えば，4人の合有所有権者が家を合有所有していて，そのうちの一人が死亡した場合，残っている3人の合有所有権者のそれぞれは，財産の3分の1の持分で合有所有関係が終了する。これを生涯権（Right of Survivorship）と称している。

しかし，もう一つの共有所有権には生涯権はない。死亡した共有所有権者の遺言により，遺産の権益は生存共有所有権者に分割される旨記載されていない限り，死亡した共有所有権者の権益は，同人の遺産として同人の相続人に帰属することになる。

(2) 死亡時受益者（Death Beneficiaries）

多くの種類の金融資産と金融商品は，金融商品の名義人が予め死亡時の受益者を指定することができる。金融商品の名義人の死亡と同時にこれらの資産は受益者として指定された人の財産になる。従って完全に検認手続を回避することができる。

① POD（Payable on Death）口座

POD口座は，預金口座名義人が予め死亡時の受益者を指名しておき，死亡時に指定した受益者に口座が継承されることができる口座である。手続については，およその銀行は単に受益者の名前を記入した書式に記入するだけで済む。受益者は，銀行に適切な身分証明書を提示するだけで，口座名義人の死亡時に口座を回収できる。

② 退職金口座

退職金口座は，特にIRA（Individual Retirement Account）及び401(k)口座の使用によって検認手続を回避することができ普及しているのだそうである。口座の開設の際に，名義人の死亡時に口座の受益者を指定するよう求められる。独身者は自由に受益者を指名することができるが，既婚者であれば，生存配偶者は本来，退職金口座の一部又は全部の金銭を受け取る権利がある。

③ TOD登録（Transfer on Death Registrations）

多くの州では，有価証券（株式，債券，証券取引口座）だけでなく，死亡時に検認手続を経ずに車両を同様に承継人に遺贈することができる。POD口座と類似するが，名義人の死亡時に有価証券や車両を受益者に遺贈する旨の登録宣言証書に署名することになる。

(3) 撤回可能生前信託（Revocable Living Trusts）

撤回可能生前信託とは，委託者が保有する財産を受託者に信託移転して，委託者（受益者）の利益のために受託者が所有することであるが，信託を撤回する権利を留保する場合をいう。

財産の所有権を受託者に移転することにより，財産は委託者の財産の一部ではないことになり，それは相続財産に属さないということで検認手続は回避されることになる。委託者は，委託者の死後，財産を委託者の家族又は友人に受益権を与えることをあらかじめ，受託者に指示しておくことになる。信託は，遺言と同様に正式な書面で設定されるので，信託法で定める要件に従って設定されなければならない。

(4) 贈与（Gifts）

生前に，贈与する方法も検認手続回避の方法の一つであるが，贈与額が一定額を超えている場合は贈与税が適用されることになる。

4 非検認手続移転（Nonprobate Transfer）

ハワイ検認法典（Hawaii Probate Code）において規定する非検認手続移転

(Nonprobate Transfer) について説明する。

(1) 多数者間口座（Multiple- Party Accounts）

　死亡時受益者（Death Beneficiaries）について，ハワイ検認法典（Hawaii Probate Code）のArticle VIにおいて，非検認手続移転（Nonprobate Transfer）の規定を置いているが，そこでは，多数者間口座（Multiple- Party Accounts）のみを規定していて，そこには，合有口座（Joint Account），POD口座（Payable- on-Death Account），信託口座（Trust Account）の3種の口座を提示している。

　また，この多数者間口座（multiple- party account）における特定の口座名義人の死亡は，その口座名義人の他の遺産承継に関しては何らの影響も与えるものではない（§560：6-104(d)）。

　(ア)　合有口座（Joint Account）

　　　合有口座（Joint Account）は，多数者の生存中のみ効力を有し，明確及び確定的証拠による異なる意向がない限り，合有当事者の割合は，口座内にある残高の各自の割合による払戻権を有する（§560：6-103(a)）としている。

　(イ)　POD口座（Payable- on-Death Account）

　　　POD口座（Payable- on-Death Account）は，生存中は当初受取人に帰属するものであり，POD口座名義人死亡時の受取人ではない。多数者が口座名義人となっている場合は，合有口座と同様に各人の割合による払戻権を有する（§560：6-103(b)）としている。

　(ウ)　信託口座（Trust Account）

　　　信託口座（Trust Account）は，口座や預金契約の約定に反対の意向を示していないか，又は撤回不能信託であるとする明確で確定的証拠がない場合に，受託者が生存中の信託口座は受託者に属する。そして，数名の受益者がいるときの信託口座である場合は，合有口座と同様に各人の受益権は各割合による。撤回不能信託の場合は，受益権は受益者に属する（§560：6-103(c)）としている。

(2) **生涯権**（Right of survivorship）

　生涯権の一般的規定として，口座の明確な約款，この条項（§560：6-104），信託口座で指示している受益権，POD口座指名受取人約定等のこれ等の規定からより生じる生涯権は遺言で変更することはできない（§560：6-104(e)）旨規定している。

　また，金融機関への書面での通知の効果として，生涯権として規定する§560：6-104の規定は，当事者の死亡における口座形態により決定される。この形態は全ての口座名義人から金融機関へ，口座形態の変更，口座条件下の支払変更又は停止について書面による通知によって変更されることになる。変更通知書は全ての口座名義人が生存中に署名し，金融機関によって受領されなければならない。また，彼らの生存中に書面によって撤回されてはならない（§560：6-105）としている。

　㋐　生涯権付き合有口座（Joint Account with a Right of Survivorship）

　　合有口座名義人の死亡時に生存当事者に属することになる合有口座は口座開設時に明確で確定的証拠な表明がない限り遺産に属せず，生存当事者に属する。生存中に数名の所有者がいる場合，当該死亡所有者が生前有していた持分は生存当事者間で有する生涯権の持分に従った共有割合によって割り振られる（§560：6-104(a)）ことになる。

　㋑　生涯権付きPOD口座

　　一人又は数名の当初受取人が死亡したとき，口座残高については，数名の当初受取人の死亡の際は，生存する当初受取人と死亡受取人の持分は，生存する当初受取人と死亡受取人の割合に従って帰属する（§560：6-104(b)(1)）。当初受取人の一人又は数名の死亡において，残存預金はPOD口座指名受取人又は当初受取人の死亡前に亡くなっている者（POD口座指名受取人）の生存している受取人（代襲相続人）に帰属する。この場合には，POD口座指名受取人の口座は死亡するまでとする生涯権となる（§560：6-104(b)(2)）。すなわち，受け取った者の口座は当人一代限りであり，相続に関しては検認手続となる。

　㋒　生涯権付き信託口座

　　一人又は数人の受託者の死亡した場合は，預金の残高は生存残余受託者の割合により管理されることになる（§560：6-104(c)(1)）が，その預

金の残高の受益権は，受益者として指名された者に帰属することになる。別の定めが明確な証拠により示されていない限り，その者が生存受益者又は受託者より以前に死亡した受益者の生存受益者であれば，その受益者の受益権は死亡するまでの生涯権である（§560：6-104(c)(2)）とする。

5 信託管理（Trust Administration）

信託管理（Trust Administration）に関しては，ハワイ州検認法典（Hawaii Probate Code）のArticleⅦにおいて規定しており，Part1信託登録（Trust Registration），Part2信託に関する裁判管轄（Jurisdiction of Court concerting Trusts），Part3受託者の義務と責任（Duties and Liabilities of Trustees）等を規定している。

(1) **信託登録義務（Duty to Register Trusts）**
ア 信託登録管轄裁判所（§560：7-101）
信託を登録する者は受託者である。信託の登録場所は，次の場所を管轄する巡回裁判所となる。
① 受託者の主たる場所
② 土地のみを信託とする場合はその土地
③ 信託証書に指定されていないときは，信託管理の主たる場所は受託者の通常の事業場所
④ 上記の事業場所がないときは受託者の居住する場所
⑤ 共同受託者の場合において，信託証書に指示されていない限り，主な場所がないときは，法定されている。

イ 登録手続（§560：7-102）
登録手続は，受託者の氏名，住所及び登録地等が記載された供述書を登録する。また，供述書が，①遺言信託（testamentary trust）の場合は，遺言者の氏名，日付及び検認すべき場所であり，②生前信託（inter vivos trust）である場合は，委託者及び当初受託者の各々の氏名及び信託証書設定日が必要記載事項である。

ハワイ州での登録申請時に，いずれかに既存信託登録があれば，その登

録した裁判所の命令又は登録された受託者及び全ての受益者による合意書により既存信託が解除されるまで効力は発生しないとする。

ウ　登録の効果（§560：7-103）

　　信託の登録又は登録信託の受託者の就任により，受託者は，信託期間中利害関係人より提起される信託に関する§560：7-201（信託に関する裁判所の管轄規定）の手続につき管轄裁判所に申請することができる。手続の通知は，受託者に裁判所送達規則の方法により送達されなければならない。当該規則がないときは，受託者に対し，登録された受託者の住所宛，以後の裁判所に報告された住所又は申請者が知る限りの受託者の住所宛に普通の最上郵便（first class mail）により郵送しなければならない。

エ　未登録の効果（§560：7-104）

　　適切な裁判所に登録することができなかった受託者は，登録前に受益者により開始される手続に関し，登録されるべき管轄裁判所の手続に従うことになる。加えて，委託者又は受益者により指示され30日以内に書面にて就任した受託者が，この章で要求している登録ができなかったときは，裁判所で指示された補償又は追加補償は受け取ることができない。§560：1-108の規定を除き，登録義務の免除させる信託条件又は管轄裁判所に属させないとする信託又は受託者に対する指図で受託者に免除させようとする信託条件を定める規定は効果を発生しない。

オ　登録の解除（§560：7-106）

　　登録信託の終了又は受益権処分完了時に，受託者は終了又は受益権処分完了が登録された旨を裁判所に通知しなければならない。これにより裁判所は登録されている信託の登録を解除しなければならない。

(2)　**信託に関する裁判所の管轄**（Jurisdiction of Court concerning Trusts）

ア　裁判所；信託の管轄について（§560：7-201）

　(a)　裁判所は受託者及び信託利害関係人により開始される手続の管轄権を有する。本条に規定している手続は，信託の管理及び受益権処分，信託の受益者に関する問題についての宣誓権や決定権に関するものである。その手続は下記の手続を含み，しかしながら制限するものではない。

　(1)　受託者の選任又は解任

5　信託管理（Trust Administration）

　　　(2)　受託者の報酬や暫定処分又は財務会計の検討
　　　(3)　受託者に対する指示についての信託証書の内容解釈を含んだ信託の管理又は受益権処分から生じる疑義を決定するための受託者への質疑
　　　(4)　信託の登録解除
　　(b)　信託の登録だけでなく本条の監督手続について信託財産，会計提出，受益者への報告，受託者報酬，その他の信託責務，信託内容の承認又は変更，その他の信託管理等を含んだ管理と受益権処分は，裁判所の司法介入されることなく，かつ，裁判所による命令，承認，その他の処分されることなく，迅速に信託条項に従って執行されなければならないとする。

イ　管轄地（§560：7-202）
　　信託の登録に関する管轄地は登録地を管轄する巡回裁判所である。当州の未登録信託の管轄地は適切な登録されるであろう地はハワイ民事訴訟法の規定による。

ウ　外国信託に関する事案の却下（§560：7-203）
　　裁判所は当事者の異議によっては他の州の登録信託又は主たる場所に管理される信託に関する手続は係属されない。ただし，次の例を除く。①適正当事者が，信託が登録又は管理地の裁判所の訴訟によって制限されることがないとき，②司法目的が深刻に侵害されているとき，裁判所は登録信託又は事業の場所を管轄する管轄地における当事者の合意により本条の手続を係属するか又は却下することができる。または，裁判所は係属する旨の決定又は他の適切な命令により係属させることができる。

エ　裁判所（§560：7-204）信託と第三者に関する訴訟の同時管轄
　　登録信託に関する巡回裁判所は遺言以外の信託設定存否確定手続又は信託の債権者・債務者に対する訴訟，信託と第三者間の手続・訴訟等につき他の裁判所と同時に管轄権を保有する。

オ　代理人の雇用の検討及び受託者と信託に関する被用者の補償の検討について（§560：7-205）
　　利害関係人の申立てにおいて，全ての利害関係人への通知後に，裁判所は如何なる代理人，監査人，投資助言者その他専門職やそのアシスタント，更に，雇用に関する補償の正当性，§607-18，§607-20で許容する収入

計算について受託者による信託財産価値又は収益決定の正当性を含めて受託者による被用者の雇用の適正につき調査することができる。

カ　信託手続；通知開始；必要当事者（§560：7-206）

　　§560：7-201での手続は，利害関係人に対する§560：1-401に従った裁判所に対する申立書提出並びに通知によって開始される。裁判所は係属後の加入者についても通知をすべき旨命令することができる。決定は通知されなかった利害関係人を除き通知された利害関係人については有効である。

(3) **受託者の義務と責任**（Duties and Liabilities of Trustees）

ア　制限なき責務（§560：7-301）

　　別段の規定を除き，受益者の受益のために迅速に信託管理する受託者の責務は本章により変更できない。

イ　受託者の標準的配慮及び執行（§560：7-302）

　　信託条項による別段の定めを除き，受託者は他者と取引につき忠実義務を負う者により配慮される信託財産の取引につき，その標準的な配慮をしなければならない。仮に受託者が特別な技量をもつ者であるときは，その特別技量を有する受託者としての責務を果たさなければならない。

ウ　報告義務，受益収支会計義務（§560：7-303）

　　受託者は信託受益の保持，管理に努めなければならない。しかしながら，委託者の生存中，撤回可能生前信託の受託者は追加的に委託者による指示がない限り，信託を登録，受益者の条件を書き換え，受益者の受益計算する必要はない。

(1) 受託者が就任した後30日以内に，受託者は現在の受益者に，可能であれば§560：1-403の規定により将来の受益者を代理する者に対し，登録すべき裁判所及び受託者の氏名，住所を記した書面により，通知しなければならない。

(2) 上記要件により，受託者は受益権内容，信託財産情報，特記する管理条件を記した写しを受益者に交付しなければならない。

(3) 更に，受益者は毎年，信託終了時，信託条件改定時の受益収支計算書を受け取る権限を有することになる。

5 信託管理 (Trust Administration)

エ　立保証金義務；受託者は信託条項，受益者の合理的要請 (§560：7-304)

　　被保護者又は十分に保護されていない受益者のため受益権保護の必要性により裁判所での指示等により要求されない限り義務履行のための保証金を立てる必要はない。

オ　受託者の義務，管理の適切な場所，逸脱行為 (§560：7-305)

　　受託者は有効で効果的な管理目的のため適切な場所で信託を継続して管理する義務を有する。適切な管理の主たる場所が不適切になったときは，裁判所は，効果的管理をさせるため，受益者の受益権のために，登録を解除，受託者の解任，他州へ管理を移動させるための指示をすることができる。信託には管理場所に関する信託条項や管理場所の変更，効果的な管理又は信託目的に対する遵守違反がない限り受託者監督に関する条項を内容として規定する。成年受益者の調査は受託者適格や管理場所の決定に関して§554-2を重視しなければならない。

カ　受託者の第三者に対する責任 (§560：7-306)

(a) 契約に規定されている以外に，受託者は信託財産の管理責任につき忠実義務に起因するときは契約上の責任がある。

(b) 受託者は信託財産の所有又は支配に起因する責任又は不法行為に起因する責任を負担する。

(c) 受託者の忠実義務に起因する契約上の請求，又は，信託財産管理に起因する不法行為による損害賠償請求においては，受託者が個人的に負担する責任であるか否かである。

(d) 信託財産と受託者個人間の責任の問題は，課金処理，追加責任追及，賠償，その他の適切な手続の中において決定される。

キ　最終計算後の受託者に対する手続上の制限 (§560：7-307)

　　事前の判決，同意，制約により禁止されていない限り，最終計算書を受け取った後2年内に請求手続が開始される場合を除き，最終計算書又は事案を全て開示した陳述書に関して，受託者と受益者間の信託関係の終了を示す陳述書を受け取った受益者は，受託者の信託違反に対して請求はできなくなる。

第6章 ハワイ州の相続

(4) 受託者の権限（Powers of Trustees）（§560：7-401）

受託者の権限は，追加の信託合意書で定めるか，554章で規定される権限その他法律によらなければならない。

6 事 例(1)

遺産・コンドミニアムのプロベイト並びに不動産移転手続

┌─ ポイント ─────────────────────────
│ ① 権利書（Title）紛失の際のタイトル・サーチはどのようにするのか
│ ② Regular SystemとLand Court Systemとの違いとは何か
│ ③ プロベイトへの申立てはどうするのか
│ ④ プロベイト手続後の不動産登録変更はどのようにするのか
└─────────────────────────────────

(1) 端　緒

会社経営者である田中マサオ（仮名）の会社宛に，ある年の年明け早々，ハワイ・コンドミニアム管理組合より，滞納管理料等約30万円の督促が舞い込んだ。以前から同社の保養施設として数年に1回程度の頻度で使用していたが英文請求書のために，どのように支払していいものか分からなかったし，そもそも，田中氏の姉妹名義で所有していたのではないかと思っていたが，このコンドミニアム（以下，「コンド」という。）の所有形態自体どのようなものになっているかは不明とのことであった。

そこで，田中氏より当面の滞納管理料の支払とランドタイトルの調査の依頼を受けた。

(2) 権原調査　ネット検索

以前，NPO法人渉外司法書士協会[7]の海外研修の際にお世話になったハワ

---

[7] 渉外法務，国際法務の諸問題につき調査，研究，情報交換を行い，国民及び外国人の権利擁護を図ることを目的とする団体である（http://www.shogaikyo.com/）。

イ不動産会社の女性セールスパースン[8]であるヨーコさんにこのコンドの権利調査を依頼した。ヨーコさんよりパブリック・リコーズ・データ（Public Records Data）が報告された。ハワイのPublic Recordsはネット上で検索が可能である。Public RecordsのProperties Recordsに入り，所在地番を入れて検索すれば無料でそのデータを入手することができる。

このPublic Records Dataによれば，このコンドの物件表示欄には1974年新築であること，その他の物件概要が記載されており，所有者欄には，1976年に6万1千ドルで田中氏の兄・イチロウが73パーセントと姉・タツコ27パーセントの共有として購入し，その後，平成6年にタツコと妹・マサコの記載されていたのみであった。現在の所有者は姉タツコと妹マサコであることは判明したが購入価額は記載されていなかった。ただ，その二人の氏名記載の脇に，「$O　Doc94-133882」と「LCD2171650」の記号が記載されていた。

ヨーコさんのコメントによれば，この二つの書類を権原調査会社（Title Search Company）に依頼して取得すれば内容が判明するとのことであった。「$O Doc94-133882」は，従前からの不動産登録システムであるといわれている旧登録制度（Regular System）であり，いわゆるGrant Deed（不動産譲渡権利書）を譲渡局（Bureau of Conveyances）にファイリングする際の書面番号である。一方，「LCD2171650」は，新登録制度（Land Court System）であり，裁判所の一部局であるOffice of Assistant of Registrarに登録する書面番号であるという。

(3) Regular SystemとLand Court System
　ア　Regular System
　　Regular Systemとは，所有権の優先順位を定めるため，Race-Notice System（善意登録者保護型制度）という判断基準がある。すなわち，所有権を取得した者が善意をもって，登録すれば原則，所有権に関する優先順位は確保されるが，その際に，自身の所有権を覆す，他者のGrant

---

8) セールスパースン（Sales Person）とは，アメリカでの不動産に就業する資格であり，日本の宅地建物取引士に相当する資格である。

Deedが登録されていることに気付いていないときには優先順位は保護されないことになる。また，登録官は，各Grant Deedの対象となる物件に記載されている所有者が登録上，真の所有者か否かについては判断しない。また，ファイルされたGrant Deedにおいては，ハワイ州の諸規定を遵守していればそれ以上確認をせず登録することになる。

イ　Land Court System

　Land Court Systemとは，1903年に創設された制度であり，オーストラリアのトーレンス・タイトル・システム（Torrens Title System）を導入した制度である。Regular Systemとは異なり，所有権の優先順位を定めるため，Race System（登録者保護型制度）という判断基準がある。すなわち，所有権を取得した者が，対象となる物件に設定されている抵当権，リース，判決，または先取特権（lien）等について善悪意にかかわらず，登録した順番によって，優先順位が定められることになる。ハワイ州においては，Land Court Systemへの登録が完了すると，所有者の名義において，Certificate of Title（権原証明書）が発行される。Certificate of Titleにおいては，当該物件に設定されている抵当権，リース，判決，またはリーエン等を記載することになる。それらを記載しなかったとしても，物件所有権には何ら影響を及ぼさない。所有権を主張する者は，物件に設定されている負担等の善悪意に係らず，所有者の優先順位は登録された順番のみにて判断されることになる。ただ，このLand Court Systemには時間と費用が掛かるため，2011年よりLand Court Systemの所有者はOffice of Assistant of Registrarに登録している物件を「deregister（登録取消）」して，Bureau of Conveyancesへの登録としてのRegular Systemに戻すことができるようになったとのことである。

ウ　Duel System

　ハワイ州の物件においては，Regular SystemとLand Court Systemの両方に登録されている物件があり，その物件がどちらの登録システムに登録されているかの区別については，登録番号の振り方やページのどこの箇所に登録番号が記述されているかで，物件がRegular SystemかLand Court Systemに登録されているかが区別できるという。すなわち，

Land Court Systemに登録されている物件については，登録番号のみが記載され，一方，年度と登録番号（例えば，上記のDoc94-133882）の両方が記載されていると，Regular Systemにおいて登録されている物件ということになる。

更に，登録情報がGrant Deedの最初のページの左に記載されている場合，Land Court Systemにおいて，登録されていることになり，一方，登録情報が最初のページの右側に記載されている場合，Regular Systemにおいて登録されていることになる。Regular SystemとLand Court Systemの双方に登録されている場合は，Grant Deedの最初のページの左上と右上の両方に，登録情報が記載されているという[9]。

(4) 権原調査会社による権原調査

コンドが新築されたのは1974年で，その新築されたコンドの当該部屋を購入したのは，日本人夫婦であり，その夫婦より田中氏の兄・イチロウが73パーセントと姉・タツコ27パーセントの共有として購入した旨の1976年3月26日付Regular Systemにより登録されたDeed及び同年10月22日Regular SystemからLand Court Systemに登録移転されたTransfer Certificate of Titleの写しを入手することができた。そのDeed及びTransfer Certificate of Titleでの姉・タツコは未婚と記載されていた。

その後，Land Court Systemによる1994年5月13日付Land Court Certificate of Titleでは，兄・イチロウの持分が姉・タツコ及び妹・マサコがそれぞれ2分の1宛の36.5パーセントを取得した旨及びdouble Systemの印があるLand Court System・Regular Systemに対する兄・イチロウのProbate Courtにおける手続が完了した旨の申請書並びに添付書面としての書面（Order approving final account and distributing and settling, Order of intestacy determination of hairs and appointment of personal representative, Letter of Administration）の写しが出てきた。その年の8月10日にApartment Deedをもって，姉・タツコ及び妹・マサコがそれぞれ2分の1の共有持分（Tenancy

---

9) 本郷友香弁護士のブログ（https://aloha.town.net/）及びOkura & Associatesのブログ（http://okuralaw.com/2016/land-court-vs-regular-system/）を参照

in Common）36.5パーセントを73パーセントの合有（Joint Tenants）に変更する旨の届出をなしていることが判明した。

　そこで，今回のプロベイト手続はもともと所有していた共有持分27パーセントが遺産の対象となった。

(5)　プロベイト・コートへの申立て

　姉・タツコは2004年5月亡くなっていた。当初，田中マサオ氏は，姉・タツコの持分は自分が相続し，妹・マサコの持分は買い取る計画を立てていた。兄・イチロウのProbate Courtにおける手続が完了した旨の申請書で姉・タツコ及び妹・マサコがそれぞれ2分の1の共有持分36.5パーセントを（Tenancy in Common）になっていることで，姉・タツコの持分遺産が，共有持分27パーセントと36.5パーセントを加えた63.5パーセントを相続するつもりであった。その後，姉・タツコ及び妹・マサコのそれぞれ2分の1の共有持分（Tenancy in Common）36.5パーセントが73パーセントの合有（Joint Tenants）に変更されていることが判明したときはいたく落胆した。

　一時は，プロベイト手続の話はそっちのけになり，これまで支出したコンドの管理費用，権原調査費用について妹・マサコと間に調整が付かなくなった。その間に，妹・マサコは認知症になり，成年後見の申立てがなされ，成年後見人として弁護士が選任された。田中マサオ氏と成年後見人との間においてこれまでの費用については折半とし，以後の手続については妹・マサコが負担する合意が成立した。その間3年の月日が経ってしまい，プロベイト手続の申立てを開始したのは3年後の5月であった。

　田中マサオ氏による略式検認による人格代表者選任申立書（Application for Informal Appointment of Personal Representative（without Will。後掲書式並びに訳文参照））と同時に，選任されることを条件とした人格代表者就任承諾書（Acceptance of Appointment），人格代表者就任の優先順位を持つ妹・マサコの後見人によるその権利を放棄（Renunciation of Right to Appointment）及び辞退届出（Declination）並びに人格代表者選任申立書（Nomination of Personal Representative）の3通（いずれも，その署名については，在日アメリカ領事館の領事の認証が必要であるが，日本の公証人の署名認証でも可能である。）と添付書面として姉・タツコの日本の公証人による認証された死亡証明書の

訳文を巡回裁判所に提出した。1週間もしない間に，田中マサオ氏を3年間（ただし正当事由があれば更新可能）に限り，制限されない権限を付与する旨の検認遺産管理状（Letters of Administration）及び無遺言略式人格代表者選任に関する声明書（Statement of Intestate Informal Appointment of Personal Representative）が発行された。声明書の内容は，田中マサオ氏が申立書で陳述した内容を追認した形のもので，登録裁判官（Registrar）が最後に，田中マサオ氏が担保を立てることなく，裁判所の監督に服することのない管理が認められる遺産管理状が付与され，その管理状は正当事由による更新がない限り3年間だけ執行することができる旨を声明したものである。

(6) プロベイト手続後の不動産登録変更

4年目の6月，ランドコートに登録していた合有（Joint Tenants）の権原証明書（Land Court Certificate of Title）について，姉・タツコの死亡年月日の登録並びに妹・マサコの夫が亡くなったため未婚状態になった旨の変更登録をなし，7月，レギュラーシステムによる譲渡局（Bureau of Conveyances）に対し，譲渡局に対して登録したアパートメント・ディード（Apartment Deed）について同様の申請をなし登録変更をなした。

と同時に，ランドコート及び譲渡局双方に対して，認証された遺産管理状（Letters of Administration）の写しを添付して，相続人の氏名住所，田中マサオ氏が姉・タツコの人格代表者であること，ランドコートの権原証明書に含まれる不動産であること等の事実声明（Statement of Facts）の申請並びに姉・タツコの人格代表者である田中マサオ氏が，個人である田中マサオ氏及び妹・マサコ後見人に対して，姉・タツコ持分27パーセントにつき，個人である田中マサオ氏及び妹・マサコがそれぞれ2分の1宛共有（Tenants in Common）させる旨の改めてアパートメント・ディード（Apartment Deed）を作成しかつ登録をなした。ハワイ州独特のDual Systemで面倒な手続である。その際には，ハワイ州税務局に対してFormP-64Bによる譲渡税免除申請（Exemption of Conveyance Tax）も行っている。

(7) 最終報告書

5年目の4月，田中マサオ氏は姉・タツコの人格代表者として，①本申立

てはハワイ州改正法令集のセクション560：3-1003(a)（Section560：3-1003(a) of Hawaii Revised Statutes）に基づくものであること，②本件遺産管理の人格代表者に就任してから6か月が経過したこと，③債権者の請求期限が被相続人の死亡日より18か月であること，被相続人の死亡日は2004年5月16日で，その期限は2005年11月16日であること，④全ての債権は回収されたこと，⑤全ての債務，遺産に関する税金その他の債務は支払済みであり，遺産は全て管理されたこと，⑥人格代表者により全ての収入は回収され費用は支払済みである旨確定的に会計帳簿の項目に記載されるとともに人格代表者の手元に残存する全ての遺産は利害関係者に分配されたこと，⑦配分を受けた者は，妹・マサコ及び田中マサオであること，⑧最終報告書は，全ての分配受領者，債権者，その他の人格代表者が知りうる全ての請求者に対し送付され確認されたことを内容とする最終報告書（Verified Closing Statement of Personal Representative）を巡回裁判所に提出して全ての手続が終了した。

(8) 再度のプロベイト手続

　5年目の6月に最終の不動産登録を終え，権利関係が田中マサオ氏13.5パーセント，妹・マサコ86.5パーセントの共有関係になったのであるが，妹・マサコがその年の9月亡くなってしまい，相続人は田中マサオ氏一人になってしまった。

　当然，妹・マサコの遺産につきプロベイト手続が必要であるが，姉・タツコの遺産につき遺産税を支払わなければならないかの税務当局への問合せに対する返事がなかなか来なかった。約6か月を経過して遺産税は課せられない旨の回答が来たので，前期のとおり最終報告書を裁判所に提出して終了したのを待って，妹・マサコのコンド共有持分に付き，改めてプロベイト手続を行うことになった。

　6年目の5月，巡回裁判所に対して，下記内容を申立理由として，無遺言による略式検認における人格代表者選任申立書Application for Informal Appointment of Personal Representative（Without Will）を提出した。

① 本申立てはハワイ州改正法令集（Hawaii Revised Statutes（"H.R.S"））及びハワイ州プロベイト法令（Hawaii Probate Rule）50条に基づいているものである。

② 申立人は，被相続人の親類であり，兄弟である。
③ 申立人の住所（domicile）は，日本国東京……であり，電話番号は……である。
④ 申立人は，相続人でありハワイ州法による利害関係人である。
⑤ 被相続人は1930年9月生まれで‥歳であり，5年目の9月亡くなった。
⑥ 死亡時は独身（従前の夫・ススムは2009年4月に日本で亡くなっている。）であり，住所は日本国東京……である。
⑦ 申立人の調査によれば，相続人の氏名・住所・生年月日及び未成年者であるか否かは下記のとおりである。
　　氏名・住所・生年月日・利害関係
　　田中マサオ（住所・生年月日：略）　兄であり申立人，人格代表者かつ
　　　　単独相続人
⑧ 裁判管轄は，被相続人の死亡時の住所はこの州になく，被相続人の不動産がこの管轄地に所在しているため，当裁判所である。
⑨ 指名された被相続人の人的代表者の氏名・住所は，この州にはいない。
⑩ 申立人は，この州又は他州での裁判所に登録されている被相続人のプロベイト手続，選任手続に関して発せられた決定通知の受領しておらず又はこれらの決定通知を覚知していない。
⑪ 被相続人の遺産に関してのプロベイト手続はこの州において開始されていない。
⑫ H.R.S.§560：3-203による優先的推薦権を持つものの氏名・住所は下記のとおりであり，
　　　　田中マサオ　　住所　　生年月日
　　　　H.R.S.§560：3-203(a)(5)
　被推薦者は，18歳以上の者であり，Hawaii Probate Rule87条に従い，推薦されることを条件に，ハワイ州の裁判所の人的管轄権（Personal Jurisdiction）に付託されることに同意し，送達に関する巡回裁判所の書記官を指名する。
⑬ 正当な調査の結果，申立人はこの州に存在する財産に関する取り消されたことのない遺言書はどこにも存在しないことを確信する。

第6章　ハワイ州の相続

　以上のとおり，田中マサオは，略式により，担保を立てることなく（without bond），裁判所による監督的管理を受けることなく（unsupervised administration），充分な資格と授認されるべく検認管理状が田中マサオに発行され，人的代表者として選任されるよう申し立てるものである旨及び申立人は本書面が宣誓違反による処罰があることを知り得た上での宣誓でもあることの了解の旨を記載し，日本の公証人の面前での署名認証された申立書を提出したものである。

　前回同様，この申立書と同時に，人格代表者就任承諾書（Acceptance of Appointment）を提出した。提出した5日後に，検認遺産管理状（Letters of Administration）及び無遺言略式人格代表者選任に関する声明書（Statement of Intestate Informal Appointment of Personal Representative）が発行された。

(9)　債権者公告

　前記の申立書提出前に，ハワイの代理人事務所より，今回のプロベイト手続においての債権者に対する債権申し出公告について，新聞公告をするかどうかの問い合わせがあった。それは，プロベイト手続においては，被相続人の死亡時から18か月以内に債権者の請求を登録しなければならないのであるが，現地の新聞公告することによりその登録を掲載日から4か月に短縮することができる。しかしながら公告掲載料が約1000ドル掛かるが，どちらを選択するかとの問い合わせがあった。当方としては経費削減するため新聞公告はお断りすることにした。

(10)　プロベイト手続後の再度の不動産登録変更

　債権者催告の公告期間経過した7年目の4月，妹・マサコの持分86.5パーセントについて，前回変更登録したように，ランドコート及び譲渡局双方に対して，認証された遺産管理状（Letters of Administration）の写しを添付して，相続人の氏名住所，田中マサオ氏が妹・マサコの人格代表者であること，ランドコートの権原証明書に含まれる不動産であること等の事実声明（Statement of Facts）の申請並びに妹・マサコの人格代表者である田中マサオ氏が，個人である田中マサオ氏に対して，妹・マサコ持分86.5パーセントにつき，個人である田中マサオ氏が取得した旨の改めてアパートメント・

ディード（Apartment Deed）を作成しかつ登録をなした。また，その前提として，田中マサオ氏が再婚した旨を変更登録をなしていたものである。これで，田中マサオ氏はコンドの100パーセント所有者になったのである。また，連邦遺産税並びにハワイ遺産税の納税申告並びに納税金還付手続等が終了したのが，同年の9月下旬の頃であった。

第6章 ハワイ州の相続

〈例20 ネット検索ツール不動産 (Public Record Data)〉

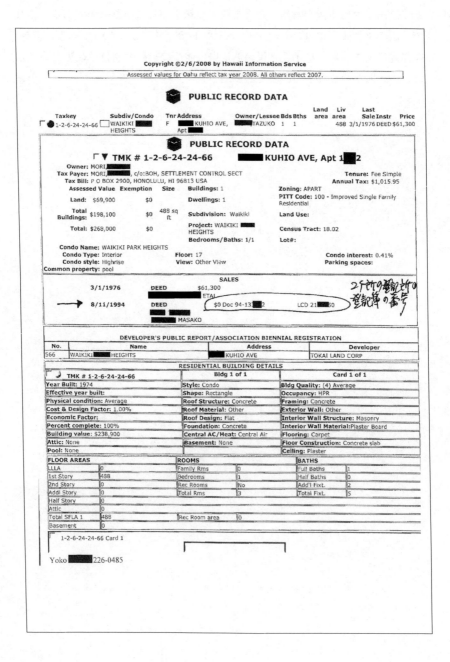

6 事 例(1)

〈例21 検索の結果入手した，登録所にFileされているアパートメント証書の写し（Apartment Deed）〉

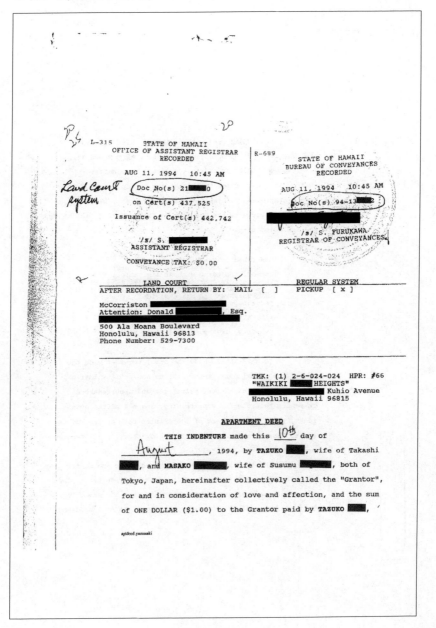

第6章 ハワイ州の相続

wife of Takashi ███, and **MASAKO** ███, wife of Susumu
███, both of whose mailing address is ███ House 923,
5-2-18 ███, Minato-ku, Tokyo 108 Japan, hereinafter
collectively called the "Grantee", the receipt whereof is
hereby acknowledged, Grantor does hereby grant, bargain,
sell and convey unto the Grantee, as **JOINT TENANTS**, all of ⬅
the following property:

> All of the property more particularly
> described in Exhibit "A" which is
> attached to and expressly made a part
> hereof, including without limitation,
> that certain Apartment No. ███
> Condominium Project known as "**WAIKIKI**
> ███ **HEIGHTS**" and the undivided
> percentage interest in the common
> elements appurtenant thereto, together
> with all interest thereto appertaining,
> and together also with the personal
> property, if any, described in said
> Exhibit "A".

TO HAVE AND TO HOLD the same, together with the
reversions, remainders, rents, issues and profits thereof,
and all rights, easements, privileges and appurtenances
thereunto belonging or appertaining, and all of the estate,
right, title and interest of the Grantor both at law and in
equity therein and thereto, unto the Grantee, in the tenancy
set forth above, absolutely and forever.

AND the Grantor does hereby covenant and agree
with the Grantee that the Grantor is lawfully seized in fee
simple of the premises hereby conveyed; that the same are
free and clear of all encumbrances, except as aforesaid and

6 事 例(1)

except for the lien of real property taxes not yet by law required to be paid; that the Grantor is the sole and absolute owner of said personal property, if any, and that said personal property is free and clear of all encumbrances except as aforesaid; that the Grantor has good right to sell and convey said premises and said personal property, if any, as aforesaid; and that the Grantor will WARRANT AND DEFEND the same unto the Grantee against the lawful claims and demands of all persons except as aforesaid, forever.

The terms "Grantor" and "Grantee", or any pronoun in place thereof, as and when used herein, shall mean and include the masculine, feminine or neuter, the singular or plural number, individuals, trustees, partnerships, or corporations, and their and each of their respective successors, heirs, personal representatives, successors in trust and assigns. All covenants and obligations undertaken by two or more persons shall be joint and several unless a contrary intention is clearly expressed elsewhere herein.

IN WITNESS WHEREOF, the Grantor herein has hereunto executed this instrument on the day and year first above written.

Grantor:

TAZUKO ▬ *Tazuko* ▬

MASAKO ▬ *Masako* ▬

第6章 ハワイ州の相続

STATE OF HAWAII   )
                          : SS.
CITY AND COUNTY OF HONOLULU)

On this 10th day of August, 19___, before me personally appeared TAZUKO ▮▮▮, to me known to be the person described in and who executed the foregoing instrument and acknowledged that she executed the same as her free act and deed.

Notary Public, State of Hawaii
My commission expires: 9/u/94

STATE OF HAWAII   )
                          : SS.
CITY AND COUNTY OF HONOLULU)

On this 10th day of August, 19___, before me personally appeared MASAKO ▮▮▮, to me known to be the person described in and who executed the foregoing instrument and acknowledged that she executed the same as her free act and deed.

Notary Public, State of Hawaii
My commission expires: 9/u/▮

〈例22 無遺言による人格代表者選任申立書（略式型, Application for Informal Appointment of Personal Representative（Without Will））〉

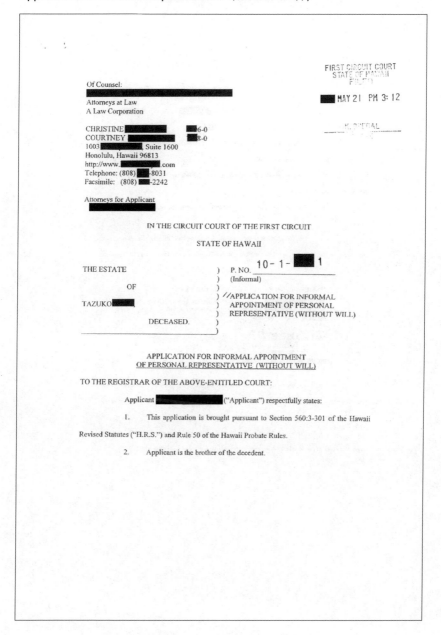

第6章　ハワイ州の相続

3. Applicant resides at 3-2-5808, ■■■ 6 chome, ■■■, Tokyo 104-0054, Japan. Applicant's telephone number is 03-■■■-7012.

4. Applicant has an interest herein as an heir of the decedent and is an interested person as defined by the laws of this State.

5. The decedent was born on December 3, ■■■ and died on or about May 16, ■■■, at the age of 70 years.

6. At the time of death, the decedent was unmarried and domiciled in Tokyo, Japan.

7. So far as known or ascertainable with reasonable diligence by the Applicant, the names and addresses of decedent's children, heirs and devisees, and the birth dates of any who are minors, are:

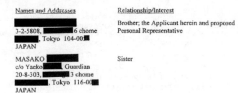

Names and Addresses	Relationship/Interest
■■■■ 3-2-5808, ■■■ 6 chome ■■■, Tokyo 104-00■ JAPAN	Brother; the Applicant herein and proposed Personal Representative
MASAKO ■■■ c/o Yaeko ■■■, Guardian 20-8-303, ■■■ 3 chome ■■■, Tokyo 116-00■ JAPAN	Sister

8. Venue for this proceeding is proper in this Circuit because at the time of death, the decedent was not domiciled in this State, but real property of the decedent was located in this judicial circuit.

9. The names and addresses, and states in which appointed, of personal representatives of the decedent whose appointments have not been terminated are: NONE.

-2-

10. Applicant has not received a demand for notice and is not aware of any demand for notice of any probate or appointment proceeding concerning the decedent that may have been filed in this State or elsewhere.

11. The time limit for informal probate and appointment as provided in H.R.S. § 560:3-108, has expired because decedent's death was more than five years from the commencement of this proceeding. However, Applicant is not submitting a will for probate. Furthermore, an informal probate proceeding may be commenced if no proceedings concerning the succession or estate administration have occurred within the five-year period after decedent's death. No such proceedings have been commenced.

12. The name, address and priority of appointment under the H.R.S. § 560:3-203, of the proposed Personal Representative are:

3-2-5808, 6 chome
, Tokyo 104-00
Japan

WITH PRIORITY under H.R.S. § 560:3-203(a)(5).

The nominee is an individual eighteen years of age or older. Pursuant to Rule 87 of the Hawaii Probate Rules, Applicant further agrees, if appointed, to submit fully and freely to the personal jurisdiction of the Courts of the State of Hawaii, and fully, freely and irrevocably appoints the clerk of the court in the circuit in which the proceeding is brought as the individual's agent for service of process for all purposes related to the proceeding in the State of Hawaii.

Although MASAKO has equal priority for appointment pursuant to H.R.S. § 560:3-203(a)(5), MASAKO will not be able to serve as Personal Representative because she has been determined to be incapacitated by the Tokyo Family Court and YAEKO

第6章 ハワイ州の相続

6 事 例(1)

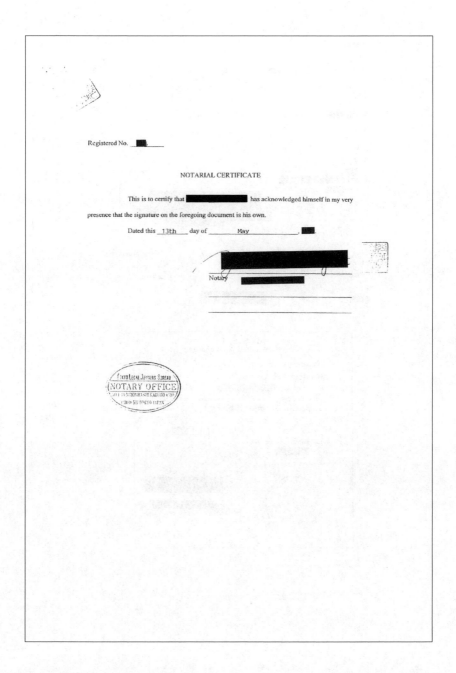

Registered No. ▮▮

NOTARIAL CERTIFICATE

This is to certify that ▮▮▮▮▮▮▮▮ has acknowledged himself in my very presence that the signature on the foregoing document is his own.

Dated this __13th__ day of _____May_____ ▮▮.

Notary

第6章 ハワイ州の相続

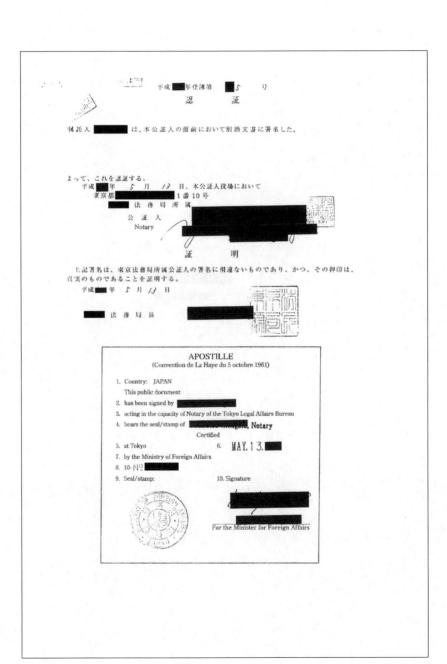

〈例23 遺産管理人指名権放棄書 (Declination and Renunciation of Right to Appointment and Nomination of Personal Representative)〉

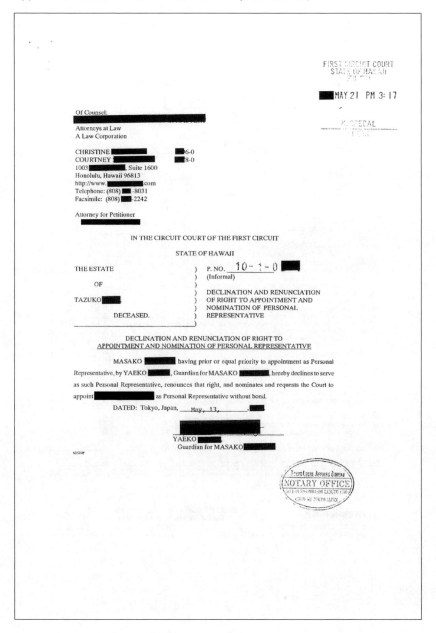

第6章 ハワイ州の相続

〈例24 遺産税申告書（706-NA Estate (and Generation-Skipping Transfer) Tax Return）〉

Form **706-NA** (Rev. January 2003) Department of the Treasury Internal Revenue Service	**United States Estate (and Generation-Skipping Transfer) Tax Return** Estate of nonresident not a citizen of the United States (To be filed for decedents dying after December 31, 2001.) (See separate instructions. Section references are to the Internal Revenue Code.) OMB No. 1545-0531

Attach supplemental documents and translations. Show amounts in U.S. dollars.

Part I Decedent, Executor, and Attorney

1a Decedent's first (given) name and middle initial	1b Decedent's last (family) name	2 U.S. social security number (if any)
TAZUKO		N/A

3 Place of death	4 Domicile at time of death	5 Citizenship (nationality)	6 Date of death
JAPAN	JAPAN	JAPAN	5/16/■

7a Date of birth	7b Place of birth	8 Business or occupation
12/3/■	JAPAN	

	9a Name of executor	10a Name of attorney for estate
In United States	N/A	N/A
	b Address N/A	b Address N/A

	11a Name of executor	12a Name of attorney for estate
Outside United States	FUMIO ■	N/A
	b Address 3-2-5808, ■ 6 cho-me, Tokyo 104-00■ JAPAN	b Address N/A

Part II Tax Computation

1	Taxable estate (from Schedule B, line 8)	1	133,088
2	Total taxable gifts of tangible or intangible property located in the U.S., transferred (directly or indirectly) by the decedent after December 31, 1976, and not included in the gross estate (see section 2511)	2	0
3	Total (add lines 1 and 2)	3	133,088
4	Tentative tax on the amount on line 3 (see page 4 of instructions)	4	33,726
5	Tentative tax on the amount on line 2 (see page 4 of instructions)	5	0
6	Gross estate tax (subtract line 5 from line 4) · · · · · · ATTACHMENT III	6	33,726
7	Unified credit—enter smaller of line 6 amount or maximum allowed (see page 4 of instructions)	7	33,726
8	Balance (subtract line 7 from line 6)	8	0
9	Credit for state death taxes (see page 4 of instructions and attach credit evidence)	9	0
10	Balance (subtract line 9 from line 8)	10	0
11	Other credits (see page 4 of instructions)	11	
12	Credit for tax on prior transfers (attach Schedule Q, Form 706)	12	
13	Total (add lines 11 and 12)	13	0
14	Net estate tax (subtract line 13 from line 10)	14	0
15	Total generation-skipping transfer tax (attach Schedule R, Form 706)	15	0
16	**Total transfer taxes** (add lines 14 and 15)	16	0
17	Earlier payments (see page 4 of instructions and attach explanation)	17	
18	U.S. Treasury bonds redeemed to pay estate tax	18	
19	Total (add lines 17 and 18)	19	0
20	Balance due (subtract line 19 from line 16) (see page 4 of instructions)	20	0

Under penalties of perjury, I declare that I have examined this return, including any additional sheets attached, and to the best of my knowledge and belief, it is true, correct, and complete. I understand that a complete return requires listing all property constituting the part of the decedent's gross estate (as defined by the statute) situated in the United States.

Taxpayer Copy

(Signature of executor)		(Date)
	■■ ASSOCIATES, CPAS, INC. 711 ■■ #1480, HN, HI 96813	4/27/■
(Signature of preparer (other than executor))	(Address)	(Date)

For Paperwork Reduction Act Notice, see the separate instructions.   Cat. No. 10145K   Form **706-NA** (Rev. 1-2003)

6 事　例(1)

Form 706-NA (Rev. 1-2003)   Page 2

Part III General Information

		Yes	No			Yes	No
1a	Did the decedent die testate?		✓	7	Did the decedent make any transfer (of property that was located in the United States at either the time of the transfer or the time of death) described in sections 2035, 2036, 2037, or 2038 (see the instructions for Form 706, Schedule G)? *If "Yes," attach Schedule G, Form 706.*		✓
b	Were letters testamentary or of administration granted for the estate? *If granted to persons other than those filing the return, include names and addresses on page 1.*		✓				
2	Did the decedent, at the time of death, own any:			8	At the date of death, were there any trusts in existence that were created by the decedent and that included property located in the United States either when the trust was created or when the decedent died? *If "Yes," attach Schedule G, Form 706.*		✓
a	Real property located in the United States?	✓					
b	U.S. corporate stock?		✓				
c	Debt obligations of (1) a U.S. person, or (2) the United States, a state or any political subdivision, or the District of Columbia?		✓				
d	Other property located in the United States?		✓	9	At the date of death, did the decedent:		
3	Was the decedent engaged in business in the United States at the date of death?		✓	a	Have a general power of appointment over any property located in the United States?		✓
4	At the date of death, did the decedent have access, personally or through an agent, to a safe deposit box located in the United States?		✓	b	Or, at any time, exercise or release the power? *If "Yes" to either a or b, attach Schedule H, Form 706.*		✓
5	At the date of death, did the decedent own any property located in the United States as a joint tenant with right of survivorship; as a tenant by the entirety; or, with surviving spouse, as community property? *If "Yes," attach Schedule E, Form 706.*		✓	10a	Have Federal gift tax returns ever been filed?		✓
				b	Periods covered ▶		
				c	IRS offices where filed ▶		
				11	Does the gross estate in the United States include any interests in property transferred to a "skip person" as defined in the instructions to Schedule R of Form 706? *If "Yes," attach Schedules R and/or R-1, Form 706.*		✓
6a	Had the decedent ever been a citizen or resident of the United States (see page 2 of instructions)?		✓				
b	If "Yes," did the decedent lose U.S. citizenship or residency within 10 years of death?						

Schedule A—Gross Estate in the United States (see page 2 of instructions)

		Yes	No
Do you elect to value the decedent's gross estate at a date or dates after the decedent's death (as authorized by section 2032)? To make the election, you must check this box "Yes." If you check "Yes," complete all columns. If you check "No," complete columns (a), (b), and (c). You may leave columns (c) and (d) blank or you may use them to expand your column (b) description.			✓

(a) Item no.	(b) Description of property and securities For securities, give CUSIP number.	(c) Alternate valuation date	(d) Alternate value in U.S. dollars	(e) Value at date of death in U.S. dollars
1	CONDOMINIUM LOCATED AT 2440 ▓▓▓▓▓▓▓▓▓▓▓▓ HONOLULU, HI 96815			133,350

(If you need more space, attach additional sheets of same size.)

Total 133,350

Schedule B—Taxable Estate

You must document lines 2 and 4 for the deduction on line 5 to be allowed.

1	Gross estate in the United States (Schedule A total)	1	133,350
2	Gross estate outside the United States (see page 3 of instructions) ATTACHMENT I	2	132,894
3	Entire gross estate wherever located (add amounts on lines 1 and 2)	3	266,244
4	Amount of funeral expenses, administration expenses, decedent's debts, mortgages and liens, and losses during administration (attach itemized schedule) (see page 3 of instructions) ATTACHMENT II	4	524
5	Deduction for expenses, claims, etc. (divide line 1 by line 3 and multiply the result by line 4)	5	262
6	Charitable deduction (attach Schedule O, Form 706) and marital deduction (attach Schedule M, Form 706, and computation)	6	0
7	Total deductions (add lines 5 and 6)	7	262
8	Taxable estate (subtract line 7 from line 1) (enter here and on line 1 of the Tax Computation)	8	133,088

Form **706-NA** (Rev. 1-2003)

2

225

第6章 ハワイ州の相続

Form 706 (Rev. 8-2004)

Estate of: TAZUKO ▮▮

SCHEDULE E—Jointly Owned Property
(If you elect section 2032A valuation, you must complete Schedule E and Schedule A-1.)

PART 1.—Qualified Joint Interests—Interests Held by the Decedent and His or Her Spouse as the Only Joint Tenants (Section 2040(b)(2))

Item number	Description For securities, give CUSIP number.	Alternate valuation date	Alternate value	Value at date of death

Total from continuation schedules (or additional sheets) attached to this schedule

1a	Totals	1a		
1b	Amounts included in gross estate (one-half of line 1a)	1b		

PART 2.—All Other Joint Interests

2a State the name and address of each surviving co-tenant. If there are more than three surviving co-tenants, list the additional co-tenants on an attached sheet.

	Name	Address (number and street, city, state, and ZIP code)
A.	TAZUKO ▮▮	17-22-801, ▮▮▮▮▮▮▮7, ▮▮▮▮▮▮, Tokyo ▮▮-00▮ JAPAN
B.	MASAKO ▮▮	8-2-1506, ▮▮▮▮▮▮, ▮▮▮▮▮▮, Tokyo ▮▮-00▮ JAPAN

C.

Item number	Enter letter for co-tenant	Description (including alternate valuation date if any) For securities, give CUSIP number.	Percentage includible	Includible alternate value	Includible value at date of death
	A.	CONDOMINIUM LOCATED AT 2440 ▮▮▮▮▮▮ #▮▮ HONOLULU, HI 96815 TAZUKO ▮▮	63.50%		133,350
	B.	MASAKO ▮▮	36.50%		76,650

Total from continuation schedules (or additional sheets) attached to this schedule 210,000

2b	Total other joint interests	2b		133,350
3	Total includible joint interests (add lines 1b and 2b). Also enter on Part 5, Recapitulation, page 3, at item 5	3		133,350

(If more space is needed, attach the continuation schedule from the end of this package or additional sheets of the same size.)
(See the instructions on the reverse side.)

Schedule E—Page 17

3

6 事 例(1)

| Form **8833** (Rev. August 2006) Department of the Treasury Internal Revenue Service | Treaty-Based Return Position Disclosure Under Section 6114 or 7701(b) ▶ Attach to your tax return. | OMB No. 1545-1354 |

Attach a separate Form 8833 for each treaty-based return position taken. Failure to disclose a treaty-based return position may result in a penalty of $1,000 ($10,000 in the case of a C corporation) (see section 6712).

| Name TAZUKO | U.S. taxpayer identifying number N/A |
| Address in country of residence 17-22-801　　7 cho-me, . Tokyo　-00 JAPAN | Address in the United States N/A |

Check one or both of the following boxes as applicable:

- The taxpayer is disclosing a treaty-based return position as required by section 6114 . . . . ▶ ☑
- The taxpayer is a dual-resident taxpayer and is disclosing a treaty-based return position as required by Regulations section 301.7701(b)-7 . . . . ▶ ☐

Check this box if the taxpayer is a U.S. citizen or resident or is incorporated in the United States . . . . ▶ ☐

1　Enter the specific treaty position relied on:
　a　Treaty country　JAPAN ESTATE AND GIFT TAX
　b　Article(s)　ARTICLE IV

3　Name, identifying number (if available to the taxpayer), and address in the United States of the payor of the income (if fixed or determinable annual or periodical). See instructions.

2　List the Internal Revenue Code provision(s) overruled or modified by the treaty-based return position
SECTION 2102

4　List the provision(s) of the limitation on benefits article (if any) in the treaty that the taxpayer relies on to prevent application of that article ▶

5　Explain the treaty-based return position taken. Include a brief summary of the facts on which it is based. Also, list the nature and amount (or a reasonable estimate) of gross receipts, each separate gross payment, each separate gross income item, or other item (as applicable) for which the treaty benefit is claimed

TAXPAYER, DECEASED, OWNED REAL PROPERTY IN THE UNITED STATES AT DATE OF DEATH (5/16/2004). TAXPAYER, WHO WAS A RESIDENT OF JAPAN, IS CLAIMING TREATY POSITION PROVIDED BY THE ESTATE AND GIFT TAX TREATY BETWEEN JAPAN & THE UNITED STATES, ARTICLE IV, WHICH ALLOWS A JAPAN RESIDENT WHO OWNS PROPERTY IN THE US ON DATE OF DEATH TO PRORATE THE UNIFIED CREDIT ALLOWED UNDER INTERNAL REVENUE CODE SECTION 2102, BASED ON THE RATIO OF GROSS ESTATE IN THE UNITED STATES OVER THE ENTIRE GROSS ESTATE WHEREVER LOCATED. THE UNIFIED CREDIT ALLOWED UNDER THE TREATY FOR TAXPAYER IS $33,726. A COPY OF THE COMPUTATION OF THE ALLOWED UNIFIED CREDIT IS ATTACHED TO FORM 706-NA.

For Paperwork Reduction Act Notice, see page 3.　　Cat. No. 14895L　　Form **8833** (Rev. 8-2006)

第6章 ハワイ州の相続

7 事 例(2)

ハワイ・コンドミニアムの信託手続

── ポイント ──────────────────────
① ハワイでの自己信託（Revocable trust）の定め方はどうするのか
② ハワイでの他益信託（Irrevocable trust）の定め方はどうするのか
③ ハワイ州の信託法（Trust）の定めはどうなっているのか
④ ハワイ州での遺言（Will）の定め方はどうなっているのか
⑤ ハワイ州での持続的効力有する包括的委任状（Durable General Power of Attorney）の定め方はどうなっているのか
⑥ ハワイ州での医療看護決定法（Chapter327E Uniform Health-Care Decisions Act）の定め方はどうなっているのか

(1) 端　緒

　大山郁夫（昭和12年生まれ・仮名）は，若いときから不動産業を営み，ハワイ・ホノルルに39階建てのコンドミニアムの1部屋及びフォード車を所有していた。大山郁夫には，現在，妻・千絵子（後妻・昭和22年生まれ・仮名）と先妻の長男・大山幸一（昭和38年生まれ・仮名）及び長女・佐藤佐知子（昭和40年生まれ・仮名）という家族構成である。大山郁夫は，数年前，脳梗塞を患い，リハビリで杖をつきながらであるが体は動く程度まで回復した。父親の跡を継いだ長男・大山幸一は，職業柄，ハワイの相続手続については複雑なプロベイト手続をとらなければならないことを聞いていた。また，そのプロベイト手続を回避できる方法として生前信託という手法があることも聞き及んでいた。父親の健康状態を考えると，父親が元気な間にハワイの財産に関して生前信託を利用し，時宜をみて信託財産の売却も視野に入れて，委託者は父親である大山郁夫，受託者を長女・佐藤佐知子とする生前信託を締結させたい意向を持っていた。また，後妻である千絵子には，日本の財産を与える意向があり，ハワイの不動産については受益権も帰属権利者にする意向はなかった。

(2) 事前調査・不動産権原調査

　まず，ネットで本件の不動産の調査をしてみたところ，所有者（Ownership）は大山郁夫となっていたが，更に，権原証明（Certificate of Title）を閲覧したら，そこには，妻として記載されている者が先妻のままになっていることが判明した。この記載を変更しなければならないのであるが，この変更は，信託の登録をなす際に一緒に申請することが可能であるとのことであった。

(3) 現地アターニ事務所とのコンタクト・自己信託

　以前より他の案件で依頼したことがあるホノルルのアターニ事務所にコンタクトをしたところ，早速，エステイト・プランニング（Estate Planning Sheet）に送付されてきたが，質問内容は，家族関係並びに資産状況を問い合わせるのみで，アメリカでは普通に行われている自己信託の質問書であった。当初は当方としても分からず質問書に記載されている質問に回答していき，現地事務所へ送付した。現地事務所から送付されてきた書式は日本でいうところの自己信託の書式であった。

　信託書の出だしが下記の表現となっていた。

　I, IKUO OHYAMA, of Tokyo, Japan, hereby into this Trust Agreement with myself, as Trustee, on this _____ day of _____, 20××.

　My Will should be read in conjunction with this Trust Agreement and should be reviewed if I amend or revoke this Trust Agreement.

　また，受託者の条項についても，下記の表現になっていた。

ARTICLE A-3 TRUSTEE

　If I resign as Trustee, die or become Disabled, SACHIKO SATO, of Tokyo, Japan, will become Trustee without court approval and will have all of the duties and powers of Trustee. If SACHIKO SATO is or becomes unable or unwilling to serve as Trustee, KOICHI OHYAMA, of Tokyo, Japan will become Trustee without court approval and will have all of the duties and powers of Trustee. If KOICHI OHYAMA is or becomes unable or unwilling to serve as Trustee, he will not have to secure appointment of another Trustee. If I am alive and not Disabled, I may appoint another Trustee without court approval. If I am alive but Disabled, any attorney-at-fact of mine to whom I have given the power to appoint a successor trustee in my behalf, or if I have no such attorney-in-fact, my guardian of the property, if any, may appoint another Trustee without court approval. If I am not alive, a majority of the adult beneficiaries who are eligible to reserve, at that time, distributions from any trust created hereunder may then appoint another Trustee for that Trust without court approval.

　きめ細かく後継受託者を指名し，後継受託者を指名しただけではなく，生きている間は他の後継受託者の指名権を留保したり，更に，制限的意思能力者になったとき，死亡したときに他の選択肢を留保する規定となっている。日本の自己信託条項との定め方の違いを見たような気がする。
　上記のようにアメリカの信託書では一般的規定を置いているのか，この信託合意書（自己信託といいながらAgreementというのも奇妙に思えるが。）においては，下記の記述が記載されていた。

Therefore, in this Trust Agreement, the term "Trustee" refers to me if I am alive, am not Disabled and have not resigned as Trustee, but the term "Trustee" refers to SACHIKO SATO, or her successor as Trustee, if I am not alive, am Disabled or have resigned as Trustee.

(4)　他益信託（撤回不能信託，Irrevocable Trust）
　改めて，委託者兼当初受益者を大山郁夫，受託者を佐藤佐知子とし，後継受託者を大山幸一とし，ハワイ・ホノルルのコンドミニアム1室及びフォー

ド車を信託財産とする。第2受益者として佐藤佐知子，第2受益者がすでに亡くなっているときは大山幸一とする旨，エステイト・プランニング以外の事項としてe-mailにて伝えておいた。

すると，現地事務所より，①遺言書（Will），②信託書（Trust），③略式信託登録（Short form of Trust Land Court），④持続的効力有する全般的委任状（Durable General Power of Attorney），⑤事前医療指示書（Advance Health-Care Directive），⑥アパートの信託譲渡証書（Apartment Deed），⑦信託譲渡税金免除申請書（Exemption Form Conveyance Tax），⑧選択的相続分及び他の権利の放棄書（Waiver of Right of Elect and of other Rights）の8点セットを送付してきた。

　ア　信託（Trust）

　　信託に関しては，統一州法委員全国会議（The National Conference of Commissioners on Uniform State Law）によって，Uniform Trust Codeが制定されているが，ハワイ州では未だ採用されておらず，ハワイ州のタイトルコードは，Hawaii Revised Statutes554でchapter554 Trusts and Trustees; Accountsとして，§554-1から§554-10まで9条（§554-5は規定されていない）を規定している。[10] また，先に紹介したようにHawaii Revised StatutesのUniform Probate Codeの中でArticle Ⅶにおいて§560：7として規定を置いているのでこちらも併せて参照してほしい。

§554-1	Vesting title to trust estates
§554-2	Nomination by beneficiaries appointment of trustees
§554-3	Trust estates, lease, investments, etc.
§554-4	Annual account; trustees to file
§554-6	Investments
§554-7	Assignee for creditors, instructions and approval accounts
§554-8	Charitable trusts; expenses
§554-9	Charitable trusts; leases
§554-10	Charitable trusts; administration

---

[10] https://www.lawserver.com/law/state/hawaii/hi-statutes/hawaii_statutes_chapter_554

第6章　ハワイ州の相続

この章では，

(ア)　受託者の信託財産の権原付与（Vesting title to trust estates）として，受託者不在が死亡，撤回その他によって生じたものであっても，受託者不在を解消するため受託者の指名又は承継に関して，信託に関する管轄権を有する巡回裁判所は，共同受託者である場合を除き，州内に所在する信託財産の法的権原を新受託者に任命し又は承継させる旨規定している（§554-1）。

(イ)　受益者による受託者の指名（Nomination by beneficiaries appointment of trustees）について，受託者の指名が裁判所の登録によってなされたときはいつでも，又は，その指名の前に，受益者数とその受益権の過半数での指名であり，かつ，それが信託証書により又は適任者である旨の意見書が裁判所に提出されている書面によっているときは，裁判所は，その者を受託者として指名しなければならないとする。ただし，指名は条件を明示していなければならない。受益者によって受託者に指名された者は，その者が受益者又は受益者になる可能性があるという理由で受託者になる資格がなくなるものではないとしている（§554-2(a)）。

(ウ)　後見人が成人受益者でなく，又は成人受益者と婚姻している時に，指名を記載した信託証書の署名又は共同署名し，裁判所にこれ等を提出する（これらの後見人は，被後見人の最善の利益を判断基準として，署名又は署名拒絶する権限を行使することになる。）。そこで，浪費者（spendthrift），無能力者（non compos person），未成年者（minor）及びこれ等の受益権は，受益者数と受益権の過半数で決定する際に含まれなければならないとする。また，付与された受益権の価値は，相続税に関する州法に規定する類似の受益権を評価する方法で信託証書又は受託者指名書面が裁判所に提出された日によって決定される。信託が委託者死亡時に効力発生するよう設定された場合，信託証書又は受託者指名書面が提出された日に信託の効力及び死亡が発生した場合においても同様に受益権の価値は評価されるとする。同一の被指名者を指定する複数の証書が裁判所に提出された場合は，その提示日は，最後の証書が提示された日とみなすとしている（§554-2(b)）。本条は，

232

1943年4月28日以降に作成されたものだけでなく，それ以前に作成された信託にも適用するとしている（§554-2(c)）。

㈎ 信託財産，賃貸借，投資等（Trust estates, lease, investments, etc.）について，受託者の申請により，信託を管轄する巡回裁判所は，裁判所命令又は裁判所規則による受益権者に対する通知の後，信託財産の利益のためであると思われる場合において，①不動産に有益であると思われる期間は，不動産を賃貸借し，又はその賃貸借期間の更新をする権限，②動産又は動産の購入において信託財産たる金銭を投資する権限，③信託財産たる土地の上に建造物を建築し，改良し，修繕する権限を受託者に与え又は指示することができ，④裁判所が信託財産のために最良の利益又は信託目的に最良の効果を与えると思われる方法によって受託者に権限又は指示を与えることができる。裁判所の権限，指示に基づいて受託者が実施した賃貸借設定又は賃貸借の更新は，信託が終了後もその期間終結まで存続するとしている（§554-3）。

㈏ 年次会計，受託者による登録（Annual account; trustees to file）について，裁判所からの指名又は裁判所の承認を要件とする指名による受託者（①法律により要件とされず，②信託証書による，③会計を登録する受託者として指名された等の前受託者を除く。）は，毎年，管轄裁判所に，全ての領収書，支出の詳細を記載した会計及び受託者の占有又は支配下にある全ての詳細な財産目録とともに，登録しなければならない。そのときには，①受益権に有益であると思われる場合に裁判所は，毎年ではなく隔年又は3年毎にその会計を登録することを許可し，②毎年登録する場合は，隔年又は3年毎を通過するための積算会計を登録することを許可し，③さらに裁判所は検査官又は書記官により，専門家への意見を求めることなく1000ドルを超えない年収の場合の会計は登録しなくてもよいとする。ただし，正当事由又は必要性があるときは，年収にかかわらず専門家への意見を求めることができるとする。

　受託者が要件とされる会計を登録しなかった場合，裁判所書記官は，速やかに受託者に通知しなければならず，受託者がその通知後30日以内に登録しないときは，受託者は，裁判所に出頭し，§710-1077に規定する裁判所を侮辱するものでない理由を提示しないかぎり侮辱罪

を構成することになる。裁判所はその裁量により，そのような受託者を免責することができるとする。

　一方，信託設定証書に要件を定めている限り，①裁判所指名の追加の受託者，②信託設定証書により指名された受託者又は後任受託者による年次会計を登録することはない。また，信託設定証書によって又は従って指名された受託者が，裁判所による確認又は承認審判手続において確認されたときも同様に本条は適用されないものと解釈される。本条は1935年5月13日現在の信託及びそれ以降の信託に適用されるとする（§554-4）。

(カ)　投資（Investments）について，信託設定証書の規定，他の特別規定，聴聞会（ex parte hearing）を経た裁判所の命令を除き，信託会社以外の受託者は，412-8の信託会社に認められている投資にのみ信託財産を投資しなければならない。また，412-8の信託会社に適用される投資又は証券と同様に，受託者が保有することになる全ての投資及び証券は，同じ権利，権限，特権，義務及び責任に属しなければならないとするが，しかしながら，本条は損害保険参加証明又は通知[11]を発行する信託会社以外の受託者を同様に認めたものと看做されるものではない。投資は，聴聞会後の裁判所の命令による受託者の投資又は信託生存中の為された投資，更に信託証書の規定外の短期間の投資，裁判所命令による信託条件に従った投資，特別規定による裁判所の事後の命令による投資等によってなされるとしている（§554-6）。

(キ)　債権者がいる後任受託者，指示，会計承認（Assignee for creditors, instructions approval of accounts）について，債権者がいる受託者又は後任受託者は，巡回裁判所にその指示を求め，指示を受領する申請権限，彼らの会計を巡回裁判所に承認を求める申請権限，彼らの信託に関する義務（例えば，信託に関する衡平裁判所での慣行と原理に従った受託者忠実義務）の解除を求める申請権限を保有するとしている（§554-7）。

---

11) participation certificates or notesと記載されているが意味の把握は充分ではないことをお断りする。

イ　遺言信託（Trust by Will）

　遺言に関しては，ハワイ州のタイトルコードは，Hawaii Revised Statutes560-1でchapter560 Uniform Probate CodeのPart5でWills Will Contract, and Custody and Deposit of Willsとして，§560：2-501から§560：2-517まで17条を規定している[12]。

§560：2-501 Who may make will
§560：2-502 Execution; witnessed wills; holographic wills
§560：2-503 Writings intended as wills, etc.
§560：2-504 Self-proved will
§560：2-505 Who may witness
§560：2-506 Choice of law as to execution
§560：2-507 Revocation by writing or by act
§560：2-508 Revocation by change of circumstances
§560：2-509 Revival of revoked will
§560：2-510 Incorporation by reference
§560：2-511 Testamentary additions to trusts
§560：2-512 Events of independent significance
§560：2-513 Separate writing identifying devise of certain types of tangible personal property
§560：2-514 Contracts concerning succession
§560：2-515 Reserved
§560：2-516 Duty of custodian of will; liability
§560：2-517 Penalty clause for contest

　その中で，遺言信託に関しては，信託の追加遺言の条項（§560：2-511 Testamentary additions to trusts）として規定している。

　遺言により下記のように財産を設定された又は設定されるべき信託の受託者として有効に創設することができる。①遺言者と他の者又は他の者の間において，遺言者の生存期間中，委託者が保険契約の保険金請求

12）https://www.lawserver.com/law/state/hawaii/hi-statutes/hawaii_statutes_chapter_560

権の一部又は全部の権利を留保するもののほか，保険料履行済み又は未履行の生命保険信託を有効に創設することができる。

または②信託が遺言により特定され又はその他の遺言以外の証書にその条件が明示されるにより，遺言者の死亡時に創設される。その他の遺言とは，遺言者の信託遺言執行前後に実行され又は信託の存在，範囲，性質にかかわりなく信託遺言者の死亡前に亡くなった者である場合のその遺言を示す。

遺言信託は変更や取消可能であり，または遺言執行後又は遺言者死亡後に信託の変更により，信託が無効になるものではない（§560：2-511(a)）。

また，遺言者が別途定める場合を除き，（§560：2-511(a)）に記載された財産は，遺言者の遺言信託だけでは発効しないが，遺言信託が創設され信託の一部となり，遺言者の死亡の前後に行われた変更を含んだ信託条項に従い管理並びに処分されることになる（§560：2-511(b)）。

更に，遺言者が別段の規定をしない限り，遺言者の死亡前に信託を取り消し，または終了することにより，遺言は消滅する（§560：2-511(c)）。

ちなみに，遺言の証人として，§560：2-505Who may witnessによれば，一般成人であればよく，利害関係ある証人による遺言書への署名は，遺言者が証人への贈与や遺言執行者に指名した場合であっても，遺言又はその遺言条項に影響を与えないというところが，日本の遺言の証人欠格事由規定（日本民法974条2号）と異なるところである。

(5) 持続的効力有する包括的委任状（Durable General Power of Attorney）

この持続的効力有する包括的委任状（Durable General Power of Attorney）については，統一州法委員全国会議（The National Conference of Commissioners on Uniform State Law）によって公表されているUniform Power of Attorney Actをハワイ州でも取り入れ，2016年のHawaii Revised StatutesのTITLE 30 GUARDIAN AND TRUSTEEの551E. Uniform Power of Attorney Actとし，551E-1から551E-63条まで合計40条を規定している。[13]

---

13) https://law.justia.com/codes/hawaii/2016/title-30/chapter-551e/

なお，本件の事例は2013年当時であり，その当時は2011 Hawaii Code DIVISION 3. PROPERTY; FAMILY TITLE 30. GUARDIANS AND TRUSTEES 551D. Uniform Durable Power of Attorney Actが適用されていたことに注意しなければならない。

この2016年のChapter551E. Uniform Power of Attorney Actにおいては，

① 適用除外として，信用取引における信用調査に関する事項，医療看護決定事項，団体に対する議決権行使又は経営権運営事項，政府系機関の委任事項を規定している（§551E-2）。医療看護決定に関しては，Uniform Health-Care Decisions Actが存在している。

② 本章において設定された委任状（Power of Attorney）は，本人の無能力によって終了することを明示的に規定しない限り，持続性があるものであり（§551E-3(a)），委任状は，本人によって署名されるか，又は本人が行為能力を有する間に本人が指示した他の者の代筆によって署名されなければならない。公証人又は認証権限を有する者の面前で本人が署名したときは，その署名は本人のものであると推定される（§551E-3(b)）。

③ 2015年1月1日以降にハワイで発効した委任状に適用するとしている（§551E-3(c)）。また，裁判所の任命した財産管理人（Conservator）又は後見人（Guardian）と代理人（Agent）との関係については，裁判所は，一定の事由を除き本人が直近において指名したConservator又はGuardianを指名することになり，委任状が継続している間に，裁判所がGuardianを任命したとき，Agentの権限は終了せずに，裁判所が定めて権限の範囲内で継続することになる（§551E-4）。

④ 委任状の発効について，委任状は，本人が委任状において効力発生日を設定しない限り，後見事由が発生した場合に発効し，本人は第三者にその後見事由が発生したことを書面で決定させることを認め，更に，仮に，委任状において，本人の行為能力が減退し，その行為能力判定についての権限を第三者に与えていないときは，①医師による認定，②法律実務家，裁判官その他適切な役職者の認定により，委任状は有効に発効することができるとしている（§551E-5）。

⑤ 委任状の終了事由と代理人（Agent）の権限の終了事由を分けて規定している。例えば，委任状における終了事由として，通常通り，(1)本人

の死亡，(2)委任状に持続性の規定がなく，本人が行為無能力者となったとき，(3)本人が委任状を撤回したとき，(4)委任状に終了規定があるとき，(5)委任状の目的が達成されたときとし，(6)本人が代理人の権限の撤回，代理人の死亡，行為無能力，辞任の際に，復代理人の選任はしない旨を定めている場合であり，一方，代理人（Agent）の権限の終了事由としては，(1)本人の権限の撤回，(2)代理人の死亡，行為無能力，辞任，(3)委任状に別途定める場合を除き，本人と代理人との結婚の解消又は無効，またはその法的別居についての訴訟が提起されたとき，(4)委任が終了したときとしている（§551E-6）。

⑥ また，この委任状（Power of Attorney）については，一般規定以外に，個別に，例えば，不動産（Real property・§551E-34），動産（Tangible personal property・§551E-35），株式・社債（Stocks and bonds・§551E-36），先物商品・ストックオプション（Commodities and options・551E-37），銀行・その他の金融機関（Banks and other financial institutions・§551E-38），法人又は事業の運営（Operation of entity and business・§551E-39），保険・年金（Insurance and annuities・§551E-40），遺産・信託・受益権（Estates, trusts, and other beneficial interests・§551E-41），請求・訴訟（Clams and litigation・§551E-42），個人・家族維持（Personal and family maintenance・§551E-43），政府プログラム・民間・退役からの受益権（Benefits from governmental programs or civil or military service・§551E-44），退職計画（Retirement plans・§551E-45），税金（Taxes・§551E-46），贈与（Gifts・§551E-47）と，こと細かく規定している。

⑦ この章の附則において，2014年4月17日においてこの章で別途規定されている場合を除き既存の委任状について，本章は2014年4月17日の前後において適用されるが，司法手続については2014年4月17日以降に開始される委任状について適用される。また，2014年4月17日前の既存の行為については，この章の適用は受けない旨を規定している（§551E-63）。

(6) 医療看護決定法（Chapter327E Uniform Health-Care Decisions Act）

医療看護決定法（Chapter327E Uniform Health-Care Decisions Act）は，2016 Hawaii Revised StatutesのChapter327Eとして，規定され，16条からなっている。[14]

§327E-1　Short title
§327E-2　Definition
§327E-3　Advance health-care directives
§327E-4　Revocation of advance health-care directive
§327E-5　Health-care decisions surrogates
§327E-6　Decisions by guardian
§327E-7　Obligations by health-care provider
§327E-8　Health-care information
§327E-9　Immunities
§327E-10　Statutory damages
§327E-11　Capacity
§327E-12　Effect of copy
§327E-13　Effect of this chapter
§327E-14　Judicial relief
§327E-15　Uniformity of application and construction
§327E-16　Optional form

その中で主な点を下記に紹介する。

(ア)　医療看護（Health care）とは，下記を含む個人の身体的又は精神的状態を維持，診断，またはその他の方法で影響を及ぼすあらゆる看護，治療，サービス，手続を意味するとし，
① 医療従事者及び施設の選択と離脱
② 診断検査，外科的処置，投薬計画，及び蘇生の承認・不承認
③ 人工栄養と水分補給，保留，又は撤回。ただし，その基準は，医療提供者又は医療機関に適用される医療基準に従うものであること
と定義している（§327E-1）。

---

14) https://www.lawserver.com/law/state/hawaii/hi-statutes/hawaii_statutes_327e-3

(イ) 更に，他の定義（§327E-2）として，
① 事前の医療看護指示（Advance health-care directives）は，個々の命令又は医療看護のため委任状（Power of attorney）を意味する。
② 代理人（Agent）とは，委任状（Power of attorney）に指定された，健康を享受する個人の医療看護の決定を行う個人を意味する。
③ 独立した未成年（Emancipated minor）とは，完全に自立している18歳未満の人を意味する。
④ 代行者（Surrogate）とは，患者の代理人（Agent）または後見人（Guardian）以外の，この章に基づいて患者の医療看護の決定を下す権限を与えられた個人を意味する。
としている。
(ウ) 事前医療看護指示（Advance health-care directives）について，成年者又は独立した未成年者は，医療看護のために委任状を作成することができ，代理人の権限は本人無能力者となった後も有効であり，個々の事案につき指示を出す権限を有するものである。血族，配偶者又は養子以外，本人が医療看護を受診している医療看護機関の所有者，運営者，又は従業員は代理人となれない。

授権は書面で行い，授権は作成日より発効し，2名以上の証人の面前で本人が署名するか，又は，公証人の面前で認証するかのいずれかでなければならない。

証人には，①医療提供者，②医療提供者又は医療提供施設の従業員，③代理人，④血族，配偶者又は養子，⑤遺言による受贈予定者（受遺者）はなることができない。

医療看護の委任状に別段の定めがない限り，代理人の権限は，本人が能力を欠いていると判断された場合にのみ有効となり，本人が能力を回復したという決定に基づいてその権限は効力を失うものであり，書面による別段の定めがある場合を除いては，能力の欠如又は回復，あるいは本人又は代理人の指示，権限の決定は主治医による判断によらなければならないとしている（§327E-3）。

(エ) 事前医療看護指示の撤回（Revocation of Advance health-care directive）について，書面又は監督する医療看護提供者への通知により，代理人の

指名を次の方法で撤回することができる。①代理人指定の撤回方法以外でも，いつでも，いかなる方法によっても事前医療看護指示の全部又は一部を撤回することができる。②取消しの通知を受けた医療提供者（Health-care provider），代理人（Agent），後見人（Guardian），代行者（Surrogate）は，取消事実を受診している医療提供者，医療機関に速やかに伝達しなければならない。③婚姻無効（Annulment），離婚（Divorce），結婚取消し（Dissolution）又は法的別居（Legal separation）の判決は，判決又は医療看護委任状に別段の定めがない限り，代理人としての配偶者指定がされているときは，これを取り消すことになる。④既存の医療看護指示と競合する新たな医療看護指示をするときはその競合する範囲内で既存の指示を無効とする（§327E-4）。

(7) **各書類の署名並びに公証人の認証**

アメリカ大使館の領事部での認証も可能であるが，依頼者の居住地がばらばらであるので大山郁夫氏がリハビリの施設がある市の公証役場で署名する運びとなった。日時を定めて，公証役場に当事者が出頭し各自が各書類に公証人の面前で署名した。まず，大山郁夫氏が，①遺言書（Will）に署名し，証人として，大山幸一及び佐藤佐知子が署名した。日本の遺言の証人欠格事由規定（日本民法974条2号）と異なり，Hawaii州の遺言法（Will Act）では，遺言の証人として，一般成人であればよく，利害関係ある証人による遺言書への署名は，証人への贈与や遺言執行者指名であっても，遺言又はその遺言条項に影響を与えない（§560：2-505）ため，推定相続人である長男及び長女が証人となったのである。

次に，委託者兼当初受益者を大山郁夫，受託者を佐藤佐知子として，②信託書（Trust）に署名をなした。更に，土地登録局に信託登録するための③アパートの信託譲渡証書（Apartment Deed）及び④略式信託登録（Short form of Trust Land Court）に双方が署名し，また，大山郁夫氏は土地登録局に登録するための⑤持続的効力を有する全般的委任状（Durable General Power of Attorney）と，それ以外の⑥事前医療指示書（Advance Health-Care Directive）に単独で署名をなした。信託譲渡税の免税適用を受けるための⑦信託譲渡税金免除申請書（Exemption Form Conveyance Tax）についても単

第6章　ハワイ州の相続

独署名し，最後に，配偶者である大山千絵子が，信託財産については選択的相続分及び他の権利を放棄する旨の⑧選択的相続分及び他の権利の放棄書（Waiver of Right of Elect and of other Rights）に署名し，かつ，この放棄書に添付する本人確認を証するための⑨パスポート写しである旨の宣誓供述書に署名の上，各署名につき公証人の認証を受けた。この署名及び認証手続に2時間弱を費やすことになってしまった。認証された各書類をハワイのアターニ事務所へ郵送し，当該書類はランド・コートに登録された。

　その後，登録された大山郁夫の権原証明書に，大山郁夫氏の前妻の死亡及び大山千絵子との再婚による変更登録に関する申請書類及び添付書面としての大山郁夫の戸籍翻訳文，本人確認のパスポート写しの宣誓供述書，更に，ランド・コートの登録受付印がある不動産信託譲渡証書（Apartment Deed）の原本が送付されてきて，一連の手続が全て終了した。

7　事　例(2)

##〈例25　信託契約書（Trust Agreement）〉

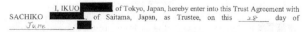

IKUO ■■■ TRUST

I, IKUO ■■■ of Tokyo, Japan, hereby enter into this Trust Agreement with SACHIKO ■■■ of Saitama, Japan, as Trustee, on this __28__ day of __June__, ■■■.

My Will should be read in conjunction with this Trust Agreement and should be reviewed if I amend or revoke this Trust Agreement.

This Trust Agreement is divided into four parts. Part A primarily contains general provisions relating to how the Trust Estate is to be distributed. It also identifies my choice for successor Trustee. Part B primarily contains provisions relating to how the trusts created hereunder are to be administered. Part C primarily contains provisions relating to the duties and powers of Trustee. Part D contains definitions of the capitalized terms used in this Trust Agreement.

PART A: GENERAL PROVISIONS

ARTICLE A-1　FAMILY

NAME	RELATIONSHIP	DATE OF BIRTH
CHIEKO ■■■	spouse	August 21, ■■■
KOICHI ■■■	Child	February 19, ■■■
SACHIKO ■■■	Child	December 24, ■■■

ARTICLE A-2　TRUST ESTATE

The Trust Estate is the property which will be administered under this Trust Agreement. I will be transferring the property described in the attached Schedule A to Trustee, which will constitute the initial Trust Estate.

ARTICLE A-3　TRUSTEE

If SACHIKO ■■■ is or becomes unable or unwilling to serve as Trustee, KOICHI ■■■, of Tokyo, Japan, will become Trustee without court approval and will have all of the duties and powers of Trustee. If KOICHI ■■■ is or becomes unable or unwilling to serve as Trustee, he will not have to secure appointment of another Trustee. If I am alive and not Disabled, I may appoint another Trustee without court approval. If I am alive but Disabled, any attorney-in-fact of mine to whom I have given the power to appoint a successor trustee in my

-1-

243

第6章 ハワイ州の相続

behalf, or if I have no such attorney-in-fact, my guardian of the property, if any, may appoint another Trustee without court approval. If I am not alive, a majority of the adult beneficiaries who are eligible to receive, at that time, distributions from any trust created hereunder may then appoint another Trustee for that trust without court approval.

Therefore, in this Trust Agreement, the term "Trustee" refers to SACHIKO ███████, if she is alive, is not Disabled and has not resigned as Trustee, but the term "Trustee" refers to KOICHI ███████, or his successor as Trustee, if SACHIKO ███████ is not alive, is Disabled or has resigned as Trustee.

ARTICLE A-4   DISTRIBUTION OF TRUST ESTATE DURING MY LIFETIME

A-4.1 Beneficiaries. While I am alive, I will be the sole beneficiary hereunder.

A-4.2 Income and Principal Distributions. While I am alive, Trustee will make distributions of income and principal at my direction. In the event of my Disability, Trustee may either continue or discontinue any distribution directed by me, and Trustee may make to or for my benefit such distributions as Trustee from time to time thinks advisable for my health, education, maintenance and support in accordance with my needs and which are consistent with the value of the Trust Estate and the mode of living to which I have become accustomed, as determined by Trustee.

ARTICLE A-5   WHAT HAPPENS TO TRUST ESTATE UPON MY DEATH

A-5.1 Tangible Personal Property. At my death, Trustee will distribute my Tangible Personal Property sitused in the United States to SACHIKO ███████; or if she is not alive, this gift will lapse and Trustee will distribute this lapsed interest to KOICHI ███████; or if he is not alive, this gift will lapse and Trustee will distribute this lapsed interest to my Descendants, Per Stirpes; or if none of my Descendants is alive, to my heirs at law, determined as if I had died intestate while domiciled in the State of Hawaii.

A-5.2 Remainder. At my death, this trust will terminate, and after payment of amounts under Article C-1.3, Trustee will distribute the Trust Estate, free of any trust, to SACHIKO ███████; or if she is not alive, this gift will lapse and Trustee will distribute this lapsed interest to KOICHI ███████, or if he is not alive, this gift will lapse and Trustee will distribute this lapsed interest to my Descendants, Per Stirpes; or if none of my Descendants is alive, to my heirs at law, determined as if I had died intestate while domiciled in the State of Hawaii.

ARTICLE A-6   PRESUMPTION REGARDING ORDER OF DEATHS

Anyone who is not living thirty days after the date of my death will be considered to have died before me.

-2-

PART B: ADMINISTRATIVE PROVISIONS

ARTICLE B-1   REVOCATION, WITHDRAWAL OF PROPERTY AND AMENDMENT

I reserve the right to revoke or amend this Trust Agreement, in whole or in part, and to withdraw any part or all of the Trust Estate. These rights may not be exercised on my behalf by any other person, including without limitation an attorney-in-fact or a guardian of my property or person. Any revocation will be effective on receipt by Trustee of written notice thereof signed by me. Any withdrawal of property will be effective on receipt and written acknowledgment by Trustee of written notice thereof signed by me. Trustee may not refuse to give written acknowledgment of such a written notice. Any amendment must be in writing and signed by Trustee and me.

ARTICLE B-2   NO SATISFACTION OF TRUSTEE'S LEGAL OBLIGATIONS

Notwithstanding any other provisions in this Trust Agreement, including, without limitation, any provisions regarding distributions from this trust under Part A, no portion of the Trust Estate may be used to satisfy any of Trustee's personal legal obligations, other than my personal legal obligations, including without limitation, Trustee's obligation to support any person or to pay any debt.

ARTICLE B-3   RESIDENCE

While I am alive and not Disabled, Trustee will permit me to be in full, free and undisturbed possession of my principal residence, and I may occupy and use it and receive and retain all rent and income from it, as if I were the full legal owner. I will not pay any rent or make any accounting to Trustee. Trustee need not (i) procure or maintain any insurance on that property, (ii) pay or secure the payment of any rent, lien or encumbrance, tax or other charge against that property, (iii) collect or disburse any rent for that property, or (iv) protect or preserve that property or Trustee's title in it. All responsibilities toward that property will rest solely and exclusively on me and not on Trustee. I will indemnify Trustee against all losses, liabilities and expenses which may result directly or indirectly from my use, possession or management of that property.

ARTICLE B-4   DISCRETIONARY DISTRIBUTIONS

Except as otherwise provided, when making discretionary distributions of income or principal, Trustee may but need not consider and give effect to other resources and support

第 6 章　ハワイ州の相続

available to a beneficiary. Trustee may but need not keep distributions equal or proportionate as between beneficiaries and may make distributions in accordance with Article C-2(v). In making distributions, Trustee will favor the beneficiaries of a trust who are eligible to receive distributions therefrom prior to termination, but at the same time will consider my desire that the trust provide security for those beneficiaries throughout the term of the trust.

ARTICLE B-5　　　UNDISTRIBUTED INCOME

On termination of a trust, all undistributed income of that trust will be added to the principal of that trust.

ARTICLE B-6　　　INTEREST IN INCOME AND PRINCIPAL

A beneficiary's interest in the accrued and undistributed income and undistributed principal of a trust will terminate at his or her death if he or she dies upon or before termination of that trust.

ARTICLE B-7　　　NO ENCUMBRANCE OR TRANSFER OF BENEFICIAL INTERESTS

The interest (or any part thereof) of any beneficiary other than me will not be subject to claims of creditors or others, or to legal process, and may not be voluntarily or involuntarily transferred or encumbered. This provision will not prevent a beneficiary from exercising a power of appointment or disclaiming an interest.

ARTICLE B-8　　　TRUSTS FOR BENEFICIARIES UNDER AGE THIRTY

If property is distributable to a beneficiary who is under thirty years of age, the property will be held in trust for that beneficiary. Trustee may distribute to or for the benefit of that beneficiary as much of the net income and principal of that trust as Trustee thinks advisable for his or her health, education, maintenance and support in accordance with his or her needs as determined by Trustee. Unless earlier terminated by the provisions of Article B-9, that trust will terminate when that beneficiary reaches thirty years of age or dies prior to reaching that age. On termination, Trustee will transfer the trust property, free from any trust, to that beneficiary, or if that beneficiary is not alive, to that beneficiary's estate.

ARTICLE B-9　　　RULE AGAINST PERPETUITIES

Notwithstanding anything in this Trust Agreement to the contrary, any trust created hereunder will terminate no later than twenty-one years after the death of the last to die of me and my Descendants who are alive on or conceived by the date of my death. My intent is that no trust created hereunder last for a period longer than is legally possible, as that period is

-4-

determined from time to time. On termination, Trustee will distribute the trust property, free of any trust, in accordance with the termination provisions of that trust.

ARTICLE B-10   DETERMINATION OF DISABILITY

For purposes of this Trust Agreement, determination of Disability by reason of mental impairment, physical impairment, chronic use of drugs or chronic intoxication will be made by a medical doctor approved by Trustee (or if Trustee is the allegedly Disabled person, approved by the next successor Trustee), and that determination will be final and binding on all persons interested in the Trust Estate.

ARTICLE B-11   GOVERNING LAW

This Trust Agreement will be governed by the laws of the State of Hawaii.

ARTICLE B-12   SAVINGS CLAUSE

Any provision of this Trust Agreement which is prohibited by law or legally unenforceable will be deleted and the remaining provisions will be effective and valid despite such prohibition or unenforceability.

ARTICLE B-13   HEADINGS

The headings are inserted only for convenience and will in no way change, expand or limit the scope or intent of any provision of this Trust Agreement.

ARTICLE B-14   BENEFICIARIES AS TO ANY QUALIFIED RETIREMENT PLAN OR IRA

If any individual retirement account or qualified retirement plan (collectively, 'retirement plan') is an asset of this trust, then notwithstanding any other provisions of this Trust Agreement, a beneficiary of this trust who is a beneficiary of the trust with respect to such retirement plan may only be an individual who is no older than my oldest Child, other than my spouse or an individual who is an appointee of my spouse with respect to any share over which my spouse has a power of appointment. Any individual or entity that would otherwise be a beneficiary under this Trust Agreement as to such retirement plan absent this provision will not be a beneficiary under this Trust Agreement with respect to the retirement plan, and the remaining beneficiaries who are beneficiaries under this Trust Agreement as to such retirement plan will be the only beneficiaries as to the retirement plan.

-5-

PART C: TRUSTEE PROVISIONS

ARTICLE C-1   DUTIES OF TRUSTEE

C-1.1 <u>General Administration</u>. Trustee will hold, manage, invest and reinvest the Trust Estate, collect the income and profits from it, pay necessary expenses of trust administration and distribute the net income and principal.

C-1.2 <u>Accounting</u>. Trustee will not be required to file accounts in any court. At least annually, Trustee will furnish to each beneficiary of a trust who is eligible to receive distributions prior to termination periodic statements of account regarding that trust. If no written protest to any such account is received by Trustee within sixty days, such account will be presumed to have been approved by all parties to whom such account was furnished.

C-1.3 <u>Taxes, Expenses and Legacies Upon My Death</u>. Upon my death, Trustee will pay or otherwise provide for payment of, from the Trust Estate, such portion of my Estate Taxes, the Generation Skipping Taxes for which my estate is liable, my debts and the expenses relating to my last illness, funeral, burial and administration of my probate estate (including attorneys' fees and personal representative's fees), and any deficiencies needed to complete any legacy under my Will as Trustee is directed by my personal representative. Trustee may rely absolutely upon and treat as proper and correct the directions of my personal representative. Furthermore, Trustee will not be responsible for the proper application of any sums so paid or legacy so distributed. All payment of Estate Taxes and Generation Skipping Taxes will be charged against the principal of the Trust Estate without apportionment or proration. Any interest or penalties attributable to Estate Taxes or Generation Skipping Taxes and paid by Trustee may be charged, in Trustee's discretion, to either income or principal of the Trust Estate or part to each. Trustee will be under no duty to seek reimbursement for payments made under this Article from my personal representative, any beneficiary of insurance proceeds, or any other person. If no personal representative is appointed or in the event there is no probate of my estate, then Trustee may, in its discretion, pay or distribute in whole or in part, my Estate Taxes, Generation Skipping Taxes for which my estate is liable, debts, expenses and legacies pursuant to the terms of my Will. Trustee will also pay the expenses incurred in transferring and delivering to the legatees at their residences all bequests hereby made.

C-1.4 <u>Allocation of Generation Skipping Tax Exemption</u>. In my Will I instruct my personal representative to allocate my Generation Skipping Tax exemption to the extent I have not already allocated it under the laws relating to Generation Skipping Taxes. Trustee will consult with my personal representative prior to the making of such allocation. If no personal representative has been appointed, Trustee will make the allocation.

C-1.5 <u>Generation Skipping Taxes Upon Taxable Terminations</u>. Trustee will pay the Generation Skipping Taxes due with respect to a taxable termination under the laws relating to Generation Skipping Taxes as to property held hereunder. Such taxes will be apportioned to and paid from the property with respect to which that taxable termination has occurred.

ARTICLE C-2   POWERS OF TRUSTEE

In addition to all powers Trustee may have by law, and except as otherwise provided, I grant to Trustee the continuing, absolute, discretionary power to deal with any property, real or personal, in all trusts created hereunder, as freely as I might in the handling of my own affairs. Upon termination of any trust created hereunder, all of the powers and discretion of Trustee will continue until all of the trust property has been distributed. Trustee's powers will be exercisable without court approval and will include without limitation the following:

(a) To collect, hold, and retain trust property until, in the judgment of Trustee disposition of the property should be made;

(b) To receive additions to the trust property from any person, including me, and including the proceeds of any life insurance policy;

(c) To continue or participate in the operation of any business or other enterprise, and to effect incorporation, dissolution, or other change in the form of the organization of the business or enterprise;

(d) To invest and reinvest the trust property in any type of property, real or personal, tangible or intangible, including without limitation, in common and preferred stocks (including establishing and utilizing margin accounts and making short sales), bonds, common trust funds, money market funds, collective investment funds, interest bearing accounts, and one or more life insurance policies on my life or on the life or joint lives of any other person or persons in whom any of the beneficiaries have an insurable interest; any of which investments may be products of or investments held by a corporate trustee;

(e) To deposit trust funds in banks, credit unions and savings and loans;

(f) To acquire or dispose of trust property, for cash or on credit, at public or private sale, including without limitation, United States treasury bonds which may be redeemed at par in payment of federal estate tax, and to manage, develop, improve, exchange, partition, change the character of, or abandon trust property or any interest therein, and to encumber, mortgage, or pledge trust property for a term within or extending beyond the term of the trust;

(g) To make ordinary or extraordinary repairs or alterations in buildings or other structures, to demolish any improvements, to raze existing or erect new party walls or buildings;

(h) To subdivide, develop, or dedicate land to public use, and to make or obtain the vacation of plats and adjust boundaries, and to adjust differences in valuation on exchange or partition by giving or receiving consideration, and to dedicate easements to public use without consideration;

-7-

第6章 ハワイ州の相続

(i) To enter for any purpose into a lease as lessor or lessee with or without option to purchase or renew for a term within or extending beyond the term of the trust;

(j) To enter into a lease or arrangement for exploration and removal of minerals or other natural resources or enter into a pooling or unitization agreement;

(k) To grant an option involving disposition of trust property, or to take an option for the acquisition of any property;

(l) To vote a security, in person or by general or limited proxy;

(m) To pay calls, assessments, and any other sums chargeable or accruing against or on account of securities;

(n) To sell or exercise stock subscription or conversion rights, and to consent, directly or through a committee or other agent, to the reorganization, consolidation, merger, dissolution, or liquidation of a corporation or other business enterprise;

(o) To purchase and hold securities, including without limitation, stocks, bonds and options, in the name of a nominee or in other form without disclosure of the trust, so that title to the security may pass by delivery;

(p) To insure trust property against damage or loss, and Trustee against liability with respect to third persons;

(q) To borrow money from any source, including any individual trustee or the commercial department of any corporate trustee, to be repaid from the trust property or otherwise and to pledge or encumber the trust property as security for such loans, and to advance money for the protection of the trust property, and for all expenses, losses, and liabilities sustained in the administration of the trust property or because of the holding or ownership of any trust property;

(r) To pay or contest any claim, and to settle a claim by or against the trust by compromise, arbitration, or otherwise, and to release, in whole or in part, any claim belonging to the trust to the extent that the claim is uncollectible;

(s) To pay taxes, assessments, compensation of the Trustee, and other expenses incurred in the collection, care, administration, and protection of the trust property;

(t) To pay any sum distributable to a beneficiary under legal disability, by paying the sum to the beneficiary or by paying the sum for the use of the beneficiary either to a legal representative appointed by the court, or if none, to a relative;

(u) To make distributions to beneficiaries pursuant to the Uniform Transfers to Minors Act of the Hawaii Revised Statutes, as it may be amended;

-8-

(v) To make distributions of property in kind or in money and in divided or undivided interests without being required to keep the beneficiaries' interests in any one property equal or proportionate, and to allocate property among beneficiaries and to adjust resulting differences in valuation;

(w) To employ persons, including without limitation attorneys, auditors, accountants and investment advisors to advise or assist Trustee in performance of Trustee's administrative duties; to act without independent investigation upon their recommendations; instead of acting personally, to employ agents to perform any act of administration, whether or not discretionary; and to appoint one or more persons or corporations to act as special trustee with respect to any trust property located in a jurisdiction in which Trustee is unable or unwilling to act;

(x) To prosecute or defend actions, claims, or proceedings for the protection of trust property and of Trustee in the performance of Trustee's duties;

(y) To execute and deliver all instruments which will accomplish or facilitate the exercise of the powers vested in Trustee;

(z) To allocate items of income or expense to either trust income or principal, as provided by Hawaii Revised Statutes, Chapter 557, the Uniform Principal and Income Act, as it may be amended, or as provided by an provisions of Hawaii Revised Statutes as may supersede it, including without limitation creation of reserves out of income for depreciation, obsolescence, or amortization, or for depletion in mineral or timber properties;

(aa) To retain trust property which is or becomes unproductive;

(bb) To purchase with trust funds any property from my probate estate or from any trust or trusts created by me; and

(cc) To make loans or advancements, secured or unsecured, to the personal representative of my probate and trust estates and other persons, and further (1) to consent to a subordination, modification, renewal or extension of any note, bond, mortgage, open account indebtedness or other obligation, (2) to continue the same upon and after maturity, with or without renewal or extension, upon such terms as Trustee thinks advisable and (3) to foreclose upon any security for such indebtedness, to purchase any property securing such indebtedness and to acquire any property by conveyance from the debtor in lieu of foreclosure.

ARTICLE C-3   MISCELLANEOUS TRUSTEE PROVISIONS

C-3.1 Directions to Trustee. In addition to written directions in paper, Trustee may rely upon directions given to Trustee in person, by telephone, facsimile, electronic transmission or otherwise. A person giving any direction to Trustee must give written and signed confirmation of any direction when requested by Trustee, either on paper or electronically.

C-3.2 **Commingling of Assets**. Trustee may commingle the assets of any two or more trusts created under this Trust Agreement for investment or administrative purposes.

C-3.3 **Merger of Similar Trusts**. If Trustee is trustee of two or more trusts, under this or any other trust agreement, which are for the same beneficiary or beneficiaries, Trustee may merge any two or more of such trusts.

C-3.4 **Division of Trusts**. Except as otherwise provided, Trustee may, at any time and from time to time, whether before or after funding, without court approval, divide or separate any trust hereunder into two or more separate trusts. Any such division or separation will be made based on the fair market value of the trust assets at the time of division. The trusts resulting from any such division or separation will have the same terms and conditions as the trust from which they were divided or separated; provided, however, where appropriate in Trustee's sole discretion, such as any such division or separation is necessary to prevent a corporation from losing its status as an S corporation under the Code or to enable the establishment of a trust or trusts with zero inclusion ratios, as defined in Section 2642(a) of the Code, or to provide for a designated beneficiary of a retirement plan, or to secure another state or federal tax benefit, the beneficiary or beneficiaries, as the case may be, of each of the trusts resulting from any such division or separation need not be all of the beneficiaries of the trust from which the new trusts were divided or separated as long as, in the Trustee's sole discretion, the interests of each beneficiary under the trust from which the new trusts were divided or separated are not adversely affected by such division or separation.

C-3.5 **Early Termination**. If at any time the value of property in any separate trust is less than $50,000, Trustee may terminate that trust. Upon termination, Trustee will distribute the trust property, free of any trust, as follows:

(a) If I am alive and not Disabled, to me;

(b) If I am Disabled, to my guardian; and

(c) With respect to any trust created under Article B-8, to the income beneficiary of that trust.

C-3.6 **Resignation of Trustee**. Trustee may resign as Trustee without court approval by giving thirty days written notice to me, if I am alive and not Disabled, or to all adult beneficiaries who are eligible to receive, at that time, distributions from any trust created hereunder, if I am not alive or am Disabled.

C-3.7 **Successor Trustees**. The Trust Estate will vest in each successor Trustee without instrument of transfer or court approval, but each successor Trustee will be responsible only for that trust property which the successor Trustee actually receives. No successor Trustee will have any obligation or responsibility with respect to any of the acts, transactions and accounts of any predecessor Trustee.

C-3.8 Bond Waiver. No bond, surety or other security will be required of Trustee in any jurisdiction for any purpose.

C-3.9 Trustee's Fees and Expenses. Trustee will be entitled to reasonable compensation for administration of all trusts created hereunder and will be entitled to extra compensation for unusual or extraordinary services, including but not limited to services rendered in the sale, purchase, lease or exchange of real property. For a corporate Trustee, the amount of compensation for any period of time will be in accordance with Trustee's regular schedule of fees for that period of time. Trustee will be reimbursed for all expenses reasonably incurred in the administration of all trusts created hereunder.

PART D: DEFINITION OF TERMS IN TRUST AGREEMENT

ARTICLE D-1   CHILD

"Child" means a person's first generation Descendant. Any Child conceived but not born at the time of a person's death will be considered to have been born at the time of such person's death if he or she is in fact born after such person's death.

ARTICLE D-2   CODE

"Code" means the United States of America Internal Revenue Code of 1986, as amended. References to a particular provision of the Code will include any successor provision thereto.

ARTICLE D-3   DESCENDANT

"Descendant" means any person descended from the ancestor referred to, either by blood relationship to the ancestor or by legal adoption by either the ancestor or any person descended from the ancestor by blood or by legal adoption.

ARTICLE D-4   DISABILITY

"Disability" includes the inability to manage property and affairs effectively for reasons such as mental impairment, physical impairment, chronic use of drugs, chronic intoxication, confinement, detention by a foreign power or disappearance.

第6章　ハワイ州の相続

ARTICLE D-5   ESTATE TAXES

My "Estate Taxes" include estate, transfer, inheritance, succession, death and other taxes imposed because of my death (not including Generation Skipping Taxes), including interest and penalties on those taxes.

ARTICLE D-6   GENERATION SKIPPING TAXES

"Generation Skipping Taxes" are taxes imposed under Sections 2601, et seq., of the Code, including interest and penalties on those taxes.

ARTICLE D-7   PER STIRPES

"Per Stirpes" means in equal shares among a person's living Children and the Descendants of deceased Children, the latter taking by right of representation, in which case the property will be divided into as many shares as there are living Descendants in the nearest degree of kinship and deceased Descendants in the same degree who have themselves left living Descendants, each living Descendant in the nearest degree receiving one share and the share of each deceased Descendant in the same degree being divided among his or her own Descendants in the same manner.

ARTICLE D-8   TANGIBLE PERSONAL PROPERTY

"Tangible Personal Property" means furniture, furnishings, books, objects of art, equipment, jewelry, precious metals, collections of any kind, clothing, and other property of a household or personal nature.

ARTICLE D-9   TRUST AGREEMENT

"Trust Agreement" refers to this document, as it may be amended.

ARTICLE D-10   TRUST ESTATE

The "Trust Estate" includes all property held hereunder including without limitation property received and accepted from me or from any other person, all property payable to or accruing to Trustee as a result of my death (whether by Will, provisions of another trust, designation as beneficiary of an insurance policy or otherwise) and the income from and the proceeds, investments and reinvestments of that property.

-12-

7　事　例(2)

SCHEDULE A

1. All my vehicles, furniture, furnishings, books, objects of art, equipment, jewelry, precious metals, collections of any kind, clothing, and other property of a household or personal nature sitused in the United States.

2. All of my interest in that certain property located at 876 ███████, #3902, Honolulu, Hawaii; Tax Map Key No. (1) 2-1-███████ 0285.

3. Certain cash and securities.

第6章　ハワイ州の相続

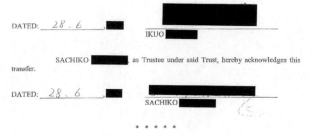

TRANSFER OF TANGIBLE PERSONAL
PROPERTY INTO TRUST

　　　　　I, IKUO ███████, of Tokyo, Japan, hereby transfer all of my interest in the tangible personal property described below to SACHIKO ███████, as Trustee under my Trust dated ___June 28___, ███, as it may be or may have been amended.

　　　　　I also declare that all similar tangible personal property which I acquire after signing this will also be an asset of my Trust.

　　　　　I hereby acknowledge this transfer.

DATED: __28.6__, ███　　　　　_____
　　　　　　　　　　　　　　　　　　IKUO ███████

　　　　　SACHIKO ███████, as Trustee under said Trust, hereby acknowledges this transfer.

DATED: __28.6__, ███　　　　　_____
　　　　　　　　　　　　　　　　　　SACHIKO ███████

* * * * *

DESCRIPTION

　　　　　All my vehicles, furniture, furnishings, books, objects of art, equipment, jewelry, precious metals, collections of any kind, clothing, and other property of a household or personal nature sitused in the United States.

256

7　事　例(2)

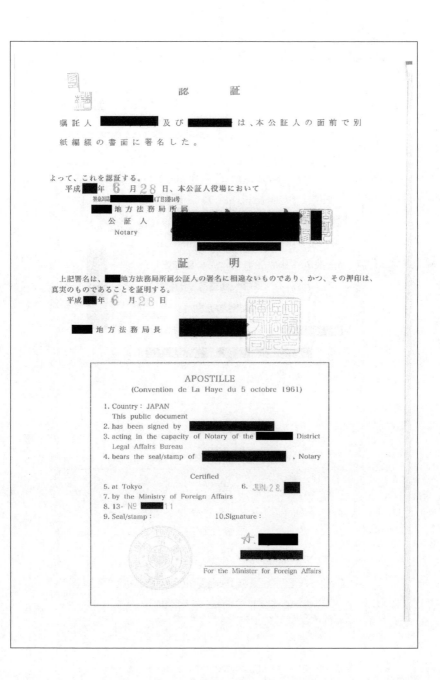

第6章 ハワイ州の相続

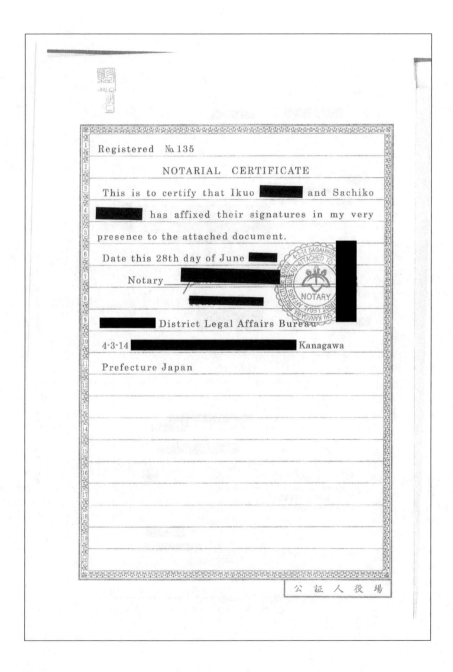

258

7　事　例(2)

〈例26　信託不動産登録トレンスシステムとファイリングシステム（Registration for Trust Land Court System & Regular System）〉

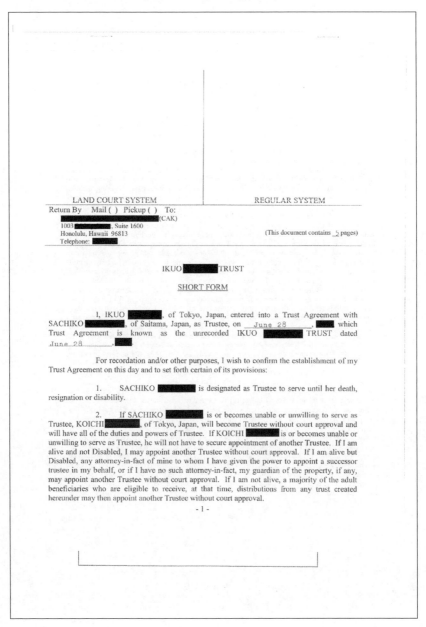

第6章　ハワイ州の相続

3. I have reserved the right to revoke or amend my Trust Agreement, in whole or in part, or to withdraw any part or all of the Trust Estate.

4. Upon my death, the trust becomes irrevocable.

5. Following my death, the trust continues or is distributed in whole or in part for the benefit of other named beneficiaries according to the terms of the trust.

6. In addition to all powers Trustee may have by law, Trustee has the continuing, absolute, discretionary power to deal with any property, real or personal, as freely as I might in the handling of my own affairs. Trustee's powers are exercisable without court approval and include without limitation the following: (a) To invest and reinvest the trust property in any type of property, real or personal, tangible or intangible, including without limitation, in common and preferred stocks (including establishing and utilizing margin accounts and making short sales), bonds, common trust funds, money market funds, collective investment funds, interest bearing accounts, and one or more life insurance policies on my life or on the life or joint lives of any other person or persons in whom any of the beneficiaries have an insurable interest; any of which investments may be products of or investments held by a corporate trustee; (b) To deposit trust funds in banks, credit unions and savings and loans; (c) To acquire or dispose of trust property, for cash or on credit, at public or private sale, and to manage, develop, improve, exchange, partition, change the character of, or abandon trust property or any interest therein, and to encumber, mortgage, or pledge trust property for a term within or extending beyond the term of the trust; (d) To vote a security, in person or by general or limited proxy; (e) To pay calls, assessments, and any other sums chargeable or accruing against or on account of securities; (f) To sell or exercise stock subscription or conversion rights; (g) To purchase and hold securities, including without limitation, stocks, bonds and options, in the name of a nominee or in other form without disclosure of the trust, so that title to the security may pass by delivery; (h)To insure trust property against damage or loss, and Trustee against liability with respect to third persons; (i) To borrow money from any source, including any individual trustee or the commercial department of any corporate trustee, to be repaid from the trust property or otherwise and to pledge or encumber the trust property as security for such loans, and to advance money for the protection of the trust property, and for all expenses, losses, and liabilities sustained in the administration of the trust property or because of the holding or ownership of any trust property; (j) To pay or contest any claim, and to settle a claim by or against the trust by compromise, arbitration, or otherwise, and to release, in whole or in part, any claim belonging to the trust to the extent that the claim is uncollectible; (k) To pay taxes, assessments, compensation of the Trustee, and other expenses incurred in the collection, care, administration, and protection of the trust property; (l) To pay any sum distributable to a beneficiary under legal disability, by paying the sum to the beneficiary or by paying the sum for the use of the beneficiary either to a legal representative appointed by the court, or if none, to a relative; (m) To make distributions to beneficiaries pursuant to the Uniform Transfers to Minors Act of the Hawaii Revised Statutes, as it may be amended; (n) To make distributions of property in kind or in money and in divided or undivided interests without being required to keep the beneficiaries' interests in any one property equal or proportionate, and to allocate property among beneficiaries and to adjust resulting differences in valuation; (o) To employ persons, including without limitation attorneys, auditors, accountants and investment advisors to advise or assist Trustee in performance of Trustee's administrative duties.

- 2 -

7 事 例(2)

261

第6章　ハワイ州の相続

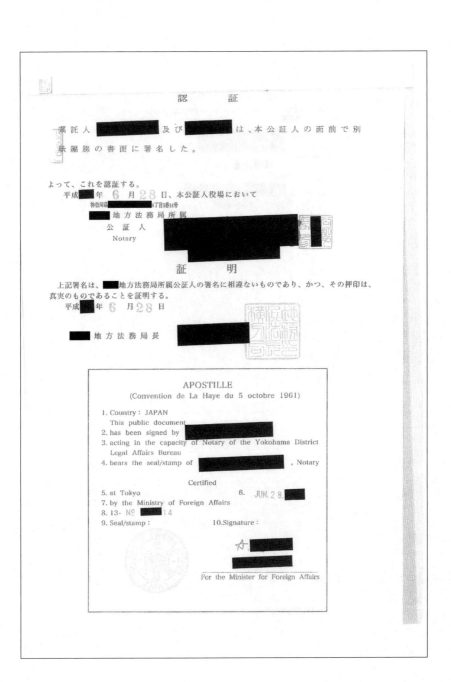

7　事　例(2)

Registered No. ▮

NOTARIAL CERTIFICATE

This is to certify that Ikuo ▮ and Sachiko ▮ has affixed their signatures in my very presence to the attached document.

Date this 28th day of June ▮

Notary ▮

▮

▮ District Legal Affairs Bureau

4-3-14 ▮ Kanagawa Prefecture Japan

公 証 人 役 場

263

第7章 フロリダ州（State of Florida）

1 後見制度

　フロリダ州の後見制度を紹介する。

　フロリダ州の後見については，フロリダ州法の第744編国内関係・後見（Florida Code Domestic Relations Guardianship Chapter744）に規定されている。

- パート1　一般規定（General Provisions）は744.101条から744.1095条まで
- パート2　管轄（Venue）は744.201条から744.2025条まで
- パート3　後見の種類（Types of Guardianship）は744.301条から744.3085条まで
- パート4　後見人（Guardians）は744.309条から744.3145条まで
- パート5　判断能力の判定及び後見人の選任（Adjudication of Incapacity and Appointment of Guardians）は744.3201条から744.358条
- パート6　権限と義務（Powers and Duties）は744.361条から744.461条まで
- パート7　終了（Termination）は744.464条から744.534条まで
- パート8　市民後見（Veterans' Guardianship）は744.602条から744.653条まで
- パート9　公的後見（Public Guardianship）は744.701条から744.715条まで

と広範囲に制定している。

　そこで，フロリダ州の法律家団体が設立している協会（Florida Bar）のホームページで紹介している成年後見制度を参考にしてみたい。もっとも，Florida Bar Associationsで検索[1]すると，このFlorida Barのみならず，

---

1) https://www.hg.org/bar-associations-florida.asp

Attorneys' Bar Association, Caribbean Bar Association (CBA), Colombia American Bar Association (COLBAR), Cuban American Bar Association, Florida Bar Foundation, Florida Government Bar Association, Hispanic National Bar Association (Region Ⅷ), National Bar Association (Southwest Florida Chapter), Puerto Rico Bar Association of Florida, South Asian Bar Association of Florida, Winter Haven Women's Bar Associationと様々なBar Associationがあるものだと思っていたら，そのほか現地のみのBar Associationとして約90以上が存在していた。日本のように一の法律家集団が法律で強制加入の団体とされてはないとしても，フロリダだけでも，よくも100以上の団体が設立されているものだと感心した。

2 フロリダ法律家協会での成年後見制度紹介[2]

(1) 後見制度

　後見制度とは，巡回裁判所の手続であり，そこで被後見人の権利を行使できる後見人が選任されるものである。手続はフロリダ制定法第744編で制定されている。後見人には，判断能力を失った人（被後見人（ward）と称される。）又はその人の財産に対して，自然人又は法人（例えば，非営利団体（nonprofit corporation）又は銀行の信託部門（bank trust department）等）が裁判所により選任される。判断能力を失った人とは，少なくとも財産の管理に関する法的能力が失われるか又は身体健康管理能力が失われている成人者をいう。

(2) 判　定

　どのようにして判断能力の有無を判定するのかについては，いかなる成人も他者の判断能力に関する資料，情報を添えて，その者の判断能力の裁定を裁判所に決してもらうべく申立てができる。裁判所は3名の委員を選任する。通常，2名の医師及び専門的訓練，知識，技能をもつ専門家で構成される。3名の委員のうちの一人は申立書で主張されている行為無能力者の種類につ

---

2) https://www.floridabar.org/public/consumer/pamphlet030/

いて知識を有する者でなければならない。委員は裁判所に裁定のための報告書を提出しなければならない。判断能力の検査については医師の検査，精神検査，機能評価を含むことになる。裁判所は，また，判断能力を失っていると主張されている者を代理にするため法律家（Attorney）を選任する。しかしながら，判断能力喪失者は裁判所より選任される代理人を自らの代理人に替えることができる。検査する委員の多数が申し立てられた者の判断能力について，判断能力を失っていない旨結論付けたときは，裁判官は申立てを却下しなければならない。検査委員が権利行使ができない者である旨の裁定をしたときでも，裁判所は申し立てられた者が全体的又は部分的な判断能力喪失なのか否かを決定するための審尋期日を指定することができる。判断能力が喪失していると裁定されたときは，後見人が審尋の結果最終的に選任されるが，判断能力喪失者に適切に対処するために制限的な代替措置を選択する場合もありうる。

(3) 後見人

　フロリダに居住する成人は，被後見人とのかかわりに関係なく後見人になることができる。フロリダに居住していない被後見人の関係者であっても後見人に就任することは可能であるが，その者が重犯罪者であった者又は後見人の義務を放擲した者であれば選任されることはない。職業的又は公的後見人であれば後見人としての役務を果たすことができ，加えて，非営利団体のような組織も後見人として選任され，銀行の信託部門は財産に関する後見人として活動することができる。裁判所は利害相反関係を有する状況にある後見人を選任することはない。

(4) 後見人の権限

　被後見人の財産に関して権限を与えられた後見人は，財産目録作成，忠実な投資，被後見人のための使用，裁判所への詳細な年計報告のための会計記帳等の義務が課される。加えて，後見人は金融取引については裁判所の承認を取得しなければならない。

　後見人は被後見人の管理行為を解放させ，後見人に代理させるため，被後見人の権利を行使する。例えば，医療，精神障害治療，身上看護サービスの

提供，被後見人のための最適な住居環境の決定等がある。後見人は，また，医者の報告に基づき被後見人の世話のための毎年の詳細な計画書を裁判所に提出しなければならない。裁判所が限定的行為無能力者と裁定する場合には，被後見人が権利行使するための限定後見人（limited duardian日本でいうところの保佐人，補助人に相当する者か。）を選任することになる。

(5) 後見人の責任

後見人は，登録された法律家として役務を提供する者によって代理される。後見人は通常，保証金（金融機関や公的後見人は保証金を立てる必要はない。）を提供しなければならないし，裁判所所定の研修を完了していなければならない。裁判所書記官は，裁判所の承認を求めるために後見人が提出した年計報告書，財産状況を調査する。適切に責任を果たしていない後見人は裁判所により解任されることがある。

(6) 後見人の任期

後見制人制度は任期がないものではない。被後見人が判断能力を失った状況から全面的又は部分的に回復したときは，申立人は裁判所に対して被後見人の権利の回復を求めるために申出をすることができる。その場合には，裁判所は被後見人を再度検査し，被後見人の権利を全面的又は部分的に回復させることができる。後見人が期待される義務を履行せず，後見人としての行動が不適切になった場合には，後見人は責任を取らされ，又は解任されることがある。

(7) 代替制度

事前に，判断能力減退前に財産管理又は身上看護に関して，持続的委任状（Durable power of attorney），信託（Trust）を選択する方法がある。

(8) 未成年者のための後見人

子の親は子の後見人であり，子のために行動するものである。両親が死亡又は行為無能力者となり，子が相続，訴訟受継，1万5千ドルを超す生命保険金受取人である場合，裁判所は後見人を選任しなければならない。両親が

亡くなり又は行為無能力者となった場合には，両親又は生存配偶者は子のため又は子の財産のための後見人である旨記載した宣誓書（Declaration）を裁判所書記官に提出して申立てをしなければならない。後見人は遺言で指名することもできる。

3 事 例

フロリダ州裁判所より選任された成年後見人による日本の不動産売却に関して，フロリダ州裁判所の許可の下に成年後見人が売主となって不動産移転登記手続が完了した事例

---ポイント---
① フロリダ州での後見人選任申立書はどのようなものか
② フロリダ州での後見選任状はどのようなものか
③ フロリダ州では，不動産処分に関しての権限付与は裁判所の許可を受けなければならないのか
④ 不動産処分の権限付与の審判期日呼出状は誰が送達するのか
⑤ 不動産の処分に関する権限付与許可命令書はどのような形式か
⑥ 外国等の遠隔の地にある登記義務者が保証書（宣誓供述書）を添付してする登記申請の先例は，不動産登記法改正によっても維持されているのか
⑦ 海外にいる相続人が不動産売却する際に，不動産決済を複雑化させないための，事前に相続分譲渡（有償）による所有権移転登記をする方法とは

(1) 事例の概要

　東北地方の同職からの紹介案件である。被相続人は自宅である土地約30坪及び建物を有していた。その隣地には，被相続人の妻（仮名，山本マサコ。3分の2の持分）とその妹・（仮名，山田サダ。3分の1の持分）が土地を所有していた。被相続人夫婦には子がいなく，生存配偶者である妻は，被相続人の兄弟姉妹の代襲相続人が多数であるため，この土地建物についての遺産分

第7章　フロリダ州（State of Florida）

割協議の調停を家庭裁判所に申し立てていた。その後申立人が亡くなったため，調停事件は中断した。その申立人には土地建物を現実に管理，世話していた従姉妹がいた。その従姉妹らは建物管理維持が難しくて，市からの要請もあり，できることなら解体して土地は売却したい意向を持っていた。その申立人の唯一の相続人であるサダはアメリカ人・アンダーソンと婚姻してテキサス州に居住しているらしいが，その妹の探索並びに遺産分割案である売却の交渉について依頼を受けた。資料として受領した手紙に書かれていたサダ・アンダーソンのテキサスの住所地にEMS便にて手紙を送ったところ，宛先不明で返送されてきた。アメリカの郵便事情で配達したが不在のときに署名する者がいないと時折，宛先不明で戻ってくることがあったので，再度，普通国際郵便にて郵送したところ，留守宅郵便受けに放り込まれた手紙を受け取った旨娘から連絡を受けた。娘の連絡によると両親ともフロリダのリタイアメントハウスに転居した旨並びにその転居先住所が書かれていた。その後，妹と親交が会ったテキサスの空手指導者（在米日本人）からも夫・アンダーソンを空手指導していた関係でよく知り合っていて仲立ちをしてくれた。サダ・アンダーソンはすでに1年前に被後見人となっており，夫・アンダーソンの甥っ子夫婦が後見人に就任していた。

(2)　**全面的共同後見人選任書**（Order appointing plenary co-guardians of person and property (incapacitated person)）並びに**全面的共同後見人権限付与状**（Letter of plenary co-guardianship of the person and property）

　1年前に，後見人選任をしていたとのことで，その写しを後見人になった甥っ子夫婦の代理人を務める法律実務家代理人（Attorney at Law）からPDFにて全面的共同後見人選任書並びに全面的共同後見人権限付与状を送付してきた。
　その後見人選任の内容記載は下記のとおりである。

　フロリダ州ヒルホーラフ郡
第13巡回裁判所
検認部門（Probate Division）
サダ・アンダーソンの後見

に関して　　　　　　　　　　　　　登録番号
　　　　　　　　　　　　　　　　　部門番号

人的及び物的事項に関する全面的
共同後見人選任命令書

　ジム・アンダーソン及びサンドラ・アンダーソンの申立てにより，サダ・アンダーソンの全面的共同後見人選任に関して，当裁判所はサダ・アンダーソンが全面的な判断能力喪失者であること及びサダ・アンダーソンの人的及び物的事項に関して全面的共同後見人の選任が必要であることを20××年2月18日当裁判所の命令として宣告する。
　宣告内容は下記のとおりである。
1．ジム・アンダーソンはサダ・アンダーソンの全面的共同後見人として選任されたこと及びサダ・アンダーソンの権利行使の代理権を付与する。
2．サンドラ・アンダーソンはサダ・アンダーソンの全面的共同後見人として選任されたこと及びサダ・アンダーソンの権利行使の代理権を付与する。
3．同人らの宣誓によって，住居に関する代理人に指定されたことを登録し，後見人保証金としての立担保又は放棄に関する事項を了承し，共同後見人権限行使状を付与する。
4．共同後見人はフロリダ制定法69.031条[3]に従いサダの財産は金融機関所定の会計帳簿記帳又は口座に入金しなければならない。
5．裁判所は，サダの従前の無能力に関し，フロリダ制定法第765編[4]に従い有効な事前の指示書があったかについては関知しない。事前の指示書が存在してる場合は，後見人は，裁判所の命令があるまで，代行（Surrogate）権限を行使することはできない。

20××年2月18日フロリダ州ヒルホーラフ郡裁判官室において命令し執行した。

　　　　　　　　　　　　　　　――――――――――――
　　　　　　　　　　　　　　　クラウディア・ジイソン
　　　　　　　　　　　　　　　　巡回裁判所・裁判官

---

[3] Designated financial institutions for assets in hands of guardians, curators, administrators, trustees, receivers, or other officers.（https://law.justia.com/codes/florida/2016/title-vi/chapter-69/section-69.031/）

[4] Health care advance directives https://www.flsenate.gov/Laws/Statutes/2011/Chapter765

第7章 フロリダ州（State of Florida）

次に後見共同行使権限付与状の内容は下記のとおりである。

フロリダ州ヒルホーラフ郡
第13巡回裁判所
検認部門（Probate Division）
サダ・アンダーソンの後見
に関して　　　　　　　　　　　　　登録番号
　　　　　　　　　　　　　　　　　部門番号

人的及び物的事項に関する全面的共同後見人状

各位

　ジム・アンダーソン及びサンドラ・アンダーソンは，サダ・アンダーソンの人的及び物的事項に関する全面的共同後見人に選任されたものであり，宣誓の上，サダ・アンダーソンの人的及び物的事項に関する共同後見人としての権限行使状の付与を前もって受けて，すべての権限を行使することができるものである。

　それゆえ，当官は，巡回裁判所裁判官として，ジム・アンダーソン及びサンドラ・アンダーソンは，サダ・アンダーソンの世話，管理，監督，法的権利又は権限の執行，法に従い財産管理，本人の利益，財産その他の財産より生ずる賃貸料，収入，果実，収益のための占有又は保持等のために，充分な権限をもってサダ・アンダーソンの人的及び物的事項に関する全面的後見人として行動するためフロリダの法律のもとに正式な要件具備したものであることを宣言する。

　共同後見人は，本裁判所の命令があるまで，フロリダ制定法第765編に従い，サダ・アンダーソンが有効な事前の指示書によって指定した身上看護に関する代行者（Surrogate）の権限は行使できない。

20××年2月18日フロリダ州ヒルホーラフ郡裁判官質において命令し執行した。

　　　　　　　　　　　　　　　　――――――――――――
　　　　　　　　　　　　　　　　　クラウディア・ジイソン
　　　　　　　　　　　　　　　　　　巡回裁判所・裁判官

(3) 不動産評価並びに譲渡金額の確定

　遺産の土地建物の評価額は，評価証明書や不動産業者による簡易評価に基づいて算出した額から葬儀費用，解体費用，固定資産税，管理維持費等の諸々の諸経費を差し引くとサダに引き渡す金額は200万円となってしまった。裏付資料を添付の上，共同後見人宛送付した。後見人としては裁判所の許可を得なければならないとのことで，その申立てを巡回裁判所に申し立てることになった。

(4) 不動産処分権限付与の申立て（Petition for authority to liquidate real property）

　この申立てに至るまで，1年が経過してしまった。この申立書の内容は下記のとおりである。フロリダのアターニから見ると日本の不動産の位置，参考地価等は大まかでしかなく，正確さを求めても仕方がないものだと思われる。

　　フロリダ州ヒルホーラフ郡
　第13巡回裁判所
　検認部門（Probate Division）
　サダ・アンダーソンの後見
　に関して　　　　　　　　　　　　　登録番号
　　　　　　　　　　　　　　　　　　部門番号

不動産の処分に関する権限付与申立書

　財産に関する共同後見人であるジム及びサンドラ・アンダーソンの代理人として申し立てるものである。日本国にある被後見人の不動産場売却による譲渡に関して共同後見人はその許可を求めるため申立てに及んだものであり，その許可を求める事情は下記のとおりである。

1. 被後見人は最近日本にある不動産を相続した旨申し立てている。その不動産評価額は約25,000ドルである。
2. 不動産は日本の北部に位置しており，直近の相場価額はなく，直近事例としては福島原子力発電所事故がある。
3. 当該不動産は未舗装路地図上にあり未舗装であり，未開発の土地である。
4. 被後見人の日本の関係者が代理している者より不動産購入の申し出があり，その者は，その所有者であった被相続人の死亡から数年間，この土地

第 7 章　フロリダ州（State of Florida）

を管理してきたものである
5．不動産評価見積額における管理維持経費等は不動産譲渡に際する損失額をはるかに上回っている。
6．被後見人は不動産の処分に関して現金に交換する以外不動産からの何らの利益はない。被後見人は日本に旅行することもできず，現実的には日本の不動産を何ら使用することもできない。

　被後見人の日本の不動産を現金化するにつき，日本の関係者よりの申出額200万円（25,000ドル）にて売却するための財産に関する後見人に対して権限を付与されたく申立てを為すものである。
20××年1月12日

ジェラルド・ワトキンス
共同後見人代理人
フロリダ・法律家協会番号
フロリダ州ブラントン市ブリアン街420
TEL & FAX
Email address

送達証明（Certificate of Service）

　私は，上記書面の写しを20××年1月12日アメリカ郵便にて，日本国東京都中央区○○○2-16-13ランディック日本橋ビル3階ジュリスター・インターナショナル・マサコ・ヤマモト宛及びフロリダ州バルリコ市バーン通り40-11ジム・アンダーソン宛に送付したことを証明する。

マルシア・ガリレオ
ジェラルド・ワトキンス事務補助者

(5)　**審尋期日呼出状**（Notice of Hearing）

　同日付にて，関係人である，日本のマサコ・ヤマモト氏及びジムとサンドラ共同後見人に対して，代理人であるジェラルドにおいて期日呼出状を郵送にて送達し，その旨を代理人事務所の事務補助者が証明することになっている。その呼出状の内容は下記の通りである。

フロリダ州ヒルホーラフ郡
第13巡回裁判所
検認部門（Probate Division）
サダ・アンダーソンの後見
に関して　　　　　　　　　　　　登録番号
　　　　　　　　　　　　　　　　部門番号

審尋期日呼出状

マサコ・ヤマモト　殿
日本国東京都中央区○○○2-16-13ランディック日本橋ビル3階
ジュリスター・インターナショナル
ジム及びサンドラ・アンダーソン　殿
フロリダ州バルリコ市バーン通り40-11

　貴殿らは，不動産処分に関する権限付与申立事件の審尋期日が下記の通り，フロリダ州タンパ市ツウィッグ通り800E，204号法廷のクラウディア・ジイソン裁判官のもとで開廷されるのでここに通知する。
　期日　　　20××年2月1日
　時間　　　午前9時0分

20××年1月17日署名する。

　　　　　　　　　　　　　　　――――――――――――
　　　　　　　　　　　　　　　ジェラルド・ワトキンス
　　　　　　　　　　　　　　　共同後見人代理人
　　　　　　　　　　　　　　　フロリダ・法律家協会番号
　　　　　　　　　　　　　　　フロリダ州ブラントン市ブリアン街420
　　　　　　　　　　　　　　　TEL & FAX
　　　　　　　　　　　　　　　Email address

送達証明（Certificate of Service）

　私は，上記書面の写しを20××年1月17日アメリカ郵便にて，日本国東京都中央区○○○2-16-13ランディック日本橋ビル3階ジュリスター・インターナショナル・マサコ・ヤマモト宛及びフロリダ州バルリコ市バーン通り40-11ジム・アンダーソン宛に送付したことを証明する。

　　　　　　　　　　　　　　　――――――――――――
　　　　　　　　　　　　　　　マルシア・ガリレオ
　　　　　　　　　　　　　　　ジェラルド・ワトキンス事務補助者

第7章　フロリダ州（State of Florida）

(6) 不動産の処分に関する権限付与許可命令書（Order Approving Petition Authority to Liquidate Real Property）

審尋期日に，即日，許可命令書正本が発行され，ジム及びサンドラ・パターソンについては，ジェラルド・ワトキンス宛に，また，マサコ・ヤマモト宛副本（CC）を発している。その内容は下記のとおりである。

フロリダ州ヒルホーラフ郡
第13巡回裁判所
検認部門（Probate Division）
サダ・アンダーソンの後見
に関して　　　　　　　　　　　　　登録番号
　　　　　　　　　　　　　　　　　部門番号

不動産の処分に関する権限付与許可命令書

　サダ・アンダーソンの財産の共同後見人であるジム及びサンドラ・アンダーソンの申立てにより，日本国に所在する被後見人が所有する不動産売却による譲渡に関する権限付与申立てに対して，当法廷は当該物件に対する充分な情報収集のうえ，被後見人の日本の不動産を現金化するにつき，日本の関係者よりの申出額200万円（25000ドル）にて売却するための財産に関する共同後見人に対して権限を付与の許可を命令し，宣言する。
20××年2月1日命令する。

　　　　　　　　　　　　　　　―――――――――――――
　　　　　　　　　　　　　　　　　クラウディア・ジイソン
　　　　　　　　　　　　　　　　　巡回裁判所・裁判官

CC：ジム及びサンドラ・パターソン
　　　ジェラルド・ワトキンス宛
　　　マサコ・ヤマモト
20××年2月2日登録の旨のスタンプ

---

(7) 日本での不動産譲渡手続

　フロリダ裁判所での共同後見人の不動産処分に関する権限の付与を受けたので，この不動産処分について，日本の所有権移転登記手続に関しての添付

書面として適正な書面の作成が必要になる。登記手続としては，相続登記と売買による所有権移転登記であるが，サダ・アンダーソン宛の相続登記をしたうえで，サダ・アンダーソンの相続分を従姉妹に譲渡し，従姉妹名義で第三者に売却する。その隣地のサダ・アンダーソンが３分の１の持分を有している土地に関しては，その持分に関する登記識別情報を亡失していた。そのため，不動産登記法23条１項に関して，登記所での事前手続では時間と期限内に通知書が戻ってこない危険性を避けるため，昭和35年６月16日民事甲第1411号民事局長回答[5]及び平成16年度主席登記官会同等における質疑応答９[6]を頼りに，司法書士に不動産の管理処分等の権限を授与する旨権限を授与する内容を含めて，共同後見人による日英文の宣誓供述書（Affidavit）の形式で案文を作成し，フロリダの共同後見人のもとに送付した。その宣誓供述書の内容は下記のとおりである。

宣誓供述書

私ら，フロリダ州バルリコ市バーン通り40-11に居住するジム及びサンドラ・アンダーソンは，下記の通り，宣誓の上供述するものである。

１．ジム・アンダーソン及びサンドラ・アンダーソンの本人確定事項は下記の通りである。

ジム・アンダーソン　　　生年月日

サンドラ・アンダーソン　生年月日

上記二人の住所地

２．ジムとサンドラ・アンダーソンはフロリダ第13巡回裁判所において選任されたサダ・アンダーソンの共同後見人であること。

---

[5] 昭和35年６月16日民事甲第1411号「登記義務者が外国等遠隔の地に住所を有しているため，不動産登記法第44条ノ２の規定による申出を３週間内にすることができない場合において，その不動産の管理処分等一切の権限を授権された代理人が存し，かつ，その授権を公正証書等権限ある官憲の作成にかかる証書によつて証明できるときは，その代理人が自己あてに同条（編注：44条ノ２）第１項の規定による通知をしてもらいたい旨の申出があるときに限り，登記所はその代理人に通知をして差し支えない」。

[6] 平成16年度首席登記官会同等における質疑応答９「登記義務者が外国等遠隔地に住所を有する場合に，不動産の管理処分等一切の権限を授与された代理人が，その授権を公正証書等権限のある官憲の作成した証書によって証明して，自己あてに通知するように申出があったときは，その代理人に通知して差し支えない（昭和35．6．16民甲第1411号通達）とする取扱いは，維持されるのか。」「回答：維持される。」（民月60巻号外「平成16年改正不動産登記法と登記実務資料編）」304頁

第7章 フロリダ州（State of Florida）

3．サダ・アンダーソンは，日本名を山田サダ（生年月日）といい，日本国の本籍地及び不動産登記簿上の住所地は○○にあること。
4．山田サダは，年月日，ジム・アンダーソンと婚姻し，姓をアンダーソンと名乗ることになったこと，年月日，アメリカ合衆国テキサス州の住所地へ居住を移転したこと並びに年月日アメリカ国籍を取得し，姓名をザダ・アンダーソンに改めたこと。
5．サダ・アンダーソンは，年月日，アメリカ合衆国テキサス州の住所地よりアメリカ合衆国フロリダ州の住所地へ移転したこと。
6．私らサダ・アンダーソンの共同後見人として，フロリダ第13巡回裁判所より，サダ・アンターソンが遺産承継し且つ所有する後記不動産について，不動産処分に関する権限を付与されており，下記の者を日本における不動産の管理処分等に関する下記事項一切の権限を付与するものである。
　　受任者　日本国住所　司法書士　何某
　① 山田サダ（サダ・アンダーソン）に関する相続登記手続
　② 山田サダ（サダ・アンダーソン）に関する氏名・住所変更登記手続
　③ 山田サダ（サダ・アンダーソン）の従姉妹に対する相続持分譲渡による持分全部移転登記手続
　④ 山田サダ（サダ・アンダーソン）の従姉妹に対する売買による持分全部移転
7．不動産の表示
8．その他本件に附帯関連する一切の手続
上記の通り宣誓の上供述するものである。
年月日

　　　　　　　　　　　　　　　_____
　　　　　　　　　　　　　　　ジム・アンターソン

　　　　　　　　　　　　　　　_____
　　　　　　　　　　　　　　　サンドラ・アンダーソン

年月日
当職の面前で宣誓の上署名したものである。

　　　　　　　　　　　　　　　_____
　　　　　　　　　　　　　　　ダニエル・トランプ
　　　　　　　　　　　　　　　米国公証人

第7章 フロリダ州（State of Florida）

〈例27 財産に関する共同後見人選任決定書（Order Appointing Plenary Co-Guardians of Person and Property）〉

IN THE THIRTEENTH CIRCUIT COURT IN AND FOR
HILLSBOROUGH COUNTY, STATE OF FLORIDA
PROBATE DIVISION

IN RE: GUARDIANSHIP OF

File No. 10 -

SADA ███,
 An Alleged Incapacitated Person   Division No. A

ORDER APPOINTING PLENARY CO-GUARDIANS
OF PERSON AND PROPERTY
(Incapacitated person)

On the petition of James ███ and Sandra ███ for the appointment of Plenary Co-Guardians of the person and property of Sada ███, the Court finding that Sada ███ is totally incapacitated, as adjudicated by order of this Court entered on this 18 day of February ███, and that it is necessary for Plenary Co-Guardians to be appointed for the person and the property of Sada ███, it is

ADJUDGED as follows:

1. James ███ is qualified to serve and is hereby appointed as Plenary Co-Guardian of the person and property of Sada ███ and is assigned all delegable rights of Sada ███.

2. Sandra ███ is qualified to serve and is hereby appointed as Plenary Co-Guardian of the person and property of Sada ███ and is assigned all delegable rights of Sada ███.

3. Upon taking the prescribed oath, filing the designation of resident agent and acceptance and setting or waiving the requisite for bond for the Guardian, letters of Co-Guardianship shall be issued.

4. The Co-Guardians must place the following property of Sada ███ in a restricted account in a financial institution designated pursuant to Section 69.031, Florida Statutes.

RECEIVED MAR 03 ███

5. The Court is not aware whether Sada ▨, prior to incapacity, has any valid advance directive pursuant to Chapter 765, Florida Statutes. If any such advance directive exists, the Guardian shall exercise no authority over the surrogate until further order of this Court.

DONE and ORDERED in Chambers at HILLSBOROUGH County, Florida, on this _18_ day of _Feb._, ▨.

_____
Circuit Court Judge

第7章 フロリダ州（State of Florida）

〈例28 財産に関する共同後見人状（Letters of Plenary Co-Guardianship of the Person and Property)〉

IN THE THIRTEENTH CIRCUIT COURT IN AND FOR
HILLSBOROUGH COUNTY, STATE OF FLORIDA
PROBATE DIVISION

IN RE: GUARDIANSHIP OF

          File No. _10-▋_

SADA ▋,
 An Alleged Incapacitated Person Division No. _A_
_____/

LETTERS OF PLENARY CO-GUARDIANSHIP
OF THE PERSON AND PROPERTY

TO ALL WHOM IT MAY CONCERN:

 WHEREAS, James ▋ and Sandra ▋, have been appointed plenary Co-guardians of the person and property of Sada ▋, and have taken the prescribed oath and performed all other acts prerequisite to issuance of Plenary Letters of Co-Guardianship of the person and property of Sada ▋,

 NOW THEREFORE, I, the undersigned circuit judge, declare James ▋ and Sandra ▋ duly qualified under the laws of the State of Florida to act as Plenary Co-Guardians of the person and property of Sada ▋ with full power to have the care, custody, and control of Sada ▋, to exercise all delegable legal rights and powers of Sada ▋, to administer the property of Sada ▋ according to law, and to take possession of and to hold, for the benefit of Sada ▋, all the property of Sada ▋, and all of the rents, income, issues and profits from it.

 The Co-Guardians shall not exercise any authority over any health care surrogate appointed by any valid advance directive executed by Sada ▋ pursuant to Chapter 765, Florida Statutes, until further order of this Court.

 DONE and ORDERED in Chambers at Tampa, HILLSBOROUGH County, Florida, on this _18_ day of _Feb._, ▋.

            /s/ ▋
            Circuit Court Judge

〈例29　不動産処分権限付与申立書 (Petition for Authority to Liquidate Real Property)〉

IN THE THIRTEENTH CIRCUIT COURT IN AND FOR
HILLSBOROUGH COUNTY, STATE OF FLORIDA
PROBATE DIVISION

IN RE: GUARDIANSHIP OF　　　　　Case No.: 10

SADA　　　,　　　　　　　　　　Division: A
　　An Incapacitate Person / Ward.
_____/

PETITION FOR AUTHORITY TO LIQUIDATE REAL PROPERTY

COMES NOW the undersigned as counsel for the Co-Guardians of the property, JAMES AND SANDRA   , and moves the Court for the entry of an Order authorizing the Co-Guardians of the property to transfer by sale certain real property owned by the Ward in the nation of Japan, and in support thereof states as follows:

　　1.　The Ward, in recent years, is alleged to have inherited certain real property in the country of Japan with an undetermined, but alleged, value of approximately $25,000.

　　2.　The real property is in the North of Japan, not immediately proximate, but in the general vicinity, of the Fukishima Power Plant incident.

　　3.　Relatives have described the real property at issue as undeveloped land accessible only by unpaved map or road.

　　4.　An offer to purchase the property from the Ward has been presented by relatives from Japan, who have been the care providers for the real property for some years since the original owner's death.

　　5.　The expense of acquiring any better estimate of value of the property in Japan outweighs any potential loss of value by the transfer of the property at the estimated price offered by the relatives from Japan.

第7章 フロリダ州（State of Florida）

6. The Ward has no benefit from the property other than by the liquidation of the property in exchange for currency, as the Ward is unable to travel to Japan and has no realistic ongoing use for land in the country of Japan.

WHEREFORE, the undersigned respectfully requests the Court enter an Order authorizing the Guardians of the property to execute such papers as are necessary to accomplish the sale of the Ward's real property in Japan in exchange for the current offer from relatives in the amount of 2,000,000 Yen (25,000 USD).

Respectfully submitted on the 17 day of JANUARY

Gerald ▊▊▊▊, Jr.
Attorney for Co-Guardians
Florida Bar # 67695
309 N. ▊▊▊▊
Brandon, FL 33510-4515
(813) ▊▊▊▊
(813) ▊▊▊▊ fax
gerald@▊▊▊▊.com

CERTIFICATE OF SERVICE

I HEREBY CERTIFY that a copy of the foregoing was sent via U.S. mail, the 17th day of January, ▊▊▊, to: Masako ▊▊▊▊, Juristor International Office, Landic-Nihonbashi Bldg. 3F, 16-13, ▊▊▊ 2 cho-me, Chuo-ku, Tokyo, 10300▊ and James Fred ▊▊▊, 2104 ▊▊▊▊, Valrico, FL 33597.

Marcie ▊▊▊, Legal Assistant to
Gerald ▊▊▊▊, Jr.

〈例30 期日呼出状（Notice of Hearing）〉

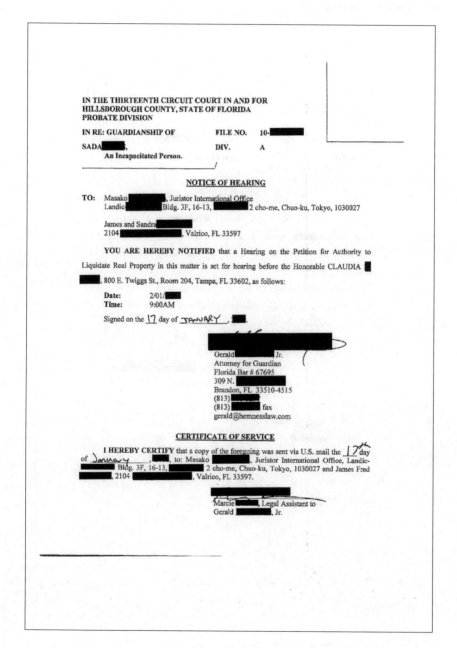

第7章　フロリダ州（State of Florida）

〈例31　不動産処分権限付与許可決定書（Order Approving Petition Authority to Liquidate Real Property)〉

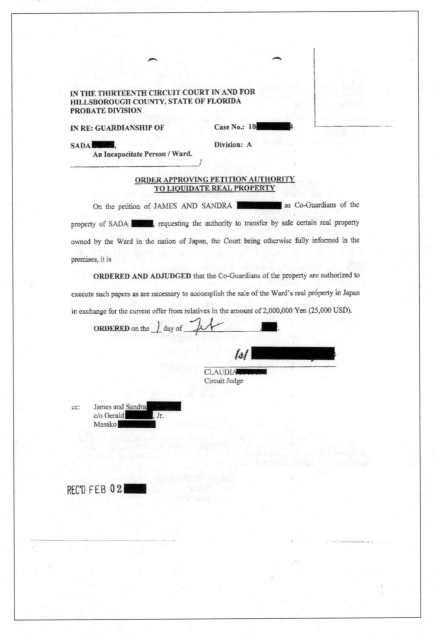

3 事 例

〈例32 相続証明，相続分譲渡等に関する宣誓供述書（Affidavit）〉

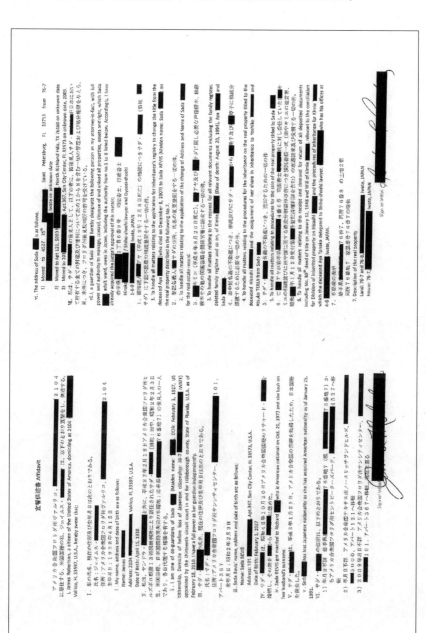

第7章 フロリダ州 (State of Florida)

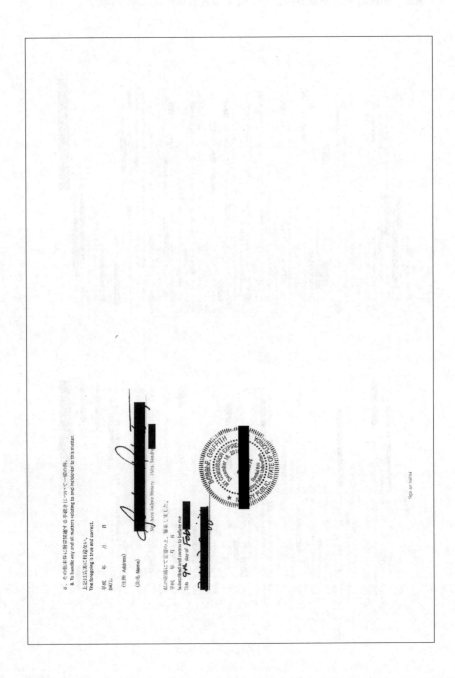

〈例33 相続分譲渡証書（Instrument for Assignment of Share in Inheritance）〉

相続分譲渡証書
Instrument for Assignment of Share in Inheritance

住所　アメリカ合衆国フロリダ州ヴァルリコ、■■■■■■■■2104
Address: 2104 ■■■■■■■■, Valrico, FL 33597, U.S.A.
譲渡人（以下「甲」という）　サダ・■■■■　後見人　ジェイムス・■■■■
Assigner ("A") James ■■■■, Co-guardians of Sada ■■■■

住所　アメリカ合衆国フロリダ州ヴァルリコ、■■■■■■■■2104
Address: 2104 ■■■■■■■■, Valrico, FL 33597, U.S.A.
譲渡人（以下「乙」という）　サダ・■■■■後見人　サンドラ・■■■■
Assigner ("B") Sandra ■■■■, Co-guardians of Sada Bevis

住　所
Address:
譲受人（以下「丙」という）　■■　美子
Assignee ("C") Yoshiko ■■■■
住　所
Address:
譲受人（以下「丁」という）　■■　厚子
Assignee ("D") Atsuko ■■■■

　甲及び乙は、丙及び丁に対して、亡■■キミエ及び亡■■アヤの相続人であるサダ・■■■■の後見人として、被相続人■■恒（本籍地：岩手県■■■■76番地7）の相続について、亡■■キミエの相続分全部を亡■■キミエ及び亡■■アヤの相続人としてその相続分全部を有償譲渡し、丙及び丁はこれを譲り受けた。
　A and B hereby assigned and transferred for value all share in inheritance of the deceased Kimie ■■■■ to C and D as Co-guardians of Sada ■■■■ who is the heir of the deceased Kimie and Aya ■■■■ regarding the inheritance of the decedent Hisashi ■■■■ (Domicile: 76-7 ■■■■ IWATE), and C and D accepted and received.

平成　年　月　日
Date: 2/8/■■■■

甲A　_____ Sign/James

乙B　_____ Sign/Sandra

丙C　_____ ㊞

丁D　_____ ㊞

第8章　ミズーリ州

　ミズーリ州の相続手続に関しては，2017 Missouri Revised CodeのTitle 31Trust and Estate of decedents and Persons under disabilityの中にChapterとして下記の4章を設けている。

- Chapter 472 Probate code General Provision
- Chapter 473 Probate code Administration of Decedents' Estates
- Chapter 474 Probate code Intestate Succession and Wills
- Chapter 475 Probate code Guardianship

　そのうちのChapter 473 Probate code Administration of Decedents' Estatesにおいて，Independent Administrationのsectionを置いている。ミズーリでの事例についても，カリォルニアの独立管理制度を利用したのと同様に，独立管理制度を選択していたので，このSectionについて紹介する。

　ミズーリ州でのプロベイト・ケースでは，郡の巡回裁判所プロベイト部門で取り扱い，遺産管理の種類は，遺言の有無により，遺産の多寡（遺産額が小額のときは，Small estate）により，又は状況により正式プロベイト手続（Formal probate）を選択又は独立管理（Independent）又は監督的管理（Supervised）を選択することができる。

　監督的管理とは，裁判所の監督の下に遺産管理執行をなすことで，人格代表者の権限行使に裁判所の承認を必要とし，年計報告につきプロベイト部門の監査を必要になる。一方，独立管理とは，略式でプロベイト部門の監査を受けずに執行ができ，遺言に指定している場合又は分配受領権者の合意がある場合に独立管理が選択されることが多い。[1]

---

1) The Missouri Bar "Probate law resource guide" より http://www.mobar.org/uploadedFiles/Home/Publications/Legal_Resources/Brochures_and_Booklets/Probate_Law_Resource_Guide/full.pdf

第8章 ミズーリ州

◎ 事　例

銀行預金等についての，プロベイト手続をなし，移転手続につき日本の遺産分割協議による相続人の一人に帰属させることができなかった事例

--- ポイント ---
(1) アターニ事務所の業務委託契約でプロベイト手続での報酬は法定されているのか
(2) 申立ての際に準備する書面はどのようなものか
(3) 独立管理型（Independent administration）と監督管理型（Supervised administration）の相違点は何か
(4) プロベイト手続の申立てから終結までのフローチャートは
(5) 保証を立てる手続はどのようなものか
(6) 債権者公告の告知の具体的方法は
(7) 管理清算主義国であるアメリカで相続準拠法の説明は

　同職からの紹介であった。被相続人タミエは日本人で，ミズーリ州で長年教職員として勤め，定年後日本に居住して亡くなった。ミズーリ州に遺産として教職員退職金年金，銀行預金等金銭債権を遺していた。被相続人には遺言書がなく，同地でプロベイト手続をなした。プロベイト手続後の分配手続に関し，日本において海外遺産は特定の相続人が相続する旨の遺産分割協議書が整っていたので，その特定の相続人へ分配するよう現地の遺産管理人であるアターニアトロー（Attorney at law；米国の法律実務家，以下「アターニ」と略する。）を説得したが功を奏せず，法定相続人に均等に分配してしまった案件である。

1　事案の概要

　被相続人タミエは日本人で，生涯独身で，亡くなられたときは83歳であった。長年ミズーリで教職員をし，定年後日本に戻り20××年4月に亡くなったのである。そのため相続人は他の5名の兄弟姉妹である。遺産としては日本の不動産及び預貯金並びに海外資産は末弟のタカシが取得し，その代償金として他の兄弟姉妹に約1千万円相当の金員を支払う旨の遺産分割協議書が整っていた。遺産としては，ミズーリの銀行に定期預金（Long term CD），

普通預金（Personal saving），決済預金（Personal checking）及び教職員保険年金協会（Teachers insurance and annuity association；TIAA）の年金であった。また，他に個人退職金口座（Individual retirement account；IRA）があり，受益者指名（Beneficiary designation）として身体障害を持つカリフォルニアに住む・ジャック・ロビンソン・ジュニアと甥サトルを均等に指名していた。

2 現地のプロベイト手続代理人の選定

その年の8月，ミズーリの銀行がクレイトンの街にあったので，クレイトンを管轄する裁判所を中心として事務所を構えるアターニを3，4名ほどに，約38万ドルが表示されている銀行預金のPDFを添付してe-mailを出して探したところ，すぐそばのセントルイスに事務所を構えるクレイグというアターニの返事が印象がよかったので，彼に，現地でのプロベイト手続を依頼することにした。クレイグからの返事は，裁判所への登録手続は債権者公告手続を含んで215ドルで，目録作成費が350ドルからスタートし，遺産38万ドルに対する人格代表者のための保証金が債権額にもよるが約1千ドル，自分の報酬は事前着手金又は事後の取り戻した遺産からのどちらからでもよい旨の返事であった。

そこで，より詳細な情報を提示したところ，クレイグからすぐさま遺産管理状（Letter of administration）申請の雛形並びに自分がよければ人格代表者になるので，推定相続人たる兄弟姉妹達の人格代表者指名権の放棄並びに自分を人格代表者に就任することの同意書（Renunciation and consent form）を送ってきた。加えて，略式手続である独立管理型プロベイト手続（Independent administration）に同意する旨の同意書と，「独立管理型プロベイト手続について受遺者等にとっては迅速で簡便な手続となり，独立管理型は裁判所からの頻繁な質問を受けることがなく（今回のケースは預金のみで，独立管理型と監督管理型（Supervised administration）に大きな違いはなく），独立型のほうが立証も簡便である。保障に関して，保険引受人と話したところ，1200ドルほどの保険料である。裁判所の申立費用は債権者公告費用を含めて215ドル，目録作成費用が450ドル，遺産が後で見つかり増えるのであればもう少し掛かるものと思われる。人格代表者の選任の同意書，被相続人の死亡証明書初期コストとして当面1815ドルを送金してほしい，そうすれば，セントル

イスの巡回裁判所にプロベイトコートを開廷させる。管理開始状（Letter testamentary）が発行されたら，すぐさま納税番号（Tax ID number）の申請を行う。遺産は債権者公告の日から6か月経過後又は死亡日より1年経過後のいずれか早い日後に開放される。これは，ミズーリ州法でその日までは遺産にかかわる債権者への支払のための催告期間であると定められているためである。何らかの質問があればいつでも聞いてくれ」，とのe-mailでの返事で，最初の費用より若干増えていた。

3 準備する書類について
(1) 業務委託並びに報酬契約（Retainer Agreement）
　ア　クレイグからの業務委託並びに報酬契約の内容は，次のとおりであった。
　① 当事務所の業務には，裁判所への出廷，調査，訴状等の準備，裁判の準備，関係者との会議や電話会議，関係者との連絡業務や書類のレビューなど，その他関連する一切の業務を含み，判決確定後の申立て，判決の強制執行手続は行わないこと。
　② 当事務所は被相続人の遺産取戻手続の為に活動し，特定の相続人を代理はしないこと。
　③ 当事務所が本件の処理に掛かる最終的な総額を正確に予測することは不可能であること。掛かる費用は，遺産の総額や業務の処理に要する時間によって変動すること。
　④ 当事務所の報酬体系は遺産総額か，業務の処理に掛かった時間の合計に時給を掛けた額のいずれか大きい方を採用し，遺産総額を基準とした場合，裁判所の規程により
　　　最初の5,000ドルの5パーセント，
　　　続く20,000ドルの4パーセント，
　　　続く75,000ドルの3パーセント，
　　　続く300,000ドルの2.75パーセント，
　　　続く600,000ドルの2.5パーセントで，
　　　1,000,000ドル以上の2パーセントとなること。
　⑤ また，時給は250ドル（アターニ）と125ドル（事務員など）であるこ

と。当事務所は裁判所への出廷，調査，訴状等の準備，裁判の準備，関係者との会議や電話会議，関係者との連絡業務や書類のレビューなど，その他関連する一切の業務に費やした時間の合計に時給を掛けて報酬額を決定すること。当事務所は上記のいずれの高い額を報酬額として請求できる権利を有すること。また，報酬額に加え，通信費，郵送費，交通費，コピー代，裁判所の費用などは別途請求すること。

⑥ 当事務所は必要に応じて，第三者に業務の一部を委託することができること。

イ 当方からの質問として，兄弟姉妹の一人が署名してよいのか，又は，兄弟姉妹の代理として当事務所が署名するのか，の問いに対して，クレイグは兄弟姉妹の一人が代表として署名してもらいたいが，困難であれば，当方でもよいとの返事であった。

(2) 遺産管理状発給申立書申請（Petition for letter of administration）

ミズーリ州セントルイス巡回裁判所プロベイト部門に対する遺産管理状発給申立書はPDFに打ち込み可能になっている申立書で他の州のよりシンプルで進んでいる感じがした。

申立人は，クレイグで，被相続人タミエは，83歳で，住所は日本国東京都に居住し，20××年4月1日に亡くなり，遺産として動産（Personal property）として413,096.82ドルを有していること，申立者はミズーリ州セントルイスに居住しているものであること，相続人として，兄弟姉妹の名前，住所，続柄，相続分を記載し，申立人は，他には知れたる相続人がいないこと，完全な遺産目録を作成すること，遺産管理に関して法に従った全ての処置をなすことを陳述し，申立人はミズーリ州セントルイスに居住するクレイグを保証を立てる人格代表者として指名すること，宣誓の上，20××年9月××日に申立てをなすものである旨を申立人，申立人代理人，諸費用負担者，催告書発行者，告知書受領者，手続信認者の全てをクレイグとする内容の申立書であった。

(3) 目録及び評価書（Inventory and appraisement）

目録及び評価書は管理状が発行されてから30日以内に裁判所に提出しなけ

第8章　ミズーリ州

ればならないし，仮に延長されたときは，その理由書を添付して提出しなければならないとしている。被相続人，行為無能力者，未成年，免責財産を含めて，全ての財産の詳細については正当な記載でなければならない。死亡時又は行為無能力者，未成年のための財産管理選任の日における全ての不動産又は動産の市場価額及び負担，先取特権その他の担保権を掲載したリストを必要とする。

　記載手段は，タイプライター，ワードプロセッサーでなければならず，同じ書式，言語を使用し，財産の分類，人格代表者又は財産管理人の宣誓供述書はミズーリ州法の書式を遵守しなければならない。法定要件を具備しない目録は受理されないことになる旨を前提内容としている。その後に財産ごとに分類し，最初に不動産の表示がある。被相続人については，登録簿の所定頁にある証書（Deed）に記載されている表示及びミズーリ州所在の不動産の住所（street address）を表示し，行為無能力者又は未成年者については，ミズーリ州以外の不動産を含めて全ての不動産の一覧表及び抵当権又は先取特権（被相続人・行為無能力者・未成年）は，不動産に付着する全ての抵当権又は先取特権の額の一覧表を記載するよう注意書きがある。

　次に，動産（Personal property）として，①家具，家財道具，衣服の項として，特別な遺産以外は詳細や評価を一覧にする必要がない旨の注意書きがある。②株式及び債券の項として，株式の数，会社名，株式の種類，死亡時又は財産管理人が選任された日の市場価額。証券取引所に上場されている株式については直近の売買価格，ただし，証券番号まで要求されない。証券口座として，口座番号は必要である。口座にある株式，債券の一覧又は投資証券明細書を添付の旨の注意書きがある。クレイグは，この表の中に銀行のPersonal checking accountとして口座番号及び残高378,707.54ドルを表示し，また，教職員退職金年金契約番号及び残高33,398.37ドルを表示していた。後で気付いたのであるが，この合計が412,105.91ドルになるのに申立書の金額が413,096.82ドルと表示して，この990.91ドルの差は何なのかと思ったのであるが，実際の申立書記載の金額は更に異なっていたため，後でトラブルの原因にもなってしまった。③銀行口座，保険，現金の項として，銀行口座については，銀行名，口座番号，残高を表示し，保険については，保険会社，証書番号，表示価額，被保険者の指名，受取の額を表示し，行為無能力者又

は未成年のために解約払戻金及び受取人を表示する旨の注意書がある。④判決書，訴訟手続について，裁判所名，事件番号，被相続人又は行為無能力者又は未成年の請求金額，裁判官の署名ある判決書又は和解調書の写しを添付することと注意書きされている。⑤被相続人，行為無能力者又は未成年者が所有していた共有持分権を含むその他の動産として，自動車の年型，製造元，モデル，車体番号を表示し，共有持分権の比率及び価値を表示するのみで詳細は不要の旨の注意書きがなされている。⑥共有財産管理人について，行為無能力者又は未成年の共有財産管理人の価値及び詳細は表示しなければならない旨の注意書きである。最後に，⑦財産管理人制度の収益情報として，行為無能力者又は未成年者への毎月の収入又は収益を含み，収益は全体に入れるべきではない旨の注意書きがある。

次に，財産総括表とし，①家具，家財道具，衣服の項の額，②株式，社債の項の額，③被相続人，行為無能力者，未成年者が負担している債務の項の額，④銀行口座，保険，現金の項の額，⑤出資金等を含むその他の動産，⑥上記の動産総額，⑦不動産価額，⑧全財産総額と続き，下段で，被相続人死亡時，又は行為無能力者，未成年者が所有せず所持していた財産の項があり，人格代表者又は財産管理人が確知している書面とともに当該財産の表示をする旨の注意書きがある。

欄外に，人格代表者又は財産管理人に委託された財産評価人があるときは，資格を有し，利害関係を持たない財産評価人は正当な市場価額を確定するために人格代表者又は財産管理人を支援するために委託されたものである旨宣誓し，署名することになる。

312頁が，人格代表者又は財産管理人が公証人（Notary public）の面前でクレイグが宣誓の上署名した宣誓供述書（Affidavit）を添付の上，裁判所へ提出する書面となる。

(4) 立保証申請書（Application for bond）

遺産管理人として，遺産の回収，分配手続を管理維持するために，職務執行による損害を担保するため，アターニ協会指定の損害保険会社との間に保険契約を締結する際の申請書（Probate and fiduciary bond application）と賠償に関する同意書を提出しなければならない。申請書には遺産目録並びに代

理人となるアターニ情報も記載することになっている。損害担保額は遺産相当額である41万5千ドルとして保険料は1200ドルとのことである。後でこの金額がトラブルとなってしまったのであるが，当時は，最終会計の際には，利息等増額した決算になるため多少大目の額の保証対象とするための金額でなかろうかと思っていた。

(5) 人格代表者指名権の放棄並びに自分を人格代表者に就任することの同意書（Renunciation and consent form）及び独立管理型のプロベイト手続の同意書（Consent to independent administration）

　人格代表者の指名優先権は，配偶者，相続人，受遺者にあるので，その指名権を放棄する旨及び第三者が人格代理人に選任されることに同意する旨の同意書をプロベイト手続に際して提出することになる。また，簡略なプロベイト手続である独立管理型での手続に同意する旨を意思表示する同意書も同様に提出することになる。この独立管理型プロベイト手続は，カリフォルニア州での預金のみが遺産であったケースで，同様に独立管理型プロベイト手続にて処理した経験があったので，今回も躊躇することなくこの手続に同意することになった。そして，本件の場合は兄弟姉妹である5名が署名するだけで日本の公証人の認証は要求されなかった。他の州では日本側の署名については公証人の認証を求める場合が多かったのであるが，ミズーリ州ではほとんどの場合公証人の認証は不要であった。州によって，その裁判所又は代理人によって違うものなのかと不思議に思った。

　兄弟姉妹の中に被保佐人がいたため，被保佐人の署名と合わせて，保佐人の署名も求めた。また，その資格を証明するために保佐に関する登記事項証明書を翻訳の上，公証人の認証を付して提出した。

4 申立て

　11月に入り，クレイグに先払い1815ドルにつき，銀行振り込みではなく，申請書類とともに小切手で郵送してほしい旨要請されたので，国際郵便小為替（Japan international postal money order）に，700ドル2枚の415ドル1枚合計1815ドルとして換金して郵送したところ，5日後，クレイグから受領した旨のe-mailを受信した。

1か月も経つのに，何のクレイグからの連絡がなかったので催促のe-mailを出したところ，クレイグから中国に出張していたため返事が遅くなったとの言い訳と，裁判所より申立内容に付き釈明するよう通知書が来ていることを伝えてきた。その内容としては，①死亡証明書（戸籍を英訳し日本の公証人の認証を付したものを死亡証明書として提出している。）や申立書に被相続人の住所（Domicile）が日本と記載されているので，住所（Domicile）に関する宣誓供述書を提出すること，②不動産に関してブランクになっているが，遺産の中に不動産は存在しているか否かを回答すること，となっていた。釈明通知書から46日間に上申しないと申立ては却下する旨の警告付きであった。

　翌年1月，クレイグは，改めてタミエの経歴を聞かせてもらったら，宣誓供述書の内容を作成する旨のe-mailであった。そこで，依頼者よりタミエの経歴を聞き及び，クレイグに知らせることにした。タミエの経歴は，1961年，南カリフォルニア大学の教育学修士を取得し，1977年セントルイス大学で教育学博士号を授与され，教授として奉職されていた人物で，1988年日本で新設単科大学設立準備のための委員会に招聘され，永住する意志で日本に居を構えた。と同時に，1991年までワシントン大学のアジア及び東洋言語・文学部の教授として公式登録されていたものである旨クレイグに伝えた。

　クレイグもすぐさま裁判所プロベイト部門のコミッショナーとい役職宛に上申書を提出した旨のPDFを送付してきたが，その後1ヵ月半経つも何の音沙汰がなかった。

5　申立代理人の交代

　3月に入り，突如として，クレイグよりe-mailを受けた。その内容は，太平洋のクック諸島にある信託会社に就職したので事務所の仕事は同僚のカリアルに依頼したこと，同意してもらえるなら各相続人よりの人格代表者優先指定権の放棄並びに指名同意書の差替えを要請してきた。その要請には同意するがいつ手続は終了するのかその見通しを回答してほしい旨伝えたが，2週間経つが何の返答もなかった。

　4月，クレイグより，裁判所は住所（domicile）に関する問題について時間が掛かり過ぎていることについて報告せず申し訳ない旨連絡してきて，多分，1週間も経たないうちに管理状を取得するだろうこと，その後，歳入庁

(IRS) への納税番号（EIN；Employee Identification Number）を取得し，口座を開設する。また，債権者公告手続が6か月必要であること，その後の手続はカリアルが代わって行うこと，等の言い訳をして既にクック諸島で勤務している旨の内容のe-mailであった。なんといい加減な杜撰なe-mailだと腹が立ってきた。

　相続人代表者に当方の事務所に集まってもらい事情を説明の上，各相続人5名から改めて同意書に署名をもらうことにした。4月半ば，各人の同意書をカリアル宛郵送することになった。

　8月，カリアルから何らの状況報告がないため，催促のe-mailを出すが何らの回答もなかった。

　10月，クレイグの4月のe-mailだと，債権者公告期間である6か月経過の10月になったので再度，カリアルにe-mailをした。CCを入れられているクレイグも心配したのか，クレイグからもカリアルに連絡をしてみたい旨のe-mailが入ってきた。

　10月半ば，やっと，カリアルからのe-mailが入ってきたかと思うと，何と，保証引受会社がカリアルのための当初の保証金額は保証しないこと，そのため，改めて保険料を支払い，保証書を裁判所へ提出したとのこと，裁判所は改めてカリアル宛の管理状を発行してくれるだろうこと，等を知らせてきた。こちらが知りたいのはいつ終結するのかであるのに，それに応えず，当方をイライラさせた。

　11月半ばになって，更に，カリアルよりe-mailがあり，やっとクレイグに替わって裁判所に登録されたこと，遅れた理由は保証対象金が正確でなかったための問題であったこと，これについてはクレイグと話し合いをしたとのこと，多分管理状は月末までには発行されるであろうこと，今後の予測は約束できないが，管理状が発行されれば，遺産財団名義の銀行口座を開き，その口座に遺産預金を保管することになること，等を回答してきた。

　その翌日，ようやく管理状が発行されたこと，保証も発給されたことを知らせてきた。カリアルも間の悪い通知となったが，当方としては一安心である。保証書についての金額が41万4千ドルとなっており，クレイグが保証申請した際の金額が41万5千ドルで，1千ドルの差であった。1千ドルの差でこのような時間が掛かったのか。また，独立管理型の管理状として，タミエ

遺産財団の人的代表者としてカリアルを選任すること，法に従い，裁判所の裁定，命令，指示を受けることなく独立してその権限を行使できること，目録提出日は1か月後の12月17日となっていた。

また，12月5日，日本の各相続人宛通知書が送達されてきた。その通知書の内容は，遺産管理状が発行され，人格代表者としてカリアルが選任されたこと，債権者は催告書が告知された日（20××年11月20日と記載されている。）より6か月以内に債権申出を行うようセントルイス郡の告知掲示紙で催告する旨の内容が記載されていた。ということは1年間無駄な時間を徒労したということになる。

6　管理・分配手続

翌年2月下旬になってカリアルより連絡が入った。人格代表者として銀行開設した口座に497,000ドル（利息金・配当金を含む合計金）をタミエ遺産たる三つの口座から移管した旨伝えてきた。IRAの14,000ドルに関しては，指定受益者がいるため，以前の銀行口座にそのまま残っているとのこと，共同受益者であるロビンソンの行方は不明で調査する必要があるが，人格代表者の職務範囲外で新たに指名受益者である甥マサルの業務委託並びに報酬契約を締結する必要があるとのこと，教職員組合退職金年金については，残高はない旨の通知を教職員組合より受けていることであった。

6月に入り，法定の6か月を経過したため，再三カリアルへ催促のe-mailを出すも，すぐには返事がなく，当方のイライラを募らせた。

やっと，6月末に，連絡が入った。毎々の対応が遅くなり申し訳ないとの枕詞に始まり，最終会計報告は間近になったこと，遅くなった理由は，裁判所のコミッショナーがどのように兄弟姉妹に配分するかについて厳しい意見があるためであるという。裁判所コミッショナーは，銀行振り込みではなく，カリアルが日本に出向き兄弟姉妹各自に分配金を手渡したらどうかを提案している。カリアルとしては別な解決策を提案しているところである旨当方としては理解しがたい連絡をしてきた。

すぐさま，カリアルに対して，遺産の受領については，日本において相続人間において協議をなし，相続人の一人であるタカシがアメリカの遺産は受領することになっていること。添付した遺産分割協議書を参照してほしい。

また，遺産の移転に関しては，添付している意見書のとおり，日本法が適用になるはずである。そこで，日本法の下で，適法かつ有効に相続人間において遺産分割協議した結果，タカシが取得することになったものである。従って，兄弟姉妹の代表者であるタカシの銀行口座へ振り込むよう裁判所と交渉してほしい旨要請した。

　7月下旬，カリアルより，当方の依頼者の利益のために行動するのはよく理解するが，自分としても，ミズーリ州法の下に兄弟姉妹に対して平等に配分する義務を負担しており当方の意見に従うことはできない。裁判所において現在ペンディングになっている分配は下記のとおりであるとして，元本496,897.36ドル＋利息金574.30ドル総計497.471.66ドル，この金額から代理人手数料，その他の負担金15,520.00ドル及び事前のコスト分226.00を差引き，分配金は481,725.66ドル，各自兄弟姉妹が取得する分配金は，96,345.132ドルと自ら計算して送付してきた。

　すぐさま，折り返しのe-mailをカリアル宛送信した。兄弟姉妹に対する義務というが理解しがたい。その義務はプロベイト手続における管理，清算するまでの義務である。分配手続に関してはミズーリ州法の相続準拠法上からみて日本法に準拠して解釈すべきである。すなわち，動産であっても管理清算手続については遺産たる動産が所在している裁判所のプロベイト手続が必要であるが，管理清算後の移転手続については，アメリカを含むコモン・ロー諸国の相続準拠法の決定について相続分割主義を採っており，不動産については不動産所在地の法に従い，動産に関しては被相続人が死亡時における住所地の法により解釈するとなるはずである。被相続人は死亡時の住所（domicile）は日本にあるので，移転手続についての準拠法は日本法になる。そこで日本法では，全ての相続人たる兄弟姉妹の合意によって特定の遺産につき相続人を指定することができることは意見書に書いたとおりである。本件では，アメリカの遺産についてはタカシが取得することになったのである。また，同様の案件についてカリフォルニア州においては，日本の遺産分割協にもとづき相続人の一人がアメリカの遺産を取得する旨の遺産分割協議書についてカリフォルニア州オレンジ郡巡回裁判所ではこれを認め，遺産はその相続人に移転することを許可したものである。そこで，ミズーリ州セントルイス郡巡回裁判所に是非当職の意見書とともに提出してもらいたい旨を再度

カリアル宛要請した。

　９月下旬，カリアルよりのe-mailを受けた。当方が送付したカリフォルニア州のケースについて検討したが，相続準拠法及びカリフォルニア州の裁判所の決定はミズーリ州法を拘束しないこと，プロベイト手続は異議申立期間を経過し，最終会計は承認されているため，直接，兄弟姉妹に分配するほかない旨の回答であった。なんとも，６月から約４か月弱の間なにもしないで，一方的に決め付けてきた。e-milのやり取りを見ても誠実な回答はなく，たまに，返答があれば遅くなった申し訳ないの枕詞で始まり，当方の提案を理解する努力は見られなかった。

　カリアルのe-mailにすぐさま無駄を承知で折り返しのe-mailを打った。①すでに６月末での当方のe-mailで分配については日本法が適用なるので兄弟姉妹の合意により，タカシに移転するよう知らせてあるにもかかわらず，カリエルの裁判所に提出した遺産の計算書の提出は８月21日であること，その際にも，当方の意見書を裁判所に提出するようカリアルに要請していること，②カリアルは当方が提出した意見書について何らのアドバイスもしなかったこと，③仮に最終計算書が承認されているとして，その後どうなるのか，必要な手続は何かを知らせること，④仮に，既に兄弟姉妹への分配金は，どのような方法で支払うのか，例えば，銀行振込か，又は小切手か，⑤仮に未だ兄弟姉妹に支払われていなければ，兄弟姉妹よりタカシが全てを受領させるための委任状を作成して送付するが，その場合，タカシの銀行口座へ振り込むか，という内容で送付した。

　ところが，このようなやり取りをしている最中に，カリアルは既に小切手を作成し，兄弟姉妹宛郵送していることが判明した。９月末にタカシよりカリアル発行の小切手を受け取った，また，手紙も入っている，旨の連絡があり，その手紙と小切手をFAXにて送付してもらった。

　そこで，タカシと協議し，他の兄弟姉妹に対して電話と手紙にてカリアルより送付されてきた小切手については，裏書署名して，当事務所に送付してもらいたい旨を連絡した。手紙には，これまでの経緯を説明し，本来，タカシが取得すべきタミエの遺産を米国代理人が法適用を誤って兄弟姉妹宛に送付されてきたもので，遺産分割協議書に従って本来取得すべきタカシ名義とすべく御協力をお願いしたい旨を記述したものであった。

303

各兄弟姉妹の理解の下に全ての小切手が集約されたので，銀行取立てのために口座に入金し無事換金することができた。

7 個人退職金口座（Individual retirement account ; IRA）について

受益者指名（Beneficiary designation）として身体障害を持つカリフォルニアに住むジャックと甥サトルを均等に指名していた個人退職金口座（Individual retirement account ; IRA）についてであるが，カリアルは最終的にジャックがカリフォルニアで亡くなっていることを突き止め，その死亡証明書を取得したので，最終受益者はサトルのみとなった。

8 最後に

当初の代理人に指名したクレイグが途中で転職のため辞任し，仕事をカリアルに依頼する予想外の出来事があり手続が遅れたこと，クレイグが保証を立てる際のミスを犯し，カリアルが保証を立てる際に手間をかけたこと，連絡が密ではなかったことで手続終了が1年間無駄になってしまった。また，今回の最大の誤算は，相続準拠法に関する解釈につき，カリフォルニアでは説得させることができた成功経験がミズーリでもできるという安易な自信になってしまい，早期の時点から告知すべきであった点である。

事 例

〈例34　報酬合意書（Attorney Fee Agreement）〉

Law Office of ▓▓▓▓
▓▓ 745
St. Louis, MO 63132
Telephone (314) ▓▓▓
Facsimile (636) ▓

PROBATE REPRESENTATION AND FEE AGREEMENT

The undersigned, _____, hereby engages the legal services of Law Offices of ▓▓▓▓▓▓, LLC (hereinafter known as Law Firm) for representation concerning the Estate of Tamie Kamiyama, (hereinafter known as Client).

The legal services will include necessary court appearances, research, preparation and drafting of pleadings and other documents, trial preparation, personal and telephone conferences with you and others, receipt and review of correspondence and documents from you and others, and other legal work related to this matter.

The Law Firm is specifically not agreeing to do any of the following: provide any legal services after any judgment in this case, appeal any decision of the probate court; enforce any judgment of the probate court; represent you in any other court or in any other case.

It is important that anyone signing this agreement understand and acknowledge that this firm is being retained for the purpose of administrating the above-referenced estate. This firm is not being personally retained by anyone signing this agreement to represent their personal legal interests. This firm will be solely the attorney for the Estate and the fiduciary, and not the personal attorney of any heir nor the personal attorney for the individual acting as the fiduciary.

This **PROBATE REPRESENTATION AND FEE AGREEMENT** pertains only to legal services rendered and costs and expenses for the matter expressly stated above. It does not relate to any other matter for which Client seeks representation by Law Firm. Any other matter will require a separate agreement.

1. **Attorneys' Fees.** The Law Firm cannot predict or guarantee the amount of the Law Firm's final bill. The amount of the final bill will depend on the greater of (1) the gross value of the assets comprising the above-referenced Estate and (2) time spent on probate of the estate. In particular, a case which may initially be uncontested can become contested and the fees and expenses will be substantially higher.

The Law Firm's compensation for services shall be the greater of (1) the gross value of the assets comprising the above-referenced Estate and (2) time spent on behalf of the Estate. The Law Firm shall be compensated for its services based on the following percentages of the value of all property under jurisdiction of the probate court:

On the first .... $ 5,000, 5 percent;
On the next .... 20,000, 4 percent;
On the next .... 75,000, 3 percent;
On the next .... 300,000, 2 3/4 percent;
On the next .... 600,000, 2 1/2 percent;
On all over .... 1,000,000, 2 percent

In determining whether time spent on behalf of the estate is greater than the percentage computation above, the Law Firm shall track its time spent on behalf of the estate and shall bill at the following rates:

305

第 8 章　ミズーリ州

PROBATE REPRESENTATION AND FEE AGREEMENT, Page 2

Attorneys:　　　　　　　　　　　$250.00 per hour
Paralegals/Office Assistants:　　　$125.00 per hour

The Law Firm will bill the Client for conferences, telephone calls, drafting of documents, court appearances, travel time, and any necessary research. Should the hourly fees exceed the percentage computation, the Law Firm shall be entitled to its compensation based on its hourly fees. Should the percentage computation exceed the hourly fees, the Law firm shall be entitled to compensation based on the percentage computation.

　　2. **Costs and Expenses.** In addition to hourly fees for legal services, the Estate will also be billed for all costs and expenses disbursed or paid for on the Estate's behalf, such as: long-distance telephone charges, delivery charges, facsimile charges, travel, photocopying, court reports, witness fees, filing costs and other costs and expenses incurred on the Estate's behalf.

　　3. **Collection Costs.** Should it be necessary for the Law Firm to take legal action for the collection of fees and/or costs due to the Law Firm by the Estate, the Estate shall pay the reasonable costs and attorneys' fees incurred by the Law Firm in that action.

　　4. **Firm's Right to Assign Work.** The Law Firm reserves the right to assign work necessary for your representation to co-counsel, private investigators, experts, and other persons working under the firm's supervision.

　　5. **Communication.** You shall provide the Law Firm with full and complete information in response to the Firm's requests on any matter. The Law Firm agrees to inform you, from time to time, of important developments in the probate of the Estate. The outcome of negotiations and litigation is subject to factors which cannot always be foreseen; therefore, it is understood that neither the Law Firm nor any of its attorneys has made any promises or guarantees to concerning the outcome of this representation and cannot do so. Nothing herein shall be construed as such a promise or guarantee.

　　7. **Your Understanding of Agreement.** You have read and understand all provisions of this contract. You understand that this is a binding contract and that it constitutes the entire fee agreement between us.

Law Offices of ███████████, LLC, by:

_____　　　　_____
　　Authorized Representative　　　　　　　　　　　　Client

DATE: _____, ____　　　DATE: _____, ____

　　　　　　　　　　　　　　　　　　_____
　　　　　　　　　　　　　　　　　　　　　　　　Client

　　　　　　　　　　　　　　　　　　DATE: _____, ____

〈例35 無遺言による遺産管理申立書 (Petition for Letters of Administration)〉

IN THE PROBATE DIVISION, CIRCUIT COURT, ST. LOUIS COUNTY, MISSOURI

In the matter of

Tamie _____ No. _____
                           Decedent

PETITION FOR LETTERS OF ADMINISTRATION

Come(s) now Craig _____,
of full age, and state(s) that Tamie _____
_____,
 83 , female , whose domicile and last residence address was _____
 Age   Sex   Street Address
 2919-12 _____, Machida, Tokyo, Japan _____, St. Louis County, Missouri, died
         City   State   Zip Code
intestate on the 20 day of April ____, ____; that decedent left real property in the State of Missouri of probable
value of $ _____ and personal property of probable value of $ 413,096.82 _____; that
petitioner(s) reside(s) at _____ 745 _____
                                              Street Address
Saint Louis, MO 63132 _____;
       City   State   Zip Code
that petitioner(s) as the attorney _____ of decedent(s) is   entitled to
                                 (relationship)
be appointed personal representative(s) of decedent's estate without   court supervision (and consents of all heirs to
independent administration are attached hereto).

At death, decedent was never married { **if widowed – date of death of spouse** _____).
Decedent's spouse, if any, is   the parent of all of decedent's children.

Petitioner(s) further state(s) that the NAMES, RESIDENCE ADDRESSES and RELATIONSHIPS to decedent of the surviving spouse and heirs are set forth below; further the names and addresses of any guardians or conservators of any minors or disabled heirs and the birthdates of any minor heirs are set forth below:

307

第 8 章 ミズーリ州

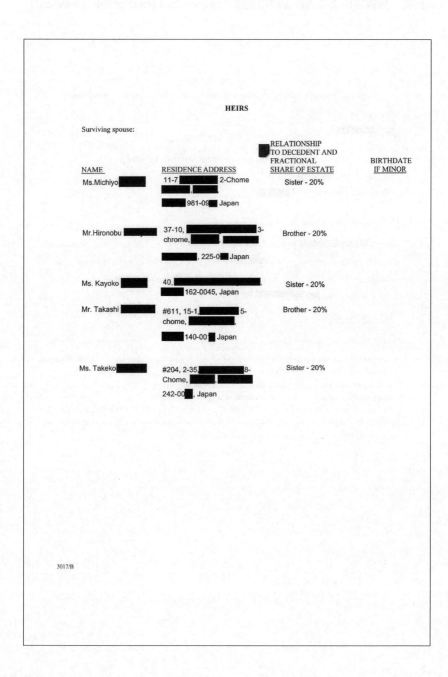

事 例

〈例36　遺産管理人就任並びに指名権放棄書（Renunciation of Right to Administer and Nomination of Person to Administer)〉

There are no other heirs known to petitioner(s) who are of unsound mind or other heirs whose names and addresses are unknown to petitioner(s). Petitioner(s) further state(s) that he _____ will make a perfect inventory of the estate, pay the debts and legacies, if any, as far as the assets extend and the law directs, account for and distribute or pay all assets which come into his _____ possession and perform all things required by law touching the administration of the estate.

WHEREFORE, petitioner(s) pray(s) that the court appoint _Craig▇▇▇▇▇▇▇▇▇▇▇▇▇▇▇▇▇▇▇▇▇_ (independent) personal representative(s) to administer decedent's estate without supervision of the court and upon filing the required bond.

If petitioner(s) is a nonresident of Missouri or is a corporation organized under the laws of another state or country, that petitioner appoints _Craig▇▇▇▇▇▇▇▇▇_ _745 St. Louis, MO 63132_____
　　　　　　　　　　　　　　Name　　　　　　　　　Address　　　　　City　　　　State　　　Zip
as designee for service of process and receipt of notice.

The foregoing is made on this ____ day of _September_ , _▇▇▇_ , under oath or affirmation, and its representations are true and correct to the best of petitioner(s) knowledge and belief subject to the penalties of making a false affidavit or declaration.

Attorney's Signature	Applicant's Signature
Craig ▇▇▇▇▇▇	Craig ▇▇▇▇▇▇
Attorney's Name (Typed)	Applicant's Name (Typed)
▇▇▇▇▇▇ 745	▇▇▇▇▇▇ 745
Street Address	Street Address
St. Louis, MO 63117	St. Louis, MO 63117
City　State　Zip Code	City　State　Zip Code
(314) ▇▇▇▇▇▇	(314) ▇▇▇▇▇▇
Telephone No.	Telephone No.
Attorney's Signature	Applicant's Signature
Attorney's Name (Typed)	Applicant's Name (Typed)
Street Address	Street Address
City　State　Zip Code	City　State　Zip Code
Telephone No.	Telephone No.

Send Fee Bills to _Craig ▇▇▇▇▇▇_　　　　Minute Notice to: Attorney _Craig ▇▇▇▇▇▇_

Publish Notice of Letters in _Legal Ledger_　　Minute Notice to: Fiduciary _Craig ▇▇▇▇▇▇_

第 8 章　ミズーリ州

IN THE PROBATE DIVISION, CIRCUIT COURT, ST. LOUIS COUNTY, MISSOURI

In the matter of

Tamie ███████████████████　　　　　　　No. _____
　　　　　　　　Deceased

RENUNCIATION OF RIGHT TO ADMINISTER AND
NOMINATION OF PERSON TO ADMINISTER

　　　The undersigned, Takashi ████████████████████████, hereby renounces the right to administer the estate of the above named decedent.
　　　The undersigned nominates a personal representative, Craig ███████ whose address is ████████████ 745, St. Louis, MO 63132 to be appointed (independent) personal representative(s) of the above estate.

████ 10.3/　　　　　　　████████████████
　Date　　　　　　　　　　　　Signature

　　　　　　#611, 15-1, ████████ 5-chome,
　　　　　　████████, Tokyo 140-00█
　　　　　　Japan

〈例37 独立管理型検認手続同意書 (Consent to Independent Administration)〉

IN THE PROBATE DIVISION, CIRCUIT COURT, ST. LOUIS COUNTY, MISSOURI

In the matter of

Tamie ▆▆▆▆▆▆   No. _____
      Deceased

CONSENT TO INDEPENDENT ADMINISTRATION

The undersigned, Takashi ▆▆▆▆▆▆▆▆▆▆▆▆▆▆▆▆▆▆▆▆, hereby
                  Name (typed)
consents to independent administration of the estate of the above named decedent.

_____   _____
      Date   Signature

                               _____
                                   Street Address

                         _____ _____ _____
                          City   State   Zip Code

3780/A

〈例38 人格代表者の宣誓供述書（Affidavit of Personal Representative)〉

AFFIDAVIT OF PERSONAL REPRESENTATIVE OR CONSERVATOR

_____, personal representative/conservator, herein states on oath or affirmation that the annexed document is a full inventory and description of all the property of _____, decedent, disabled person or minor which has come into the possession or knowledge of the undersigned, and of the property in the possession of the decedent at death or of the disabled person or minor, as far as the undersigned knows and an appraisement of all property subject to appraisement.

It is further stated under oath or affirmation that the undersigned is not and was not at time of decedent's death in debt or bound in any contract to the decedent, disabled person or minor except as stated in the inventory and appraisement.

_____ _____
Personal Representative/Conservator's Signature   Personal Representative/Conservator's Signature

Craig ▮▮▮▮▮
_____ _____
Personal Representative/Conservator's Name (Typed)   Personal Representative/Conservator's Name (Typed)

▮▮▮▮▮▮▮▮▮▮▮ 745
_____ _____
Street Address   Street Address

St. Louis, MO 63132
_____ _____
City   State   Zip Code   City   State   Zip Code

(314) ▮▮▮-▮▮▮▮
_____ _____
Telephone No.   Telephone No.

Subscribed and sworn to before me this _____ day of _____,
20____.

(Notary Seal)   _____
                                 Notary Public
Notary Commission expires:_____

〈例39 遺産目録並びに評価書 (Inventory and Appraisement)〉

IN THE PROBATE DIVISION, CIRCUIT COURT, ST. LOUIS COUNTY, MISSOURI

In the estate of:

Tamie ▇▇▇▇▇▇▇   No. _____
      Deceased/Disabled/Minor

_____
Personal Representative/Conservator

INVENTORY AND APPRAISEMENT

IMPORTANT INFORMATION – PLEASE READ:

    The law requires that an Inventory and Appraisement must be filed with the court within 30 days from date letters were granted unless longer time is granted. Requests for additional time to file the inventory must contain a reason.

    It must contain a reasonably detailed description of all property of the decedent, disabled person, or minor, including exempt property, listing fair market values of all real and personal property as of the date of death or date appointing conservator, together with a statement of all encumbrances, liens and other charges on any item.

    It <u>must</u> be typewritten or electronically produced. It may be created on a computer, typewriter, or word processor, provided it contains substantially the same format, language, classifications of property and the affidavit of the personal representative or conservator as the court form, and is compliant with 473.233, 473.237 and 475.145 RSMo.

    Any inventory not in compliance with statutory requirements or the directions detailed in each section will be rejected. Attach additional sheets if necessary.

REAL PROPERTY	
Decedents: Need <u>full</u> legal description as it appears on the deed including book and page numbers, and street addressees of <u>Missouri real estate only</u>. Disabled persons or minors: List this information on <u>all</u> real estate including non-Missouri real estate. Mortgages or liens (decedent or disabled/minor): List the amount of any mortgage or lien against any parcels of real estate.	VALUE
Total Value Real Estate	$ 0.00

第8章 ミズーリ州

ITEM NO.	PERSONAL PROPERTY FURNITURE, HOUSEHOLD GOODS AND WEARING APPAREL No detailed listing or appraisal of items is required except as to those items specifically bequeathed	VALUE
		$
ITEM NO.	CORPORATE STOCKS AND ONDS List number of shares, names of companies, classes of stock, and fair market values as of date of death or date appointing conservator. Indicate whether shares are listed on a securities exchange, sold over the counter or closely held. It is not required to list the certificate numbers. Brokerage Accounts – must list account number, list stocks and bonds contained in account, or attach brokerage statement detailing investments.	VALUE
		$
1	▇▇▇ Bank, Personal Checking Account No. ▇▇▇19	378,707.54
2	TIAA CREF Annuity Conract No. ▇▇▇69-5	33,398.37

事　例

ITEM NO.	BANK ACCOUNTS, INSURANCE, MONEY Bank accounts: list names of banks, account numbers, and account balances. Insurance: list names of insurance companies, policy numbers, face values, name of person insured and amount of benefits payable. For disabled persons or minors list cash surrender value and any beneficiaries	VALUE	
		$	

ITEM NO.	JUDGMENTS AND PROCEEDS OF LAWSUITS Specifically indicate the Cause No., the court in which it was rendered, and the amount recovered on behalf of the decedent or disabled person or minor. A copy of the Judgment or Settlement Agreement signed by the judge must be attached.	VALUE	
		$	

3

315

第 8 章　ミズーリ州

ITEM NO.	ALL OTHER PERSONAL PROPERTY OWNED BY DECEDENT, DISABLED PERSON OR MINOR, INCLUDING PROPORTIONATE SHARES IN ANY PARTNERSHIP Describe vehicles fully, listing year, name of manufacturer, model, and vehicle identification number. No detailed list of partnership assets is required but the ownership percentage of the partnership should be included, with a value. (see 473.220 RSMo. re: partnership inventories)	VALUE	
		$	
ITEM NO.	JOINTLY HELD PROPERTY – CONSERVATORSHIPS The <u>full</u> value and description of all jointly-held property of the disabled person or minor must be included.	VALUE	
		$	
ITEM NO.	INCOME INFORMATION - CONSERVATORSHIPS Include a statement of all periodic monthly income or benefits payable to the disabled person or minor. Income should not be included in total.	VALUE	
		$	
	Total Value of Personal Property	$ 412,105.91	

4

事 例

RECAPITULATION OF PROPERTY

	VALUE
Furniture, household goods, wearing apparel	$ 0.00
Corporate Stocks and Bonds	412,105.91
Notes, other debts owed to the decedent, disabled person or minor	0.00
Bank accounts, insurance, money	0.00
All other personal property, including proportionate share in any partnership	0.00
TOTAL VALUE PERSONAL PROPERTY	$ 412,105.91
TOTAL VALUE REAL ESTATE	$ 0.00
TOTAL VALUE ALL PROPERTY	$ 412,105.91

PROPERTY POSSESSED BUT NOT OWNED BY THE DECEDENT AT DEATH OR BY DISABLED PERSON OR MINOR.

List such property, together with a statement as to the knowledge of the personal representative or conservator as to its ownership.

TOTAL VALUE	$ 0.00	

APPRAISERS EMPLOYED BY PERSONAL REPRESENTATIVE OR CONSERVATOR

The following qualified and disinterested appraisers were employed to assist the personal representative or conservator in ascertaining the fair market value of assets, the value of which were subject to reasonable doubt.

NAME AND ADDRESS OF APPRAISER   ASSETS APPRAISED

_____

_____

_____

_____

317

第9章 メイン州

1 メイン州の検認法（Probate Code）

　メイン州の相続関連法律は，メイン州修正制定法（Maine Revised Statutes）の第18-A編検認法（Title 18-A Probate Code）に制定している[1]。第18-A編検認法によれば，

　Article 1. General Provisions, Definitions and Jurisdiction §1-101～§1-805

　Article 2. Intestate Succession and Administration §2-101～§2-902

　Article 3. Probate of Wills and Administration §3-101～§3-1205

　Article 4. Foreign Personal Representative Ancillary §4-101～§4-401

　Article 5. Protection of Persons under Disability and Their Property §5-101～§1-964

　Article 6. Nonprobate Transfers §6-101～§6-312

　Article 7. Trust Administration §7-101～§7-774

　Article 8. Miscellaneous Provision §8-101～§8-401

　Article 9. Adoption §9-101～§9-404

2 持続的委任状（Durable Power of Attorney）

(1) 持続的委任状（Durable Power of Attorney）の規定

　このメイン州においては，日本における任意後見制度に類似するが相違する持続的委任状（Durable power of attorney）に関する事例を扱ったので，これを紹介するため調べてみたところ，Article5 Protection of Persons under

---

1) http://legislature.maine.gov/statutes/18-A/title18-Ach0sec0.html，メイン州政府のTitle18-A Probate Code

Disability and Their Property[2]の中のPart5. Durable Power of Attorneyに規定されていたのであるが，このPart5はすべて2009年に廃止し，同年，新たに，Part9としてMaine Uniform Power of Attorney Actとして制定している。Maine Uniform Power of Attorney Actの構成は下記の通りである。

Subpart 1. General Provisions and Definitions §5-901～§5-923
Subpart 2. Authority §5-931～§5-947
Subpart 3. Statutory Forms §5-951
Subpart 4. Miscellaneous Provisions §5-961～§5-964

(2) 持続的委任状の概要

この持続的委任状（又は単なる委任状）の概要を説明しているいくつかのWebから要約すると下記のような内容となる[3]。また，日本の任意後見制度との最大の相違点は，本人が行為無能力者になったことにより契約が終了する旨の規定がない限りその効力が持続する（§5-904 Power of attorney is durable）点である。日本の任意後見は裁判所による任意後見監督人の選任されたときにその効力が発行し，それ以前は単なる任意委任状である構成をしている。アメリカの各州の持続的委任状制度は本人の行為無能力者になったとき契約終了事由を明記しない限り，当初の契約が本人死亡まで持続することである。

委任状は，信頼する親類又は友人のような人物に授与する書面であり，これ等の人物は本人のために決定し，活動する権限を有する者であり，代理人（Agent）又は受任者（Attorney in fact）と呼ばれ，委任する者を本人（Principal）と呼ばれる。メイン州における持続的委任状では，代理人は財務管理の権限，身上看護の決定することができ，本人のために金銭の支払や財産の維持管理をすることができるものである。

代理人のその他の権限としては，①未成年のための身上看護をなすこと，②生命維持決定手続，③財物の購入又は売却，④事業の管理，⑤債権回収，

---

2) http://legislature.maine.gov/statutes/18-A/title18-Ach5sec0.html，メイン州政府のTitle 18-A Article5.Protection of Persons under Disability and Their Property
3) Maine Durable Power of Attorney Laws. Findlaw. https://statelaws.findlaw.com/maine-durable-power-of-attorney-law.html

⑥投資，⑦金銭管理，⑧一般的財務事項管理，⑨本人のための訴訟等の権限が挙げられる。

患者が生存維持手続決定の留保又は撤回を望むとき，治療不能な終末状況から死亡が差し迫っているときに，生前の意思表示（Living wills）又は事前指示（Advance directive）を作成しておくことは良い考えであるとしている。また，日本で尊厳死と言われているところの生前の意思表示（Living wills）は，廃止され，現在は，Part8. Uniform Health-Care Decision Act（§5-801～§5-817）として事前指示（§5-802 Advance Health-Care Directive）を含めて制定されている。

(3) 代替制度として

後見制人制度（Guardianship）や財産管理人制度（Conservatorship）がある。後見人制度や財産管理人制度は本人の自由裁量が制限され，検認裁判所（Probate court）のみが後見人や財産管理人を選任することになる。本人が裁判所に自分の行為能力等を検査してもらいたい場合は，正式に調整を申し立てることができるが，後見人，財産管理人による管理行為によるよりも委任状（Power of attorney）に基づく管理行為のほうがより簡便に執り行うことができる。ただ，これ等の権限は本人の死亡により終了し，遺言の代用にはなりえない。そのため，委任状（Power of attorney）と遺言（Will）の両制度を利用することを薦めるとしている。

(4) 準備（Prepare）

遺産計画専門法律家による持続的委任の準備又は見直しを法定しているわけではない。しかしながら，他人に権限を授与する場合は，委任状に署名する以前に個人的に法的判断を専門家に相談したほうがよい。署名する者はその内容をよく理解し，その危険性や代替制度をよく考慮すべきであるとしている。

(5) 持続的委任状の撤回（Revoke a power of attorney）

持続的委任状を撤回するためには，行為無能力にならない間に，①氏名及び日付，②持続的委任状を撤回する旨，③当該持続的委任状を締結した日，

④代理人の氏名，⑤本人の署名を含んだ書面を作成しなければならない。

(6) 持続的委任状作成

①書式に署名するか，他人に本人の面前で本人の名前を署名（代書）させる，②本人の署名は2名の証人又は公証人の面前でなされなければならない。③書式には，§5-905に規定する告知文言（Notice）を内容として記載されなければならない。

3 事　例

日本の不動産を有していたメイン州出身のアメリカ人が妹を代理人として持続的委任状を締結していたが，今般，メイン州に帰国後精神障害者となり，日本の不動産を売却することになった。その際に，売主が登記識別情報（登記済権利書）を亡失していた場合の事前通知制度を利用しての所有権移転登記完了の事例

―― ポイント ――――――――――――――――――――――――――
① 持続的委任状とは
② 持続的委任状による受任者の登記義務者としての宣誓供述書の作成はどうするか
③ 登記識別情報の紛失による事前確認を利用した受任者への通知方法はどうするか

(1) 事例の概要

メイン州の出身のアメリカ人であるエドワード（仮名）は，昭和の終わりごろに北関東の別荘地が大変気に入り，山小屋風の14坪程度の別荘を建築して，住所も同別荘地に移動して川下りラフティングをビジネスとして人生を楽しんでいた。66歳のときに体力的に衰えてきたので，メイン州に戻った際に妹・エリザベスを代理人（agent）として持続的委任状（Durable power of attorney）を作成することにした。その後も日本で人生を楽しんでいたが，80歳になり体力も精神も減退し，メイン州の施設に入居することになった。

その別荘を維持することもできないし入院費用の足しにするため，日本に居住するカナダ人・クリスチャン（仮名）に売却することにした。

　そこで，そのカナダ人の日本人妻が筆者のホームページを閲覧して，売買契約書の作成並びにその売買を原因とする所有権登記手続の依頼を筆者の事務所に依頼してきたものである。話を聞くと，別荘にはエドワードのために，長年，山小屋を管理していたのか不動産コンサルティングらしきことを業としている友人・クリス（仮名）がいたが，彼自身の管理料も滞納されていて50万円近くになっていること，建築確認書等山小屋を建築した際の資料は出てきたが，土地を購入した登記済権利書や建物の保存登記済書が見当たらないとのこと，等が判明した。

(2)　売買契約書作成

　売買当事者の知り合いには友人のクリスだけであり媒介不動産業者がいないため，筆者事務所で作成することになった。クリスがいうには媒介不動産業者が使用する不動産売買契約書はなく，自分が調達した英文の売買契約書はあるが，これを司法書士に提示しても分からないだろうから，買主であるクリスチャンが自分で司法書士を見つけ出して依頼するようe-mailをしたため，クリスチャンの妻がWebで筆者のホームページを検索して見つけ出し依頼をしてきたとの事情が分かった。また，売買代金は100万円と仕切ってあった。更に，売主は，売買代金及び立て替え金50万円の合計金150万円の支払を要求している。一方において買主は既に別荘として使用している状態であった。また，筆者事務所の手数料は買主持ちとの約定であった。そこで，筆者事務所としても媒介不動産業者が使用している詳細な不動産売買契約書ではなく通常の簡単な日英文の契約書で済ますことにした。また，登記の添付書類としての日英文の登記原因証明情報も作成した。

(3)　持続的委任状（Durable power of attorney）

　依頼者たる買主日本人妻より情報をもらったのは，売主がアルツハイマーを患っていて行為能力がないが，売主は持続的委任状を作成しているのでその代理人が売買契約書に署名すると言っているし，登記委任状も代理人が署名する旨言っているが地元の司法書士に依頼を受けてもらえず難儀している

323

とのことであった。

買主より，売主が作成した持続的委任状の写しを送付してもらった。その持続的委任状はメイン州において，平成12（2000）年に作成されていた。そこで，メイン州の持続的委任状法制を調査したところ，改正制定法第18-A編・検認法（Probate Code）のPart5.の持続的委任状（Durable power of attorney）に記載されていたことが判明したが，同条項は2001年に廃止され，Part9にUniform Power of Attorney Actとして制定されていることが分かった。本件持続的委任状は2000年に作成されており，旧法が適用されることになるが内容的にはほぼ同一である。その持続的委任状の内容は下記の通りである。

持続的委任状

　私こと，日本国群馬県に居住するエドワードは，エリザベスを私の所有又は代わりに所有するものを管理する法的な代理人として指名する。何ら制限のない権限を私の代理人に授与するものである。

　売却，移転，譲渡又は移譲を達成するために必要かつ充分な書面及び引渡証書，売渡証，株式譲渡証に署名，押印，締結する関係において，私の財産，不動産，動産，売却，移転，譲渡，引渡し及び移譲のこと。購入，受取，譲受人になることにおいてその手続の書類を調査しなければならない。

　社会保障小切手，その他財務省の小切手を含み支払のための小切手の受領，裏書，回収，預け入れをなすこと，同様にこれ等の行為に免責を与えること，当座預金，貯蓄預金又は特定口座における小切手引出，伝票引出をすること

　私が，現在又は将来において私自身又は私の財産に対し訴訟を提起し又は訴訟を受けることにより生じるあらゆる収益，請求，命令による回収をなすこと

　私の代理人として，私の利益のため，価額，条件の下に決定し，財産の購入又は取得要件としての有因書面又は譲渡証書の締結並びに移転を内容とするあらゆる不動産又は動産を購入又は取得すること

　和解による調整又は私のため又は私に対する請求についての仲裁をなすこと

　代理人として私の利益のため私の財産についての投資をなし又は再投資をなすこと

　代理人が本人のためになると思料する条件や担保による金銭の借入れ，代

理人として必要と思料する約束手形，抵当権，保証，質権及びその他の担保証書の設定をなすこと

　私の負債又は保証及びこれ等を担保する質権又は抵当権の維持すること全ての義務の履行及びローン又は保証のための取引をなすこと

　臨時，定時株主総会において株主として代理人としての議決権行使をなすこと

　所得税，その他の税の納税申告をなすこと，予定納税をなすこと，国内歳入庁書式2848[4]（委任状）を提出すること，還付金の受領，税に関して連絡を受領すること，連邦税，州税，地方税に関して連邦財務省，州，地方自治体に対して代理すること

　全ての保険に関する業務，売買，譲渡，証書記載内容に従った借り入れ又は解除すること，保険又は追加保険の設定すること，保険に特約を付加すること，私の生存中に保険金，配当金，解約返戻金の受領をなすこと

　贈与税に関して，配偶者から私に対する2分の1宛とする全ての贈与に同意すること

　私名義又は他者と共同の貸し金庫の設定又は解除又は引き払うこと

　私の代理人として私の利益になるような適正価額と条件のもとで私の不動産を売却，譲渡，貸借，リースをなすこと及び売却，譲渡，貸借又はリースをなすための必要充分な合意書，証書，公表書又はその他の書面の締結し，自認し，手渡すこと

　退職年金口座の収益の積立又は引出しをなし及び適切な計画を立てること，社会保障給付支出につき代理人として社会保障庁に申請すること，法に従い代理人として支給請求すること，医療保険，健康又はその他従業員福利制度による給付請求手続をなすこと

　受託者又は受認者の地位を辞退又は辞任すること

　私の財産，不動産又は動産，有体動産又は無体財産を現在存在する又は将来設定する信託として移転すること，

　入院，介護施設又は同様の施設への入居について同意並びに入居手続をなすこと

　医薬管理又は私のリビング・ウィルの厳格な手続を含み医療，治療，外科手術に承認すること

　この指示書は包括的委任状として解釈又は判断される。特定事項，行動，権利又は無制限の権限等の列挙はこの委任状で付与されている包括権限を限

---

4) Power of attorney and Declaration of Representative

325

第9章 メイン州

定又は制限するものではない。忠実義務を伴う私の代理人は，私の財産に関して全面的に且つ効果的に行動することができるものである。

私の代理人と取引する者は，私により委任が取り消されたことを知らない限り，委任状の有効性が継続していることを問い合わせることなく代理人を信頼することができる。

この委任状を発行後に私が身体的障害又は精神的障害になったとしてもこの委任は持続するものである。

委任者本人への注意事項

本書によって，委任者（Principal）は自身の財務又は財産に関する判断を広範に受任者（Agent）に委ねることになる。受任者の権限は全般的で且つ包括的である。受任者は委任者への事前の告知又は承諾を得ることなく，委任者の財産を処分し，また金銭を消費する権限を与えられる。本書は，委任者が制限行為能力者となった後も有効であるし，委任者は制限行為能力者になる以前に権限を受任者に与えることも可能である。受任者の権限に関しては，メイン州改正法令タイトル18-A，セクション5-501から5-508及び他のメイン州法に詳細に説明されている。委任者は，いつでも行為能力がある限りこの委任状を取り消し又は撤回する権利を有する。本書の内容で不明な点がある場合，委任者は法律専門家に相談すべきである。

受任者への注意事項

本書によって，受任者（Agent or Attorney-in-fact）は，委任者に属する金銭又は財産に関して判断し，受任者に代わって処分する権限を与えられている。本書は，委任者が署名時に行為能力を有している限り有効である。本書の内容を履行するにあたり，受任者は他人の財産を取り扱う者として保持しなければならない忠実受認義務を負うことになる。当該義務はメイン州改正法令タイトル18-A，セクション5-501から5-508及び7-302その他のメイン州法で説明されている。本書において特定の指示がない限り，受任者は自己又は他人の利益の為に委任者の金銭処分，贈与等の処分をすることはできない。委任者が死亡した場合や委任者の遺言により受任者が遺言執行者として指名されていない限り本書の効力は消滅する。受任者が前記忠実受認義務に違反した場合は損害賠償及び刑事訴追をうけることがある。本書の内容または義務について不明な点がある場合，受任者は法律専門家に相談すべきである。

2000年5月31日
　　　　　　　　　　　　　　　　　　　　　　　　エドワードの署名
証人の署名
証人の署名
2000年5月31日，メイン州リンカーン郡においてエドワードが私の面前で本書に署名したことを証明する。
　　　　　　　　　　　　　公証人：リチャードソンの署名及びシール

(4) 宣誓供述書作成

　売主のリチャードは土地を購入した際の所有権移転登記及び山小屋を建設した際に表示登記及び保存登記をしたはずであるが，これらの登記識別情報（当時は登記済証であった。）を紛失していた。そのため，登記識別情報を提供することができないときは，法務省令で定める方法により，登記官は，登記義務者に対し，所有権移転申請があった旨及び当該申請の内容が真実であると思料するときは法務省令で定める期間内に法務省令で定めるところによりその旨の申出をすべき旨を通知することになる（不登法23条1項）。一方，登記申請の代理を業とすることができる代理人（具体的には，司法書士，土地家屋調査士，弁護士だけである。）によって申請がされた場合であり，登記官が当該代理人から法務省令で定めることにより当該申請人が登記義務者であることを確認するために必要な情報の提供を受け，かつ，その内容を相当と認めるときは（いわゆる資格者による本人確認），事前通知はしない（不登法23条4項1号）としている。

　ところが，前述の通りエドワードは既にアルツハイマーであり持続的委任状を締結している状況にある。そこで，資格者代理人による本人確認方法は，筆者がメイン州まで行って本人に面談することになるが売買代金との釣り合いにおいて経費が掛かりすぎるので，登記官による事前通知の方法を選択した。

　メイン州に住むエリザベスのe-mailアドレス宛に前記持続的委任状を添付して，エリザベスが登記手続に関するの持続的受任者としてメイン州の公証人（Notary Public）の面前において宣誓の上署名するよう指示して宣誓供述書を作成して電送した。エリザベスは受領したPDF化された宣誓供述書をプリントアウトし，公証人の面前で宣誓のうえ署名し，公証人に認証された

宣誓供述書をFedex便にて原本を送付してきた。

(5) 登記手続（不登法23条事前通知等）

不動産登記法改正前に，フィリピンに居住する登記義務者宛，事前通知の方法で通知書を国際郵便で送付した経験があったのであるが，今回は持続的委任状によるものであるので，事前に管轄登記所あて，次の質問をFAXしておいた。

質問事項

下記不動産に関し，登記名義人エドワードはアメリカ人であり，日本を退去し，現在，身体的，精神的難病のためアメリカ合衆国メイン州において施設に入り余生を送っております。

そのため，メイン州検認法典（Probate code）5条行為能力制限者及びその財産の保護（Article 5: Protection of person under disability and their property）9項メイン州模範委任（Maine uniform power of attorney act）に基づき，妹エリザベスを代理人と定めて，持続的委任状（Durable power of attorney）を締結しております（添付書面参照）。

この持続的委任状は，日本の任意後見契約と類似しますが法的効果には差異があり，持続的委任状では，財産管理に関して包括的委任となっており，且つ，本人が行為無能力者となっても，日本の任意後見契約のように裁判所に対して後見開始決定手続を経ることなく本人の死亡まで持続するものです。

そこで，委任者であるエドワードが今般，当該不動産を売却するにあたり，登記義務者として登記済証（昭和63年6月3日受付第9999号）を添付すべきところ，紛失のため，添付することができません。そこで，不動産登記法23条1項による事前通知手続をなしたいと思っております。

については，持続的委任状（Durable power of attorney）を添付している宣誓供述書（Affidavit）を登記申請書添付情報として所有権移転登記申請をなすにあたり，御庁よりの事前通知書は包括受任者である妹エリザベス宛送達され，エリザベスの登記申請は相違ない旨の現地の公証人（Notary Public）の面前での署名並びにその旨の公証人の認証ある回答書が貴庁に送達されることにより所有権移転登記手続は完了すると考えますが，貴庁のご意見を賜りたく質問する次第です。

なお，貴庁より差し出される事前通知書については，受領者の便宜を考慮して，当事務所において英文書式を作成いたします。従前にも，フィリピン

宛ではありましたが，事前通知についての英文書式を作成した経験がありますことを付言いたします。
不動産の表示　省略

添付書面
1．宣誓供述書案　　　　　　　　　　　　　　　　　　　　1通
2．持続的委任状（Durable Power of Attorney）　　　　　通

　登記所の回答は，問題ないとのことであった。もっとも，前記書面中に「通知書は包括受任者である妹エリザベス宛送達され，エリザベスの登記申請は相違ない旨の現地の公証人（Notary Public）の面前での署名」する旨記載しているが，先例においては「登記義務者が外国人である場合において，不動産登記法第44条の2第2項の申出があつた場合，申出書に記載された署名につき本国官憲若しくは在外公館の本人の署名に間違いない旨の証明書の添付は必要か。」「決議・必要なし。」（昭和35年7月23日庶発第745号広島法務局長上申，同年10月5日民事甲第2431号民事局長認可（昭和35年7月8，9日決議）登記研究840号18頁）が出されている。

(6)　登記所よりの事前通知
　登記申請前に，エリザベスに日本の登記所より文書が日本語で郵送されてくること，その文書の内容の説明，さらに，その文書の解答欄に署名をして，日本の登記所宛返送するように指示して，登記申請をなした。その際に，登記所には，登記所から発出する文書についての英文訳及びエリザベス宛の英文住所ラベル及び返送用の登記所宛の英文ラベルとともに，登記所から発送されたときは当事務所まで知らせてほしい旨の文書も同封の上郵送をなした。登記所より発送されて旨の通知が届いたところで，エリザベス宛約1週間後に到着する予定であること，到着したら改めて当事務所に知らせてほしい旨を知らせた。また，発出後4週間以内に日本の登記所に届かないと，改めて同じ手続をすることになる旨プレッシャーをかけておいた。その効果があったのか，エリザベスより届いた旨，署名した回答書のPDF並びに発送した旨のe-mailを受け取った。そのためか回答書は3週間で登記所に届き，無事所有権移転登記手続は完了した。

第9章 メイン州

〈例40 継続的委任契約に基づく受任者の事前通知による所有権移転に関する宣誓供述書（Affidavit）〉

Signature 署名

宣誓供述書

AFFIDAVIT

アメリカ合衆国メイン州ダマリスコッタ市■■■■■■■17 私書箱292に居住する、私■■■■■エリザベスは、下記が真実に相違無いことを宣誓の上供述する。
I, Mary■■■■■■, residing at P.O. Box 292, 17 ■■■■■■, Damariscotta, ME, United States of America, do hereby make oath and say as follows:

I. 私の氏名、現在の住所及び生年月日は次のとおりである。
   1. The followings are my name, current address, and date of birth.
   氏名：■■■■■■・エリザベス
   Name: Mary■■■■■■
   住所：アメリカ合衆国メイン州ダマリスコッタ市■■■■■■■17私書箱292
   Address: P.O. Box 292, 17 ■■■■■■, Damariscotta, ME, United States of America
   生年月日：　　年　　月　　日
   Date of Birth: 13 April, ■■■■

II. 平成■■年3月31日、私の兄■■■■■■エドワード（住所：アメリカ合衆国メイン州ダマリスコッタ市■■■■■■17■■■■方私書箱292）とのメイン州改正法令タイトル18-A、第5-905条にもとづく継続的委任契約（別紙添付のとおり）を締結し、財産管理に関する代理人となった。
   2. As of March 31, ■■■■, I was granted a durable power of attorney (See attached) duly prepared under Maine Revised Statutes, Title18-A, Article 5, Part 9, Section 5-905, by my brother John Edward Mosher (address: P.O. Box 292, c/o ■■■■■, 17 ■■■■■■, Damariscotta, ME, United States of America) who gave me power to make decisions about his property and use his property on his behalf.

III. 上記IIの継続的委任契約にもとづき、下記不動産につき所有権移転登記申請並びに前橋地方法務局沼田支局の登記官から発行される登記義務者（■■■■■■■■エドワード）宛の不動産登記申請意思確認の照会書面を受領する権限を委任されている。
   3. Due to the above-mentioned durable power of attorney, I am authorized to apply the transfer of ownership and receive on behalf of ■■■■ Edward ■■■■ (the grantor), "Written Confirmation of Intention to Apply Registration" to be sent from an official of Maebashi Legal Affairs Bureau, Numata Branch regarding real property as follows.

IV. 平成■■年11月18日、■■■■■■■■エドワードは群馬県■■■■■大字上牧3870番地1からアメリカ合衆国メイン州ダマリスコッタ市■■■■■■■17■■■■方私書箱292に住所を移転し、現在まで継続して居住している

1

330

3 事例

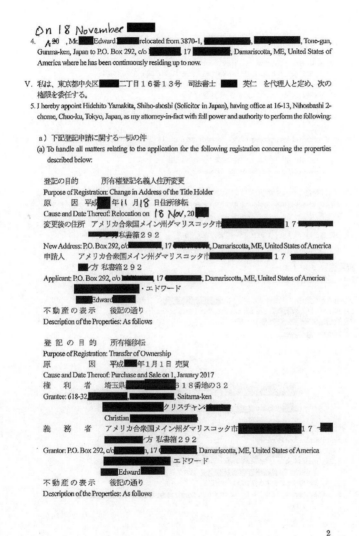

On 18 November

4. ヘ20, Mr. ▓ Edward ▓ relocated from 3870-1, ▓, ▓, Tone-gun, Gunma-ken, Japan to P.O. Box 292, c/o ▓, 17 ▓, Damariscotta, ME, United States of America where he has been continuously residing up to now.

V. 私は、東京都中央区▓二丁目16番13号 司法書士 ▓ 英仁 を代理人と定め、次の権限を委任する。

5. I hereby appoint Hidehito Yamakita, Shiho-shoshi (Solicitor in Japan), having office at 16-13, Nihonbashi 2-chome, Chuo-ku, Tokyo, Japan, as my attorney-in-fact with full power and authority to perform the following:

a) 下記登記申請に関する一切の件
(a) To handle all matters relating to the application for the following registration concerning the properties described below:

登記の目的　　所有権登記名義人住所変更
Purpose of Registration: Change in Address of the Title Holder
原　因　平成▓年11月18日住所移転
Cause and Date Thereof: Relocation on 18 Nov, 20▓
変更後の住所　アメリカ合衆国メイン州ダマリスコック市▓ 17 ▓
▓私書箱292
New Address: P.O. Box 292, c/o ▓, 17 ▓, Damariscotta, ME, United States of America
申請人　アメリカ合衆国メイン州ダマリスコッタ市▓ 17 ▓
▓方 私書箱292
Applicant: P.O. Box 292, c/o ▓, 17 ▓, Damariscotta, ME, United States of America
▓・エドワード
▓Edward
不動産の表示　後記の通り
Description of the Properties: As follows

登記の目的　所有権移転
Purpose of Registration: Transfer of Ownership
原　因　平成▓年1月1日売買
Cause and Date Thereof: Purchase and Sale on 1, January 2017
権利者　埼玉県▓618番地の32
Grantee: 618-32▓, Saitama-ken
▓クリスチャン・▓
▓Christian
義務者　アメリカ合衆国メイン州ダマリスコッタ市▓ 17 ▓
▓方 私書箱292
Grantor: P.O. Box 292, c/o ▓, 17 ▓, Damariscotta, ME, United States of America
▓エドワード
▓Edward
不動産の表示　後記の通り
Description of the Properties: As follows

第9章　メイン州

b）本件登記申請委任状の訂正、補完に関する一切の権限
b. Amendments and Complements to This Power of Attorney
c）登記識別情報の受領、登記識別情報の暗号化及び復号に関する一切の権限
c. Receipt of, and to Code and Decode Identification Code of Registration
d）原本還付請求及び受領に関する一切の権限
d. Request for return of the Original Documents and Receipt Thereof
e）登記申請の取下及び登録免許税の現金還付又は再使用証明申出の請求・受領に関する一切の権限
e. Cancellation of the Application of the Registration and Request for Refund of Registration Tax and Receipt Thereof
f）前記各号に関し復代理人の選任に関する一切の権限
f. Appointment of Subagents related to the above a, b, c, d, and e

VI. 下記不動産につき、固定資産評価証明書の交付申請及び受領に関する一切の件
6. All matters relating to the application for tax duplicate concerning the properties described below and receipt thereof.

VII. 下記署名は、実際に、私の真正かつ正確な署名である。
7. The signature, which appears below, is, for all intents and purposes, my true and correct signature.

　　年 3月 7日
Date _9th Mach_

アメリカ合衆国メイン州ダマリスコッタ市　　　　　　17 私書箱292
P.O. Box 292, 17　　　　　　, Damariscotta, ME, United States of America
　　　　　　　　　エリザベス
　　　Elizabeth

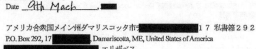
　　　/Elizabeth　　　　　　　　・エリザベス

不動産の表示
Description of the Real Properties:
　・1、群馬県利根郡　　　　　　　3870番1　の土地
　1. Land located at 3870-1,　　　　　　　, Tone-gun, Gunma-ken
　　2、群馬県利根郡　　　　　　　3870番地1
　　　家屋番号：3870番1の1　の建物
　2. Building Number: 3870-1-1, located at 3870-1,　　　　　　　Tone-gun,

3

3、群馬県利根郡███████ ███████3870番地1
　　Gunma-ken
　　家屋番号：3870番1の2　の建物
3. Building Number: 3870-1-2, located at 3870-1, ███████████, Tone-gun, Gunma-ken

(THIS DOCUMENT MUST BE ATTESTED AND CERTIFIED BY NOTARY PUBLIC)
SUBSCRIBED AND SWORN TO BEFORE ME
THIS 9th DAY OF March ███████　　　　ASHLEY ███████
　　　　　　　　　　　　　　　　　　　　　Notary Public, Maine
███████████████████████　　　　My Commission Expires August 14, ███
　　　　　NOTARY PUBLIC

第9章 メイン州

DURABLE POWER OF ATTORNEY

I, ▉ E. ▉ of Kamimoku, Gunma, Japan, hereby appoint ▉ ELIZABETH ▉ my true and lawful attorney-in-fact to manage my affairs in my name and stead. Without limiting the broad powers conferred, I authorize my attorney-in-fact:

To sell, transfer, assign, deliver and convey any and all of my property, real and personal, and in connection therewith to sign, seal, execute and deliver deeds, bills of sale, stock powers, and any other documents necessary or convenient to accomplish such sale, transfer, assignment or conveyance; and no purchaser, transferee or assignee shall be bound to see the application of the proceeds;

To receive, endorse, collect, negotiate and deposit checks payable to my order, including Social Security checks and other checks drawn on the Treasurer of the United States, and to give full discharge for the same, and to draw checks and withdrawal orders on any checking or savings account or certificates standing in my name;

To collect any and all income, claims, and demands of every nature and description which I may now or hereafter have and to prosecute and defend any lawsuits involving me or my property;

To purchase or acquire any real or personal property which my attorney-in-fact may determine to be in my interest and for such amount and on such terms as my attorney-in-fact may determine; in my name, to execute and deliver any consideration, documents, or instruments of transfer which may be required to purchase or acquire said property;

To adjust by compromise or arbitration any claims in my favor or against me;

To invest and reinvest any of my property as my said attorney-in-fact may deem fit;

To borrow any money on such terms and with such security as my attorney may think fit, and to execute all notes, mortgages, guarantees, pledges and other instruments that my attorney finds necessary or desirable;

To continue any debt or guarantee of mine, and any pledge or mortgage securing such debt or guarantee, and satisfy and/or extend any and all obligations of and otherwise deal with any such loans or guarantees;

To be my substitute and proxy to vote my shares of stock in any corporation at any meeting of shareholders;

To execute and file any and all income and other tax returns and declarations of estimated tax required to be filed by me, to execute IRS Form 2848, to receive any tax refund due me, to receive any communications with respect to any tax, and to appear for me and represent me before the United States Treasury Department and any state or municipal or other agency in connection with any matter involving, federal, state or local taxes;

2

  To act in all respects regarding any insurance I own or in which I have or may have a beneficial interest, including by not limited to the following acts; to sell, assign or otherwise transfer ownership, to borrow any sum in accordance with the provisions of such policies, to cancel said policy, to purchase insurance or additional insurance, and to exercise any options available with respect to said policies, and to receive all payments, dividends or surrender values, which may accrue on account of such policies during my lifetime;

  To consent to treating any or all gifts by my spouse as being made one-half by me for gift tax purposes;

  To enter any safe deposit box standing in my name alone or jointly with any other person, to remove any or all of the contents thereof, and to surrender any such box ;

  To sell, convey, rent or lease for any term, my real estate wherever located at such price and upon such terms as my seem fit to my said attorney-in-fact and to execute, acknowledge and deliver any and all agreements, deeds, releases and other documents necessary or convenient to accomplish such sale, conveyance, rental or lease;

  To make any benefit elections or withdrawals concerning individual retirement accounts, and qualified plans; to apply to the Social Security Administration to become representative payee of my Social Security benefits payments, and to then act as my representative payee in accordance with applicable law; and to make any and all applications to medical, welfare or other assistance programs for benefits to which I may be entitled;

  To decline or resign any trusteeship or other fiduciary position;

  To transfer all or any part of my assets, real or personal, tangible or intangible, to any trust which is in existence or which I may now or in the future create;

  To authorize my admission to a medical, nursing, residential or similar facility and to enter into agreements for my care;

  To authorize all medical, therapeutical and surgical procedures, including the administration of drugs, or restrict such procedures pursuant to any living will I may execute.

  This instrument is to be construed and interpreted as a general power of attorney. The enumeration of specific items, acts, rights, or powers herein does not limit or restrict, and is not to be construed or interpreted as limiting or restricting the general powers herein granted to said attorney-in-fact. My attorney, as a fiduciary, may act in relation to my estate as fully and effectually in all respects as I myself could if personally present.

  Any person dealing with said attorney may rely without inquiry on the continuing validity of this power unless he has notice that it has been revoked by me.

  This Power of Attorney shall not be affected by my subsequent disability or incapacity.

第9章 メイン州

3

NOTICE TO THE PRINCIPAL

As the "Principal," you are using this Durable Power of Attorney to grant power to another person (called the "Agent") to make decisions about your money and property and to use it on your behalf. The powers granted to the Agent are broad and sweeping. Your Agent will have the power to sell or otherwise dispose of your property and spend your money without advance notice to you or approval by you. Under this document, your Agent will continue to have these powers after you become incapacitated and you may also choose to authorize your Agent to use these powers before you become incapacitated. The powers that you give your Agent are explained more fully in the Maine Revised Statutes, Title 18-A, sections 5-501 to 5-508 and in Maine case law. You have the right to revoke or take back this Durable Power of Attorney at any time as long as you are of sound mind. If there is anything about this form that you do not understand, you should ask a lawyer to explain it to you.

NOTICE TO THE AGENT

As the "Agent" or "Attorney-in-fact," you are given power under this Durable Power of Attorney to make decisions about the money and property belonging to the Principal and to spend it on that person's behalf. This Durable Power of Attorney is only valid if the Principal is of sound mind when the Principal signs it. As the Agent, you are under a duty (called a "fiduciary duty") to observe the standards observed by a prudent person dealing with the property of another. The duty is explained more fully in the Maine Revised Statutes, Title 18-A, sections 5-501 to 5-508 and 7-302 and in Maine case law. As the Agent, you are not entitled to use the money for your own benefit or to make gifts to yourself or others unless the Durable Power of Attorney specifically gives you the authority to do so. As the Agent, your authority under this form will end when the Principal dies and you will not have the authority to administer the estate unless you are named in the Principal's will. If you violate your fiduciary duty under this Durable Power of Attorney, you may be liable for damages and may be subject to criminal prosecution. If there is anything about this form or your duties under it that you do not understand, you should ask a lawyer to explain it to you.

IN WITNESS WHEREOF I have hereunto set my hand and seal this 31day of May 31,2000.

Witness

E.

Witness

STATE OF MAINE
COUNTY OF LINCOLN
On May 31,2000, then personally appeared the above named ███ E. ███████ and executed the foregoing instrument and acknowledged the same to be his/her free act and deed, before me.

Notary Public/Attorney at Law
Printed Name: Judy A. R

3

第2編　その他の国

第2部 下らぬ国々

第10章　パキスタン籍の相続

1 準拠法

　パキスタン籍の被相続人が日本に財産を残して亡くなった場合に，通則法36条により，パキスタン法が適用されることになる。しかしながら，パキスタンは場所的不統一法国であり，かつ，人的不統一法国でもある。そこで，どのようにして準拠法を決定していくか，説が分かれている。

2 場所的不統一法国

　パキスタンは，人的不統一法国であり，かつ，場所的不統一法国でもある。パキスタンは四つの州（バローチスタン・Baluchistan，北西辺境州・NWFP，パンジャブ州・Punjab及びシンド州・Sindh）と二つの連邦直轄地区（連邦直轄部族地域・FATA及びイスラマバード首都圏）とに分かれており，[1] 連邦直轄部族地域やカシミール地方では慣習法を優先的に適用し，その他の州及び連邦直轄地域であるイスラマバード首都圏は一般法を適用する場所的不統一法国[2]でもある。そのため，この場合は通則法38条3項を適用して規則に従い指定される法か，そのような規則がない場合には最密接関係地域の法を本国法としなければならない。

---

1) 英国内務省報告・パキスタン2010.01，10頁，法務省ホームページより（http//www.moj.go.jp/nyuukokukanri/houkoku/nyuukokukanri03_00073html）
2) 伊藤弘子「戸籍時報」692号56頁「パキスタンでは各州に州議会が置かれ一定の分野につき州法の制定が認められていることおよび慣習法が連邦議会で制定される法に優先的に適用される地域がある。」

3 人的不統一法国

　パキスタンは国名をパキスタン・イスラム共和国（公式英文名はIslamic Republic of Pakistan）としており，イスラム教を国教として憲法に規定している[3]。パキスタンの人口は2008年7月の推計では約1億6770万人[4]で，イスラム教を信仰する者（ムスリム）が約96.2パーセント，ヒンドゥー教徒1.6パーセント，キリスト教徒1.6パーセント，アハマディア派0.2パーセントと分類されているとのことである[5]。

　パキスタンでは，キリスト教徒，パールシー教徒（ゾロアスター教徒）は，一般法である1925年相続法（The Succession Act, 1925）を適用し，ヒンドゥー教徒，ムスリム，仏教徒，シーク教徒，ジャイナ教徒については，この相続法は適用されない。特に，ヒンドゥー教徒には，1929年ヒンドゥー相続法（The Hindu law of Inheritance（Amendment）Act, 1929）が適用され，ムスリムについては1937年シャリーア法（The Muslim Personal Law（Shariat）Application law, 1937）が適用され，その中でムスリムの中の各学派による慣習法を適用することになる。

4 人的不統一法国における準拠法決定の方法

　国際私法の各教科書によれば，通則法40条1項については，学説が対立している。第1説は，通則法38条3項の場所的不統一法国と同様に，人的不統一法国においても同様に本国内に私法の抵触を解決する規則があるときは，その規則により指定された法を本国法とする[6]。これを批判する第2説は，そもそも人的不統一とは実質法の要件の定め方として人的要素を区別の基準と

---

[3] 第25条1項「パキスタンの回教徒をしてその生活を聖なるコーラン及びスンナーに従つて個人的及び集団的に規律することを可能ならしめる方策が採られなければならない。」（河野敦代「イスラム法における相続人」（明治大学大学院紀要，第4集，1967年），衆議院法制局・参議院法制局・国立国会図書館調査立法考査局・内閣法制局編「和訳各国憲法集（続）(19)「パキスタン回教共和国憲法」」34頁）
[4] 英国内務省報告・パキスタン2010.01，10頁
[5] 伊藤弘子「戸籍時報」692号56頁
[6] 神戸家審平成6．7．27相続放棄申述事件（家月47巻5号60頁），拙著『渉外不動産登記の法律と実務』15頁に事例を紹介している。

しているだけであって，実質法上の問題に過ぎない。法域の選択が問題となる場所的抵触の場合とは異なり，法廷地の国際私法の立場から直接にその解決を図ることは疑問であるとする[7]。この説からすると反致の成否の判断はどの段階でするのかについては，国際私法上の問題として，国内の具体的な規定を特定する以前に本国法として国家単位が指定された時点で判断すべきとする。ところが，この説によって具体的にパキスタンの相続に関して国際私法がどのようになるのかについては，インド[8]を除いて記述が見当たらない。

5 パキスタンにおける本国法たる国際私法

　仮に第2説によっても，伊藤弘子・名古屋大学大学院法科研究科特任准教授の戸籍時報692号58頁「インド亜大陸の一般法はイギリス植民地時代に移植されたイングランド法型であり，少なくともインドでは建国当初は一般法による法統一が目指され，実際にムスリムを除いた集団については統一が進められつつある。これに対してパキスタンでは国民の大多数がムスリムであり，イスラーム共和国として建国されたこと，また政治的背景もありむしろムスリム法の成文法化が先行している。インドおよびパキスタンのいずれの国においても効力を有する「1937年シャリア法（The Muslim Personal Law (Shariat) Application Act 1937)」第2条は当事者双方がムスリムである場合には相続にはムスリム法を適用すると規定し，「相続法[9]」の法定相続人の範囲および相続分の規定はムスリムには適用されず，相続に基づく権利移転や遺言検認等，裁判所での手続を要する事項についてのみ「相続法」の適用を受ける等固有法が確立しており，今後もムスリムについては一般法による統一は進展しないと思われる。」旨記述されているように，説得力があり，第2説でもパキスタンの国際私法上の相続の準拠法としては，本国法主義をとっているのではないかと思われる。もっともどの学者の方も明確には論述されていない。

---

[7] 道垣内正人『ポイント国際私法　総論』「ポイント9　人的不統一法国の扱い」192頁以下（有斐閣，第2版，2007年）
[8] 林貴美『国際私法判例百選［新法対応補正版］』（別冊ジュリスト185号，2007）157頁
[9] 著者注：1925年相続法（The Succession Act, 1925）を意味する。

そのうえで，当事者双方がムスリム教徒であれば，1937年シャリーア法を適用して，ムスリム法による相続を適用する。また，キリスト教徒，パールシー教徒については，1925年相続法を適用することになる。

しかしながら，キリスト教徒，パールシー教徒については，1925年相続法を適用すると，同相続法5条において，不動産相続については不動産所在地法主義（同条1項），動産相続については被相続人の死亡時の住所地法主義（同条2項）となる旨の相続準拠法の規定が存在している。キリスト教徒，パールシー教徒については，再度，国際私法が適用になり，これを適用すると特に日本に遺された不動産については反致により日本法が適用になるという統一性が出てこないように思える。それとも，一旦パキスタンの国際私法の適用をなしたのであるから相続法5条の規定は適用しないとするのか，実務家には混乱するばかりである。思うに，再度の国際私法の適用はないものと考える。

6 ムスリム法による相続

法定相続人の範囲や法定相続分を支配するパーソナル・ローの特定は，原則として当事者の所属，帰属の意思に基づくことになる。当事者，その親族が代々信仰してきた宗教及びその学派に固有の法が適用されることになる。イスラム教には，スンナ派[10]とシーア派[11]とに分裂しており，そのスンナ派に4大学派[12]（ハナフィー学派，シャーフィー学派，マーリク学派，ハンバル学派）があり，パキスタンはハナフィー学派が多く住んでいるとのことである[13]。

---

10) イスラム教の9割を占め，イスラム共同体の指導者は宗教的指導者と政治軍事指導者が分離したとする。
11) イスラム教の1割程度で，イスラム共同体の指導者としての地位の世襲を認める。レバノン，インラ，イラク，アフガニスタン等に多く分布する。
12) 伊藤弘子「戸籍時報」635号24頁。ただし，前出河野221頁は「ハナフィー派（トルコ，中央アジア，エジプト），シャーフィー派（パキスタン，東アフリカ，アラビア），マーリキー（マーリク）派（モロッコ，チュニジア），ハンバリー（ハンバル）派（東部アラビア）」として，遠峯四郎「イスラム法ノート」を参照されて掲載されている。パキスタンに関し伊藤弘子氏とは異なるようである。
13) 伊藤弘子「戸籍時報」692号59頁

ハナフィー学派によるイスラム相続法は下記のようになる。

◎ **相続人**

相続人には，七つの部類があり，三つの主たる部類と四つの従たる部類に分かれるという。

> 第1順位　主たる相続人
> 主たる相続人には，(1)ザゥ・ル・ファラーイド（割当相続人[14]），(2)アサバート（アサバ），(3)ザゥ・ル・アムール（非アバサ）が属するとする。

① **ザゥ・ル・ファラーイド（割当相続人）**

ザゥ・ル・ファラーイド（割当相続人）とは，コーランの規定によって一定の相続分が割り当てられている相続人である。一定の相続分とは，遺産の1/2，1/4，1/8，2/3，1/3，1/6を示し，この相続分をアァリーダといい，コーラン第4章12節〜15節及び175節に規定されているとのことである。

具体的には，婚姻関係にある夫（1/4）又は妻（1/8），血族卑属関係にある娘（1/2又は二人以上のとき2/3），息子の娘（1/2又は二人以上のとき2/3），血族存続である父（1/6），母（1/6），祖父（1/6），祖母（1/6），傍系血族である全血姉妹（1/2又は二人以上のとき2/3），父方の半血姉妹（1/2又は二人以上のとき2/3），母方の半血姉妹，半血兄弟（1/6又は二人以上のとき1/3）であり，常に相続権を有する者は夫，妻，父，母，娘であり，その他の相続人は何人かの存在によって排斥されることになる。

② **アサバート（アサバ）**

アサバート（アサバ）とは，父方からなる相続人で，コーランに相続分が規定されていず，上記①のザゥ・ル・ファラーイド（割当相続人）に属する相続人が遺産を受け取った後の残余財産に対して権利を有するとされている

---

[14] カッコの「割当相続人」，「アサバ」，「非アサバ」，「マウラー」等の用語は伊藤弘子前出「戸籍月報」で使用されている用語である。河野敦代「イスラム法における相続人」（明治大学大学院紀要，第4集）

とのことである。アサバート（アサバ）には，被相続人の血族により，または特別の原因（奴隷からの解放者）によるアサバート（アサバ）になるものがあり，被相続人の血族として男系男子（具体的には，直系血族として息子，息子の息子，父，実祖父，傍系血族として全血兄弟，父方の半血兄弟，全血兄弟の息子，父方の半血兄弟の息子，父方の伯叔父，父方の伯叔父の息子であり，卑属は尊属に優先し，尊属は親等が近い者が優先し，傍系親に優先する。親等が同じときは均等，全血が半血に優先する。），男系女子（息子による娘，息子の息子による娘，全血兄弟による全血娘，父方の半血兄弟による半血娘で，娘は，息子がいる場合にはアバサート（アバサ）として相続する。具体的には，息子の半分の相続分になる。）に分けられるという。

③ ザゥ・ル・アムール（非アバサ）

ザゥ・ル・アムール（非アバサ）とは，上記の(1)，(2)に属さない親族からなる相続人で，母方及び父方の親族からなる。具体的には，被相続人の直系卑属としての娘の娘，娘の息子，直系尊属としての母の父，母の父の母，傍系血族としての全血兄弟の娘，全血姉妹の息子，父方の伯叔母，母方の伯叔母，父方の伯叔母の娘，母方の伯叔母の娘である。これ等の間において，卑属は尊属に優先し，尊属は傍系親に優先し，同種類間においては親等の近い者が優先し，同親等間においては上記①，②の子供が優先するとしている。

> 第2順位　次順位の相続人
> 主たる相続人がいない場合に，下記の相続人に遺産は与えられる。
> ①契約による相続人（マウラー・奴隷から解放した者は，その奴隷だった者の遺産を相続する），②承認された血族男子（被相続人によって承認された親族とされた男子），③国庫，となるとのことである。

具体的に，被相続人に父母，妻，娘二人，息子一人の場合においての法定相続分は，父（1/6），母（1/6），妻（1/8），娘は，息子がいるため，アバサートにより娘は息子の半分になり，息子（13/48），娘二人は各々（13/96）とな

るとのことである。[15]

7 事例

日本に帰化した元パキスタン人が，パキスタン妻及び未成年の子を残して日本の不動産につき相続が発生した事例

― ポイント ―
パキスタン大使館よりの宣誓供述書は

(1) 概　要

　ムハメド（仮名）は，日本女性と婚姻し，14年後日本に帰化し，千葉県にムハメド名義の自宅を購入した。しかしながら，その後夫婦仲が悪くなり16年ほど連れ添った日本人女性と離婚し，1年後，パキスタン籍女性とパキスタン方式に従い婚姻した。3年後に長女が誕生し，その3年後に次女が誕生した。50歳のときに，妻，未成年の子供二人を残して亡くなった。

(2) 具体的手続

　ムハメドは日本に帰化しているので通則法36条「本国法」は日本であり，民法に従って相続人の範囲，相続分を決定することになる。また，ムハメドが他に相続人がいない旨の証明書として妻によってパキスタン大使館においてその旨の宣誓供述をなしその旨の認証を受けた。ただ，パキスタン大使館から宣誓供述書の認証を必要とする理由をその宣誓書の中に記載し，当職の署名を求めてきた。そのため宣誓供述書の末尾にその旨の理由を記載し当職が署名することにより認証が完了した。

---

[15] 伊藤弘子「戸籍時報」692号61頁

第10章　パキスタン籍の相続

《例41　相続人・他に相続人がいないこと及び親権を証するための宣誓供述書》

宣誓供述書　AFFIDAVIT

日本国千葉県■■■■204番地の16に居住する、私、シャヒーン・■■■■は、以下のとおり宣誓をし、供述する。

I, ■■ Shaheen, of 204-16 ■■■■■■■■■■ Chiba-ken, JAPAN, hereby make oath and say as follows;

I．私の氏名、国籍、現在の住所及び生年月日は次のとおりである。
　　氏名：シャヒーン・■■■■（シャーヒーン、■■■■■）
　　国籍：パキスタン・イスラム共和国
　　住所：千葉県■■■■■204番地の16
　　生年月日：■■■年（昭和51年）7月28日
　　i．My name, Nationality, address and date of birth are as follows:
　　Name:■■ Shaheen
　　Nationality: Islamic Republic of Pakistan
　　Address: 204-16 ■■■■■■■■■■, Chiba-ken, JAPAN
　　Date of Birth: July 28, 1976

II．私の夫である亡■■アユーブの氏名、本籍等は次のとおりである。
　　氏名：■■アユーブ
　　本籍：千葉県■■■■■204番地の16
　　最後の住所：■■■■■204番地の16
　　帰化：平成■■年12月1日、日本国籍取得
　　　　　（従前国籍：パキスタン・イスラム共和国、従前の氏名：■■■■■・アユーブ）
　　ii The name, registered domicile of etc. of Deceased Ayub Someya who was my husband are follows:
　　Name: Ayub ■
　　Registered domicile: 204-16 ■■■■■■■■■, Chiba-ken
　　Last address: 204-16 N■■■■■■■
　　Naturalization: He acquired Japanese nationality on December 1, 2004
　　　　　(Former nationality: Islamic Republic of Pakistan, Former name: ■■■■ Ayub)

III．私は、平成19年4月26日イスラム・パキスタン共和国の方式により■■アユーブと婚姻し、私達の子として長男■■シャミール（平成■■年■月10日生）、長女■■セタラ（平成■■年■月21日生）及び次女■■マハム（平成■■年■月29日生）がいる。
　　iii I got married to Ayub ■■■ in Islamic Republic of Pakistan's style on April 26, ■■■ and we have three children, whose names are Shamil ■■■ of first son (Date of birth: July 10, ■■■), Setra ■■■ of first daughter (Date of birth: February 21, ■■■) and Mahum ■■■■■ of second daughter (Date of birth: January 29, 2013).

IV．私の夫である■■アユーブは、平成■■年4月13日に死亡した。
　　iv Ayub ■■■■, my husband, died on April 13, ■■■.

V．亡■■アユーブには、相続人として妻である私シャヒーン・■■■■（■■■■年■月28日生）、長男■■シャミール（平成■■年■月10日生）、長女■■セタラ（平成■■年■月21日生）及び次女■■マハム（平成■■年■月29日生）の4名があり、これ以外に相続人はいない。

Sign or Initial

346

7 事例

v The deceased Ayub ▇ had four heirs, ▇ Shaheen of his wife (Date of birth: July 28, ▇), Shamil ▇ of first son (Date of birth: July 10, ▇), Setra ▇ of first daughter (Date of birth: February 21, ▇) and Mahum ▇ of second daughter (Date of birth: January 29, ▇). There are no his heirs other than Shaheen ▇, Shamil ▇, Setra ▇ and Mahum ▇.

VI. 私シャヒーン・▇は、▇シャミール、▇セタラ及び▇マハムの母親であり親権者である。

vi I, ▇ Shaheen, am the mother of Shamil, Setra and Mahum and have their parental authority.

上記は真実に相違ない。
And I make this solemn declaration conscientiously believing the same to be true.

平成 ▇ 年 04 月 23 日
DATE:

(住所, Address) CHIBA KAN ▇ 204-16

(氏名, Name)　　　　　SHAHEEN・

Signature attested only

Nadeem ▇
Second Secretary
Embassy of Pakistan
Tokyo

No. 875-A
Dated: 23-04-▇

Dear Embassy of Islamic Republic of Pakistan Tokyo.

I, undersigned, do solemnly and sincerely declare that I advised and ordered Mrs. ▇ Shaheen to prepare such Affidavit attested by Embassy of Islamic Republic of Pakistan Tokyo as the required document for the inheritance procedure of real estate titled to the deceased Ayub ▇ which should be submitted to Kashiwa brunch office of Chiba District Legal Affairs Bureau as the attached document for the procedure of inheritance registration.

Date:
　　Hidehito ▇, Shiho-shoshi Lawyer
　　▇ International Office
　　2-16-13-3F, ▇, Chuo-ku, Tokyo
　　HP: www.▇.com

Sign or Initial

第11章　マレーシア籍の相続

1 相続の準拠法

　マレーシア籍被相続人が日本に財産を残して亡くなったときに，通則法36条でマレーシア法が適用になるが，マレーシアには統一国際私法は制定されていないようである。もともと，マレーシアは旧宗主国であったイギリスの法律を継承している。不動産に関しては，不動産所在地法が，動産に関しては住所地法（または，常居所地法）を適用するのが，今日でも英米法系諸国で採用されている。[1] 根拠法的には，相続分配法（Distribution Act,1958）の第4条（Law regulating distribution）において，1項「被相続人の動産（movable property）の分配については，同人の死亡時の住所（domicile）を有している国の法に規定される。」，2項「被相続人の不動産（immovable property）の分配については同人の死亡時にどこに住所（domicile）があろうともこの法律に規定される。」旨規定 [2] している。この規定は，シンガポールの無遺言相続法（Intestate Succession Act, Chapter146. 1967）の第4条（Law regulating distribution）の規定とまったく同一である。この規定では不動産について制限がないようであるが，英米法系の解釈からすればマレーシアに所在している不動産を意味するものであり，他国に所在する不動産を意味するものではないことになる。

---

1) 櫻田嘉章＝道垣内正人『注釈国際私法　第2巻』［林貴美］188頁（有斐閣，2011）
2) Law regulating distribution 4(1)The distribution of the movable property of a person deceased shall be regulated by the law of the country in which he was domiciled at the time of his death.(2)The distribution of the immovable property of a person deceased shall be regulated by this Act, wherever he may have been domiciled at the time of his death.ちなみにサバ州のIntestate Succession Ordinance,1960（State of Sabah）においても同様の規定を置いている。

2 マレーシアの司法制度[3]

(1) 裁判組織

　マレーシアは，人口2347万[4]で，その内訳はマレー系6割，中国系3割，インド系1割，ボルネオ島の少数民族から構成する多民族国家であり，英米法体系のほかにムスリム法，アダット（adat）と呼ばれるマレー慣習法，華僑慣習法，ヒンズー慣習法，原住民慣習法（サバ（sabah），サラワク（sarawak）に適用）があり，イギリス法が一般的に適用される一方，婚姻，相続，宗教などの事項については当事者が属する民族の属人法が適用される人的不統一法の国である。

　裁判所の構成として，上位裁判所には，連邦裁判所，その下に控訴院があり，控訴院の下にマラヤ及びサバ，サラワクにそれぞれ1箇所ずつ高等法院が設けられており，第1審管轄権として民事および刑事事件についての無制限の第1審管轄権を有している。民事事件については，特に，①婚姻及び離婚，②海事，③破産及び会社関係，④未成年及び未成年者の財産の後見人の任命及び監督，⑤障害者及び障害者の財産の後見人の任命及び監督，⑥遺言の検認の事件を審理できるとしている（裁判所法（Court of Judicature Act, 1964）24条）。また，下位裁判所（セッション裁判所（Sessions Court）[5]治安判事裁判所（Magistrate Court），[6]プングル裁判所（Penghulu's Court），[7]少年裁判

---

[3] 司法制度に関しては，小林昌之＝今泉慎也『アジア諸国の司法改革』[中村良隆]「第6章　マレーシアの裁判制度」（日本貿易振興会アジア経済研究所，2002）及びLegal System in Aseanの「Legal System in Malaysia」（http://www.aseanlawassociation.org/legal.html）の項を参照した。

[4] IMFによる2018年4月時点の推計（IMF - World Economic Outlook Databases）

[5] セッションズ裁判所は全国33か所あり，民事事件については，土地の所有および賃貸借，差押事件，訴額が25万リンギットを超えない事件等を扱う。前出「アジア諸国の司法改革・第6章マレーシアの裁判制度」173頁

[6] 治安判事裁判所は全国106か所あり，治安判事は1級と2級に分かれ，第1級治安判事は民事事件については訴額25万リンギットを超えない事件を扱い，第2級治安判事は法曹資格を有せず，刑事裁判では12か月未満の自由刑を科しうる刑事事件について6か月以下の拘禁，1000リンギット以下の罰金又は併科する権限を有する。前出「アジア諸国の司法改革・第6章マレーシアの裁判制度」174頁

[7] 州政府により任命された村と郡との間の農村の長（Penghulu）により主宰される裁判所であり，訴額50リンギット以下の民事事件と法定刑25リンギット以下の刑事事件を管轄する。前出「アジア諸国の司法改革・第6章　マレーシアの裁判制度」196頁の注(13)

所（Juvenile Court）,[8] 小額訴訟裁判所（Small Claims Court）[9] 等）の上訴管轄権を有している。また，1967年労働関係法（Labor Relations Act, 1967）により設置された日本の労働委員会に類似する労働裁判所がある。属人裁判所として，シャリーア裁判所（shariah court）があり，ムスリム教徒の家族法や，マレー慣習法を適用する裁判所である。シャリーア裁判所には，3段階の組織を構成しており，①シャリーア下位裁判所として民事，刑事の第1審管轄を有し，②シャリーア高等法院は第1審，第2審及び上訴管轄権を有し，③シャリーア控訴裁判所となる。更に，原住民裁判所（Native Court）は，サバおよびサラワクにのみ設置され，原住民とはボルネオ島に居住するイバン族，カダザン族などの少数民族を指すとのことである。

(2) **マレーシアの法律専門家**[10]

マレーシアではイギリスの法制を承継しており，法曹一元制度が採られ，法学教育を終わった者がソリシターとなり，その中から学識・経験ともに優れた者が裁判官として任官する制度であるが，イギリスと違いバリター，ソリシターという区別がなく，アドボケイト・アンド・ソリシター（advocate and Solicitor）と呼ばれている。

(3) **公証人**[11]

公証人は司法長官（General Attorney）によって，任命され，公証人の管轄地は任命された特定の州においてしか活動できないことになっている。任期は2年であり，更新することができる。公証人は，アドボケイト（advocate）

---

8) 1947年少年裁判所法（Juvenile Court, 1947）により設置された裁判所で，10歳から18歳の少年の犯した死刑犯罪以外の刑事事件について管轄権を有する。前出「アジア諸国の司法改革・第6章　マレーシアの裁判制度」175頁
9) 消費者問題に対応するため，訴額300リンギット未満の訴訟について管轄権を有する第2級治安判事裁判所として，1986年にクアラルンプールに設置されたが，現在は運用停止となっている。前出「アジア諸国の司法改革・第6章　マレーシアの裁判制度」196頁注(14)
10) legal profession act in Malaysia1976年，前出「アジア諸国の司法改革」190頁以下を参照
11) Notaries Public Act1959年及びhttps://www.notarypublicmalaysia.com/ のサイトを参考にした。

第11章　マレーシア籍の相続

の実務経験を少なくとも15年経ていなければならず，アドボケイトのいない地域については公務員（Public Officer）が任命されることがある。

　マレーシアの公証人は，イングランドの公証人と同様の権限と機能を有している。公証人は，①書面の正当な成立を証明するため，②海員又は海上船舶に関連する事項について，③マレーシア国外のあらゆる場所又は裁判で使用する目的のため，宣誓供述書（Affidavit）及び法定宣誓書（Statutory Declaration）の宣誓又は誓約を管理するものである。マレーシアの公証人の権限は，国内における場所又は裁判所で使用される目的のために作成された宣誓供述書又は法定宣誓書の管理又は確証には及ばない。これらは，宣誓官（Commissioner for Oaths）がとり行う（4条Privileges of notaries public）。

　そこで，この公証人法4条において，イングランド公証人と同様の権限を有しているとして，イングラント公証人の権限は下記の通りである。

(1)　不動産又は動産や法的手続に関連する法律書面の作成，準備
(2)　土地登録法（Land Registration Act 1925）による法律書面又は申請書の作成，準備
(3)　検認開始状，検認管理許可状の申立書又はこれに対する異議書の作成，準備のための指示
(4)　国外への投資企画行為に関しての宣誓
(5)　遺言に関する宣誓認証
(6)　印章に関する宣誓，誓約
(7)　宣誓官（Commissioner for Oaths）としての権限行使
(8)　海外における書面又は証書（Deed）作成準備
(9)　証書，書面，契約書及び委任状の作成検証及び認証
(10)　検認された書面の写しの認証及び検証
(11)　船舶抵当証書（Bottomry and Respondentia bonds），海損合意書その他の商業合意書（Average Agreements and other Mercantile Agreements）の準備
(12)　英文から外国語又は逆の翻訳並びに書面の検証
(13)　債券及び社債の作成
(14)　国内外により授権された宣誓官としての執務
(15)　為替に関して，①内外の為替の受け入れ又は支払の代理，②不履行の

際の通知及び反論,③履行準備
(16) 海難報告（Ship's protest），滞船保管料（Demurrages），その他の商業文書（Other commercial document）の準備

公証人の面前で作成された宣誓供述書,公証人による書面の認証は外国裁判所に証拠として提出することができるものであると述べている。

更に,誰が公証人の面前で宣誓するのかというと,宣誓及び確約法（The Oaths and Affirmation Act 1949）6条1項によれば,①証人,例えば,法廷において法的に検査,証拠提供,証拠提供を要請され人物又は証拠の所持,検認される人物,②人証に対し審問する人物,③翻訳者,④陪審員,が規定されている。同法7条によれば,法の規定の下で宣誓する者は法に従ったものと看做される旨規定されているとのことである。

3 マレーシアの相続手続[12]

(1) 相続に関連する法律

マレーシアの相続に関する法律について,遺言法（Will Act, 1959. 2006. 1. 1全面改正），無遺言配分法（Distribution Act, 1958），家族保護措置法（Inheritance（Family Provision）Act, 1971），検認並びに管理法（Probate and Administration Act, 1952）等がある。いずれの法もマレー半島についてのみ適用され,ムスリム教徒,サバ州及びサラワク州には適用されないが,サバ州,サラワク州には同様の条例（Ordinance）が制定されている。

(2) 家族保護措置法（Inheritance（Family Provision）Act）

遺言を作成していなかったときに,遺産受益者（Beneficiary）のために,遺産分配法（Distribution Act）が定められている。全ての債務（税金を含む）を清算した後に,残された家族が遺産の支給を受けられなかったり,または不十分な支給であったり,あるいは遺言者の遺言のために遺産の中から生活のための支給を受けられなかったりした場合のために,家族保護措置法

---

12) マレーシア国内の政府ホームページ（www.agc.gov.my），情報提供機関,Solicitor事務所等のホームページを参照した。

(Inheritance（Family Provision）Act）の規定により，裁判所の保護措置が受けられるようになっている。

(3) マレーシア国籍以外の外国人の遺言

マレーシアは世界中に所在する財産についての国際遺言が有効であることを認めているし，外国人が外国で作成された遺言書に基づいてマレーシア国内の遺産手続をなすときは，その手続が大幅に遅れてしまうことが多いそうである。例えば，全ての遺産をカバーするような遺言がマレーシア以外で作成されたとしてもマレーシアでの遺産移転手続，特に，不動産については国内手続規則に拘束するため，大幅に遅れるためマレーシア国内で遺言を作成した方が良い旨の警告を発しているマレーシアの法律実務家のホームページが多い。また，他のホームページでは，最近，ある公的信託会社の報告書では，遺言の不存在のために分配法に従ったマレーシアでの未解決の遺産は100万件以上に上っているとのことである。このことは，遺言を遺さなかった遺族が，その清算のために困難と多くの費用を費やしている旨掲載していた。[13]

(4) 遺　言

(ア) 遺言の有効性

遺言の有効性については，①西マレーシア，サラワクにおいては，成年者年齢法（Age of Majority Act, 1971）の規定に基づき少なくとも18歳以上であること，それ以外は，遺言法（Will Act, 1953）4条により遺言年齢は21歳であること，②遺言法3条により遺言者は健常な精神の持ち主であること，③遺言は書面でなされ，証人2名以上の面前で，遺言書の末尾に署名をなすこと（ただし，遺言者のマークでもよい。），遺言者及び証人2名の面前で証人2名又はそれ以上の証人が副署することである。

---

13)「Administration of Intestate Estate for Non-Muslims in Malaysia」www.ehomemakers.net/en/article.php?id=1655

(イ) 遺言の解除，変更，取消
① 婚　姻
　　遺言者が婚姻したときは，婚姻前に作成された遺言書を取り消されたものとされる。ただし，慎重に考えた婚姻であることを明示して，婚約者の名を記載し，慎重で真摯である旨を申述しているときは取り消すことができない（遺言法12条1項）。
② 新遺言書の作成
　　検認裁判所では，最後の遺言書を有効な遺言書とする（遺言法14条）。
③ 遺言取消し意向を示した宣誓書（declaration）
　　遺言取消しの意向を表明した書面で，証人2名の面前で署名したときは，遺言書は取り消されたものとされる。
④ ムスリム教徒への改宗
　　ムスリム教徒の遺言については適用しない。ムスリム教を受け入れた遺言者は，従前に作成した遺言書は遺言法によって無効とされる（遺言法2条2項）。この場合，ムスリム法に従った新しい遺言書を作成することになる。ムスリム法では遺産の3分の1についてだけ遺言によって処分することができる。残りの3分の2については，シジル・ファレイド（ムスリム相続法の証明・Sijil Faraid（Certificate of Muslim Inheritance Law））によることになる。ムスリム教徒の遺言者が3分の1以上の処分をなしたときは，全ての遺産受益者の同意を得なければならない。
⑤ 意識的破棄行為
　　遺言者又は遺言者の面前で第三者が，遺言書の焼却，引裂き又は他の方法で意識的に破棄すること。ただし，遺言取消し（遺言法14条）の意向の際に，または指示の際に，事故又は第三者の悪意による破棄は取消しの法的効果は生じない。

(5) **遺産管理手続・無遺言（遺産管理状）**

(ア) 遺産管理手続
　　被相続人が遺言なくして亡くなったとき（または有効な遺言がないとき，遺言執行者（Executor）が指名されていないとき，指名されている遺言執行者が執務不可能又は執行する意思がないとき，遺言執行者が被相続人より先

に死亡し，後の遺言執行者が指名されていないときは遺言書を添付して申し立てる。)，無遺言管理手続をすることになる。

　無遺言管理手続は，遺言書がある場合と同様である。相違点は，遺言管理状交付請求申立と遺産分配手続についてである。次のようなステップを踏むことになる。

Step I　裁判所への遺産管理状交付請求申立（遺産管理人選任申立）
Step II　債権者への通知
Step III　遺産調査並びに財産の評価
Step IV　負債，税金等の清算
Step V　遺産の分配
Step VI　終結

(イ)　遺産管理人の選任
　優先的遺言受益者が他の遺言受益者に先立って申し立てるのが通常である。遺言受益者が遺言管理状発行請求に同意をしないときは，検認並びに管理法（Probate and Administration Act, 1959）の規定に基づき遺産受益者に対して書面を持って遺産管理人となる権利を放棄するよう要求することができる。その者が権利放棄しないときは，長い間訴訟が継続することになる。

(6)　遺産の総額
　遺産についての探索，収集，評価価額，負債額算出に関して多くの時間と労力を必要とする。その結果，遺産手続について出費がかさむことと，リーガルサービス，会計士，税理士その他の専門家を必要とすることになる。

(7)　2名以上の保証人を探し出すこと
　遺産管理人は，管理行為の保証人として署名できる2名の者を探し出さなければならない。保証人は被相続人の遺産と同額の価値の財産を持ち，遺産が所在する同管轄内に有していなければならない。実際上は2名の保証人を立てることは困難であり，遺産管理状交付請求手続が遅滞することにもなりかねない。これを避けるため，次の方法によりその保証を免除している。

① 遺産総額が5万リンギットを超えないとき

② 遺産管理人に選任された信託会社であるとき
③ 遺産管理人が唯一の遺産受益者であるとき
　この場合には，裁判所の決定（検認管理法35条）により，保証は免除されたものとされる。

(8) **無遺言の場合の遺産受益者**（Beneficiaries）
　相続が開始したときは，無遺言分配法に従って分配される。実際の分配手続は手続が遅滞することが多いとのことである。その原因としては，遺産受益者が多数であること，遺産受益者が他国へ移住していることがあり，手続きは簡易であっても，遺産受益者が多数であるときや，その遺産受益者の探索が困難であったりして進まないとのことである。いずこの国も同様の悩みを持っていることが分かる。更に，遺産分配法の他にサバ州においては無遺言相続条例（Inheritance Succession Ordinance, 1960）があり適用範囲が複雑となること，加えて，無遺言の場合には遺産受益者として指名された者に対して遺産分配の条件を提示することはできないし，財産の決定，分配される方法を選択することができないこと等を実務的に解説されている。
　遺産分配法6条は下記のように規定する。

相続人	分配方法
配偶者のみ（両親，子孫なし）	配偶者が全て相続
配偶者と両親（子孫なし）	配偶者2分の1，両親2分の1
子孫のみ（配偶者，両親なし）	子孫が全て相続
両親のみ（配偶者，子孫なし）	両親が全て相続
配偶者と子孫（両親なし）	配偶者3分の1，子孫3分の2
両親と子孫（配偶者なし）	両親3分の1，子孫3分の2
配偶者，両親，子孫	配偶子や4分の1，両親4分の1，子孫4分の2
配偶子や，両親，子孫全てなし	下記の順位による 1．兄弟姉妹 2．祖父母 3．叔伯父，叔伯母 4．曾祖父母 5．大叔伯父，大叔伯母

| 如何なる利害関係人がいないとき | 土地を除き，遺産は国庫に帰属する（土地は凝結） |

(9) 相続人の資格

(ア) 配偶者（spouse）

配偶者は，被相続人の死亡時において，法律婚でなければならない。非法律婚又は事実婚では，遺産を承継することができない。離婚している場合も同様である。

(イ) 子（child）

子は，嫡出子及び被相続人の個人に属する法により許された複数の妻との子でなければならない（遺産分配法3条の定義による。また，養子法（Adaption Act, 1952）で認められる養子以外の養子は含まない。）。後に離婚したとしても婚姻期間中に生まれた子は嫡出子である。これらの子は両親の遺産を承継することができる。離婚後に出生した子は婚姻中に懐胎していたことを証明する限り嫡出子である。

(ウ) 子孫（issue）

子及び亡くなった子の子を含む。

(エ) 養子（adapted Child）

養子は，養子法（Adoption Act, 1952）の規定に従い，法的に養子縁組した子以外は遺産を承継する権利を有しない。継子は，法的に養子縁組していない限り，遺産相続することができない。

(オ) 両親（parent）

生存両親は，血族でなければならない。継親と婚姻した親は遺産を承継しない。

(10) 小額遺産分配法（Small Estate (Distribution) Act, 1955）による不動産遺産管理

小額遺産の遺産受益者は，小額遺産分配法による分配命令の申立てをなすことができる。この場合，遺産総額が60万リンギット以内であることと不動産の全体又は一部を組成していることである（小額遺産分配法3条2項）。こ

の法律では徴収人・コレクター（Collector）が無遺言小額遺産の専属管轄権を有することになる。西マレーシア州のコレクターは，その地方で任命された土地管理人（Land Administrator）を意味する。サラワク州では，地方役職員（District Officer）又はサラワク管理役職員（Sarawak Administrative Officer）を意味し，サバ州では，土地税務徴収人（Collector of Land Revenue）と呼ばれている（小額遺産分配法2条）。

　この法律に基づき分配の申立ては適切な徴収人によってなされなければならない。財産的価値の大部分がある所在地の徴収人は，分配及び所在する遺産の全ての管理及び執行について専属的管轄権を有する。しかしながら，他の地方の徴収人への移管の申立ては土地及び鉱業を管理する担当官になされなければならない。この場合，当事者の最大の便益を図るための移管であること並びに移管手続が遅滞するものでないことを証明しなければならない（小額遺産分配法4条）。

　徴収人が遺産管理者に就任するときは，管理保証人の担保差し入れは不要である。命令，決定あるいは徴収人の行為に異議がある者は高等法院（High Court）に申し立てることができる。

(11) アマナ・ラヤ・ベルハド（Amanah Raya Berhad）による動産の簡易遺産管理

　遺産総額が60万リンギットを超えず，かつ，遺産の動産のみであるときは，遺産が管理並びに分配される場所で宣誓書を発行することによりアマナ・ラヤ・ベルハドがその遺産を管理することができる。

　アマナ・ラヤ・ベルハドは，下記の条件を満たすときは簡易管理の申立てを受けることになる。

　(ｱ)　被相続人が遺言又は無遺言でマレーシアに動産を遺しているとき

　(ｲ)　遺産総額が60万リンギットを超えないこと（負債を差し引かず，被相続人が受託者として，かつ，遺産受益者として保有する財産価値を含まない。）

　(ｳ)　遺産検認申立てをせず，または，遺産管理状交付請求申立てが継続していないこと

　(ｴ)　アマナ・ラヤ・ベルハドが申立を受け入れる管轄権を有していること

4 事 例

金融機関の求めに応じ，同金融機関に残した預金に関しての解約について提出されたマレーシア籍被相続人が残した遺言書の有効性に関する意見書を提出した件

> ― ポイント ―
> ① 遺言の方式は有効か
> ② 遺言書そのものの有効性は
> ③ 日本での検認手続は
> ④ 遺言執行者の権限は
> ⑤ 遺言執行者以外の者はどういう立場か
> ⑥ 遺言無効の場合，遺言執行者の定めが無効の場合は

(1) 概　要

　マレーシア籍被相続人は，日本に永住者の在留資格を有して居住するものであり，中国系マレーシア人で宗教は仏教である。家族としては，妻（永住者の配偶者等の在留資格）及び未成年者2名（定住者の在留資格）であり，マレーシアで遺言書を作成していた。その夫が日本で亡くなったため，妻が，その金融機関に遺言書を提示して，夫が残した預金の解約を申し出たのであるが，金融機関としてはマレーシアで作成された英文遺言書の有効性の判断がつかなかったため筆者事務所に意見を求めに来たものである。同金融機関から提供を受けた書面は，①遺言書写し，②被相続人のパスポート，③被相続人のマレーシアIDカード表裏，④妻のマレーシアIDカード，⑤結婚証明書，⑥二人の子の出生証明書，⑦被相続人の住民除票（死亡記載あり）写し，⑧妻の住民票写し，⑨妻の印鑑証明書写し，⑩被相続人の閉鎖された外国人登録原票の写しであった。

(2) 意見書

　　① 遺言の方式

　　　遺言の形式が日本の形式ではないので，遺言の方式については，「遺

言の方式の準拠法に関する法律」の規定のうち，遺言者が遺言の成立又は死亡の当時国籍を有していた国の法律が適用となるのかとの質問に対し，日本の「遺言の方式に関する準拠法に関する法律」第2条によると，「遺言は，その方式が次に掲げる法のいずれかに適合するときは，方式に関し有効とする」とし，同条第2号で，「遺言者が遺言の成立又は死亡の当時国籍を有した国の法」と規定している。当該遺言者は遺言の成立時及び死亡時に有していた国籍であるマレーシア国の遺言法に適合していれば遺言の方式は有効なものとなる旨意見を述べた。

② 遺言書の有効性

金融機関としては，マレーシアの法律を承知していないので，この遺言が有効かを判断することができないとの質問に対し，マレーシアには，遺言法（Will Act, 1959. 2006. 1. 1全面改正）が存在し，遺言の有効性については，①成年者年齢法（Age of Majority Act, 1971）の規定にもとづき18歳以上とするが，遺言年齢は21歳であること（マレーシア遺言法4条），②遺言者は健常な精神の持ち主であること（マレーシア遺言法3条），③遺言は書面でなされ，証人2名以上の面前で，遺言書の末尾に署名をなすこと（ただし，遺言者のマークでもよい。），遺言者及び証人2名の面前で証人2名又はそれ以上の証人が副署すること（マレーシア遺言法5条2項）である。そこで，提供された遺言書によれば，遺言者は，遺言時の年齢は38歳で，健常な精神の持ち主（遺言書冒頭の宣言部分で遺言者本人及び専門エステートプランナー等が宣誓確認）であり，遺言者が遺言書に証人2名の面前で署名し，証人2名の副署がなされた旨を，遺言書2頁目において，遺言者，証人各自が宣誓をなし，同遺言書5頁において各自が改めて署名しており，また，各ページ下部にも遺言者及び証人2名が署名しているため，有効に成立していると思われる旨意見を述べた。

③ 日本での検認手続

この遺言の検認を日本の裁判所で行う必要がある場合も，日本の裁判所は，相続人全員を確定し，相続人全員に検認を行う旨の通知をするのかとの質問に対して，遺言の検認の目的及び方法は，国によって同じではない。日本（同様な検認制度はドイツ，スイス，フランス）では，検認は，

遺言書の方式その他の状態を調査，確認し，後の偽造，変造を防止し，その保存を確実にすることを目的としてなす裁判所の一種の検証手続である。これに対し，英米法体系諸国（イギリス，アメリカ，オーストラリア等）は，Probate（検認）のように，法定の方式に従って遺言能力のある遺言者によって作成された遺言書であるかどうか，その有効・無効を確定する手続である[14]。

この検認手続について，そもそも検認の要否をどの準拠法で決するかについて，(1)相続準拠法によるべきとする説，(2)法廷地法によるべきとする説，(3)遺言執行の準拠法によるべき説，(4)遺言の内容である法律関係を支配する準拠法によるべきとする説が対立している[15]。判例は，日本で死亡した在日フランス人がフランス民法上の公正証書と同一の効力を有するとされる在日フランス総領事の面前で作成した遺言書について，検認手続は必要でないとして，検認の申立てを却下した[16]がこの判例は第3説に立った判例とされている。

次に，検認の国際裁判管轄の準拠法についても，(1)日本法が相続準拠法である場合のみ管轄権を認める説，(2)裁判所の職務と相続準拠法たる外国相続法との間に調和を見出しうる限り，相続準拠法が外国法であっても管轄権を認める説，(3)遺言書の所在地，遺言者の最後の住所地又は常居所地，遺産の所在地のいずれかが日本にあれば管轄権を認める説，(4)遺言者の最後の住所地国又は常居所地国，遺産の所在地国および遺言者の本国，そしてさらに遺言書の発見された国のいずれかが日本にあれば管轄権を認める説に分かれている[17]。実務的には，遺言者がアメリカ・ワシントン州での遺言書をしたものについて，遺言執行者もアメリカ人であるが遺産が日本にあるので，日本の家庭裁判所に検認の申立てを受理したものもあり，実務的には(3)説に立っているのかと思われる。

---

14) 山田591頁
15) 野田165頁
16) 神戸家審昭和57.7.15家月35巻10号94頁
17) 野田164頁・165頁

◎ 検認に関する裁判例

ア）神戸家昭32年（家）1423号，昭33.11.28審判，認容，家月11巻2号85頁……遺言者の国籍インド，最後の住所地・神戸

イ）神戸家昭57年（家）1195号，昭57.7.15審判，却下，家月35巻10号94頁……遺言者の国籍・フランス，最後の住所地・神戸

ウ）横浜家横須賀支昭60年（家）457号，昭60.5.20審判，認容……遺言者の国籍・アメリカ，最後の住所地・神奈川県，遺産所在地・日本及びアメリカ

エ）横浜家昭60年（家）1671号，昭60.11.29審判，認容……遺言者の国籍・ドイツ，最後の住所地・神奈川県，遺産所在地・日本・ドイツ及びアメリカ

オ）静岡家熱海支昭61年（家）148号，昭61.7.16審判，認容……遺言者の国籍・アメリカ，最後の住所地・静岡県，遺産所在地・日本[18]

　以上のとおり，日本民法は，公正証書以外の遺言書は，これを家庭裁判所に提出して，その検認を受けなければならない旨規定している（民法1004条1項・2項）ため，海外で作成された遺言書で公正証書遺言でない限り，家庭裁判所における検認の手続が必要になる。

　また，家庭裁判所に検認の申立てをなしたときは，家庭裁判所は，相続人全員に対し，検認期日を指定して呼び出し状が発せられることになる。

　なお，相続人の範囲に関しては，通則法36条により被相続人の本国法である。本国法であるマレーシアには統一国際私法は制定されていないようである。もともと，マレーシアは旧宗主国であったイギリスの法律を継承している。不動産に関しては，不動産所在地法が，動産に関しては住所地法（または，常居所地法）を適用するのが，今日でも英米法系諸国で採用されている。[19] 根拠法的には，遺産分配法（Distribution Act, 1958）の第4条（Law regulating distribution）において，1項「死者の

---

18) 以上の判例は，判タ688号502頁
19) 前掲注1）櫻田＝道垣内［林］188頁

動産（movable property）の分配については，同人の死亡時の住所（domicile）を有している国の法に規定される。」，2項「死者の不動産（immovable property）の分配については同人の死亡時にどこに住所があろうともこの法律に規定される。」旨規定[20]している。この規定は，シンガポールの無遺言相続法（Intestate Succession Act, Chapter146. 1967）の第4条（Law regulating distribution）の規定とまったく同一である。この規定での不動産について制限がないようであるが，英米法系の解釈からすればマレーシアに所在している不動産を意味するものであり，他国に所在する不動産を意味するものではないことになる。

本件預貯金は，動産に該当するので，マレーシアでの動産の相続の準拠法は，被相続人の死亡時の住所地法となる。

被相続人は，閉鎖外国人登録原票によれば，19年前に日本に上陸した者で以降日本に居住し，在留資格も永住者を取得しており，マレーシア法でいうところのdomicile（本源住所）も日本にあるものと考えられる。

よって，通則法41条の反致の規定に基づき，動産の相続に関しては日本の実質法である民法が適用になる。また，通則法36条の相続には相続人の範囲も含まれるので，相続人は被相続人の子と配偶者となり，家庭裁判所はこれらの者に対して期日呼出状を発することになる旨意見を述べた。

④ 遺言執行者

遺言執行者が指定されている模様であるが，預金はこの遺言執行者に支払って差し支えないか。そもそも，遺言執行者は，日本の法律と同様に，他の相続人などからの制約を受けることなく，単独で，この遺言を執行する権限を有するのか。仮に，遺言執行者に支払うことが不可の場合，どのような手続をすれば，預金の支払を適法に行うことができるか。なお，遺言の執行など，遺言に係る法的規制は，日本法ではなく，被相

---

[20] Law regulating distribution 4(1)The distribution of the movable property of a person deceased shall be regulated by the law of the country in which he was domiciled at the time of his death.(2)The distribution of the immovable property of a person deceased intestate shall be regulated by this Act, wherever he may have been domiciled at the time of his death.ちなみにサバ州のIntestate Succession Ordinance, 1960（State of Sabah）においても同様の規定を置いている。

続人の本国法であるマレーシアの法律が適用になると考えるとの質問に対して，日本の家庭裁判所で検認手続を受けた奥書付遺言書原本又は検認調書正本（又は謄本）の提示があれば，遺言執行者は適法な遺産管理に執行者であるため預金解約請求並びに受領の権限を有する者と考える。また，遺言はマレーシア法に基づき作成されたものであり，遺言の条項の解釈についてはマレーシア遺言法に基づくものと考える旨意見を述べた。

⑤　遺言執行者以外の関係者

遺言では，executor以外にも，trusteeが指定されている。また，professional estate planner, readerが登場する。これら，三者は，この遺言の執行手続において，今回は関係ないと考えてよいか。すなわち，trusteesは，遺言書中で，子供が相続する場合に，資産を管理する者であり，professional estate plannerは，遺言制度上の遺言の作成補助者，readerは，遺言書の末尾によると，遺言者が英語を理解できないので，英文で書かれた本遺言を中国語で読み聞かせた者と考えるが如何かとの質問に対して，遺言執行手続においては，関係外の者である。ご質問のご意見とおりと考える旨意見を述べた。

⑥　遺言無効の場合

仮に遺言が無効であった場合又は遺言執行者の定めが無効の場合どのように相続手続を行うべきかとの質問に対して，遺言が無効であるときは，無遺言相続の規定が適用になる。上記でみたとおり，不動産及び動産の相続については，通則法41条の反致により，日本の実質法である民法が適用されることになる。無遺言相続として，被相続人の子及び配偶者（日本民法887条1項，890条）が法定相続人となる。また，遺言書中の遺言執行者の定めが無効の場合には，適用問題として[21]家庭裁判所において遺産管理人の選任の申立てをなすことになると考える旨意見を述べた。

(3)　追加資料

金融機関は，解約申し出をした遺言執行者である妻に対して，日本での検

---

21) 拙著『渉外不動産登記の法律と実務』71頁

第11章　マレーシア籍の相続

認手続をなすよう依頼していたが，その後，被相続人はマレーシアにおいても遺産を有していたため，マレーシア裁判所においても遺言書のプロベイト手続をなしていたようで，グラント・オブ・プロベイト（Grant of Probate）状[22]が発行された写しを提出してきた。これにより，日本での検認手続は不要である旨の意見書を提出し，妻は無事預金解約することができた。

---

22) 遺言書がある場合に遺言執行者（Executor）宛にGrant of Probateが発行され，無遺言の場合に遺産管理人（Administrator）宛にLetter of Probateが発行されることになる。

第12章　ラオス籍の相続

　ラオス籍被相続人が亡くなったときに，通則法36条により，本国法であるラオス法を調査することになるが，国際私法としての単一法を制定していないようである。

　ラオスの法制は，①仏教の影響を受けた古代法，②フランスによる植民地時代に導入された近代法，③1975年12月の王制廃止後に旧ソビエトやベトナムから導入された社会主義法，④1990年代から導入された市場経済化を促すための法律，と国外から大きな影響を受けながらも，それをラオス社会に取り込み，独特な形でいわば「ラオス化」することにより，法制度が発展してきたとのことである[1]。また，宗教と家族法制度との関係においては，国教としての宗教が定められてはいない。しかしながら，国民の多くはラオス仏教を信仰する仏教徒である。社会主義体制の中において，宗教問題が歴史的には存在していたが，現在は信仰の自由を保障し，また社会主義国家であることから，例えばインドやインドネシアなどにみられるような信仰する宗教によって適用される法律や裁判手続が異なったり，宗教裁判所があったりするような人的不統一法国ではなく，ラオスでは法律に基づいて問題が処理されるとのことである。

　家族法第4編第1章には渉外的な婚姻，離婚及び養子縁組についての規定があり，家族法47条でラオス国内における渉外的な婚姻，家族法48条でラオス国内における渉外的な離婚（ラオス家族法），家族法49条でラオス人同士の国外における婚姻，そして家族法50条でラオス人同士の外国における離婚の準拠法（離婚地法）について規定している。しかしながら，相続法（2008年改訂）においては，相続の準拠法の規定が見当たらなかった。

---

[1] 松尾弘＝大川謙蔵「ラオスにおける民事関係法制に関する調査研究（平成27年3月）」を参照した。http://www.moj.go.jp/content/001147824.pdf

第1　相続法

1 相続法制の概要

相続については，2008年に相続法が改訂されている[2]。1990年に当初の相続法（遺産及び相続基準）が制定されている。2008年相続法は，その目的として，相続の正当性及び公平性を確保し，被相続人及び相続人の権利義務が確実に履行され，社会の平穏が確保され，秩序が維持されるために，遺産分割，遺産相続および遺産管理に関する原則を定める旨（1条）を規定している。

2 相続の種類

相続の種類には，法定及び遺言に分かれ（8条），被相続人の財産及び権利義務を，相続人が承継するとし（2条），包括承継主義をとっているものと思われる。裁判所による死亡宣告の場合には，遺産は相続人の所有になる。その後に宣告された者が生存していたことが判明した場合には，相続人は相続した遺産の残存するものを宣告された者に返還しなければならないが，その遺産の管理において発生した費用等は請求することができることとなる。裁判の宣告を知った日より，動産の場合3年以内，不動産の場合は6年以内に宣告された者が財産の返還請求をしなければ，その者の財産は相続人の所有とされる（5条）。

3 相続の開始

相続は被相続人の死亡日より開始し，裁判所による死亡宣告の場合，その裁判所の判決確定日が相続開始日とされる（6条）。

---

[2] 英文による相続法http://www.laoservicesportal.gov.la/index.php?r=site%2Fdisplaylegal&id=178
　前出松尾＝大川59頁以下を参照した（www.moj.go.jp/content/001147824.pdf）。

4 相続の場所

　相続は，被相続人の最終住所において開始し，被相続人の住所が不明又は複数ある場合は，主な遺産所在地が相続開始場所とされる（7条1項）。相続手続は，相続人，親族及び証人の参加並びに，公証人の立会いのもとで開始され，また公証人がいないときは村長の立会いが必要とされる（同条2項）。

5 法定相続

(1) 法定相続
　法定相続は，
　① 個人又は組織に相続を指定する遺言がない場合
　② 遺言無効，受遺者（遺言による相続人）が相続開始以前に死亡した場合
　③ 受遺者が相続を放棄する場合
　④ 遺言による相続の遺産以外に，遺産が残存している場合
に開始される（9条）。

(2) 法定相続人
　法定相続人は，
　① 被相続人の子（実子，養子，配偶者の子）
　② 被相続人の配偶者
　③ 直系の尊属（被相続人の父母，父方の祖父母及び母方の祖父母，曾祖父母）
　④ 傍系の親族（被相続人の兄弟姉妹，父方又は母方の伯父，伯母，叔父，叔母，甥，姪）
　⑤ 政府，法人又はこの法律に定めている個人等
とされる（10条）。なお，胎児も相続権を有し，この場合には胎児の母がその相続財産を管理するとされている（16条）。

(3) 法定相続人の相続順位
　被相続人の子及び配偶者は優先的に相続できる。彼らが存在しない場合に，

他の親族が近親順に従って相続する（11条）。

(4) 相続分
　(ア) 配偶者と子
　　① 配偶者及び子が生存している場合には，被相続人の固有財産の4分の3をその子が相続し，生存配偶者は残りの4分の1につき相続分を有する（12条1項）。
　　② 夫婦共有財産については，生存配偶者がその2分の1を相続し，子は残りの2分の1を相続し，子が複数いる場合は均等に相続する（同条2項）。
　　③ 生存配偶者は，未成年の子の相続分に関する財産を管理する権利を有する（同条3項）。
　(イ) 配偶者と直系尊属
　　① 子がいない場合には，生存配偶者と直系尊属が相続し，その相続分につき，被相続人の固有財産については，生存配偶者がその3分の1を相続し，直系尊属は各自その3分の2を相続する。直系尊属が複数いる場合は，その割合は均等とする（13条1項1号）。
　　② 夫婦共有財産に関しては，生存配偶者がその全てを相続する（同項2号）。なお，別居中の夫婦の一方が死亡した場合であっても，他方はその遺産を相続する権利を有している（20条）。
　(ウ) 配偶者と傍系親族
　　被相続人に子及び直系尊属がおらず，配偶者および傍系親族がいる場合には，傍系親族は被相続人の固有財産の2分の1を相続し，生存配偶者は被相続人の特有財産の2分の1及び夫婦共有財産の全てを相続する（14条1項）。傍系親族が複数の場合は各自の持分は均等とする（同条2項）。
　(エ) 子の相続分
　　被相続人に複数の実子のみがある場合には，12条記載の夫婦共有財産に関する生存配偶者相続分2分の1を除いた残りの2分の1と，固有財産に関する配偶者の相続分である4分の1を除いた残りの4分の3について実子各自が均等に相続する（15条1項1号）。被相続人に実子，養子

及び継子がある場合，被相続人の夫婦共有財産に関しする2分の1については均等に相続し（同項2号），被相続人の固有財産4分の3に関しては，実子及び養子が相続するが継子は相続しない（同項3号）。養子の実親が遺言に別段の意思を表示した場合を除き，養子は実親の遺産を相続できない（同項4号）。なお，被相続人が死亡するまで介護し，葬儀の手配等を担った実子，養子及び継子は，他の子の相続分より多くの部分を相続することができる（同条2項）。胎児は，被相続人の遺産を相続する権利を有し，胎児の母がその相続財産を管理する（16条）。

(5) **代襲相続**

法定相続人が被相続人よりも先に死亡した場合，その法定相続人の相続人は代襲相続ができ，さらに再代襲相続も認められている（21条）。代襲相続の要件として，代襲者が法定相続人であること，および被代襲者が相続権を有し，代襲者がその者の子であることが挙げられている（22条）。

(6) **法定相続人の不存在及び僧侶に関する相続**

相続人が存在しない，または行方不明の場合，使用人として3年以上当該の世帯に住んでいる者は世帯主の遺産を相続することができる（17条1項）。反対に，相続人が存在しない使用人が死亡した場合，世帯主が使用人の遺産を相続することができる（同条2項）。相続人が存在しない，または行方不明の場合であり，相続財産の所有者が死亡してから60日以内に相続権の主張がないときには，政府が該当の遺産を管理することとなる（18条1項）。40条に規定する死亡若しくは失踪の審判から3年を経過した場合，その財産に対する請求訴訟は認められず，当該相続財産は国庫に帰属する（同条2項）。なお，相続の開始に立ち会う公証人又は村長は，被相続人の葬儀，債務弁済にかかる費用等について遺産から受領する額を決定することができる（同条3項）。僧侶，少年僧，その他の司教に関して，出家前又は出家中に得た財産は，個人もしくは組織に贈与，条件付贈与，またはその趣旨の遺言をすることができ，さらに，彼らの財産は，個人または組織によって相続されることも認められている（19条1項）。上記の者が死亡した際に，相続人が存在しない場合や上記の遺贈等がなされなかった場合には，その遺産は上記の者

が所属する僧院又は修道院等の所有になる（同条2項）。

6 遺言相続

(1) 贈与，条件付贈与，遺言の内容

　自己の意思による贈与，条件付贈与，および遺言をする権利を有する（24条）。ここでいう贈与とは，生前に自己所有の財産を無条件で他人に譲ることであり，その財産は受取りの時より受贈者の所有となる（3条4項）。条件付贈与とは，生前に自己所有の財産を条件付で他人に譲ることであり，受贈者はかかる財産の所有者になるために，条件を適法に履行する必要があるとされる（同条5項）。

　遺言とは，財産所有者が自分の意思を表示する法的文書であり，3名以上の証人の立会いのもとで文書又は口述で個人又は組織に預け，記録されるものである（同条6項）。

　そこで，生前の贈与，条件付贈与についても，遺言と同様に，これらの行為には，その範囲について一定の制限がなされている。

　① 財産所有者が一人の子を持つ場合，贈与，条件付贈与又は遺言の内容は財産の半分を超えてはならないとされる（25条1項1号）。
　② 財産所有者が二人の子を持つ場合，贈与，条件付贈与又は遺言の内容は財産の3分の1を超えてはならないとされる（同項2号）。
　③ 財産所有者が3人以上の子を持つ場合には，贈与，条件付贈与又は遺言の内容は財産の4分の1を超えてはならないとされる（同項3号）。

　これらの範囲を超えた部分は無効とされ，法律の定めによってその分配が決定されることとなる（同条2項）。

(2) 遺言の方式

　遺言は，文書による方法と，口述による方法が認められている（26条）。

　(ア) 文書による遺言

　　文書による遺言は，遺言者本人の文書によって行われ，また他人によっても行うことが可能である。他人が代筆する場合は3人以上の証人の立会いが必要であり，相続が開始されるまでその秘密を厳守しなけれ

ばならない（27条1項）。この遺言には作成年月日，遺贈財産の種類又は数量，遺贈者，受贈者，執筆者（遺言者以外の者代筆者を含む。），及び証人の名前を記載しなければならない（同条2項）。遺贈者，執筆者及び証人は，遺言に署名および拇印をしなければならない（同条3項）。遺言の作成後は密封し，財産所有者の所属する地域または近隣地域の公証役場において保管されるか，または公証役場がない地域の場合は村役場において保管される（同条4項）。

(イ) 口述による遺言

　口述による遺言は，財産所有者が死亡の危急に迫っている，健康ではない，その他の理由により，文書による遺言をすることができない場合においてすることができ，3名以上の証人の立会いの元で口述によりなされる（28条1項）。この場合，証人は公証役場又は村役場に，財産所有者の意思内容及び文書によって作成することができない理由を，直ちに報告しなければならない（同条2項）。財産所有者が通常の状態に戻った場合には，その日より30日が経過すると，口述による遺言は無効とされる（同条3項）。また，財産所有者は，自己が指定した相続人が遺言の執行より先に死亡した場合，補欠相続人を指定することができる（29条）。

(ウ) 遺言の効力

　遺言によって相続人となる者は，その者の法定相続分も相続し，かつ遺言による相続分も相続しうる（30条）。ただし，遺言の執筆者，その配偶者及び子，立会いの証人及びその配偶者もしくは子は，その遺言による相続において，相続権を有しない（31条）。財産の所有者が自己の財産を未成年者又は知的障害者・精神障害者に遺贈する場合，その遺産を管理する人を選任することができる（32条1項）。遺産の管理者は，財産所有者がその遺言に別段の意思を表示した場合を除き，自己以外の者をその遺産の管理者に選任することができる（同条2項）。この場合，その未成年者が成年になるとき，および知的障害者・精神障害者が通常に戻るときに，その管理人の任務は終了する（同条3項）。

(エ) 遺言の変更・取消し・失効・無効

　新たな遺言を作成し，従来の遺言内容を変更又は取り消すことができ

る（33条1項）。新しく作成した遺言内容と従来の遺言の内容とが矛盾する場合は，その内容の一部又は全部が取り消されたものとする（同条2項）。遺言が失効する場合として，①受遺者が遺言者よりも先に死亡したとき，②受遺者がその権利を放棄したとき，③遺贈物が遺言者により紛失もしくは破壊されたとき，④その遺言が無効であるときである（34条）。

遺言の無効な場合として，①遺言者が未成年者又は知的障害・精神障害者であるとき，②目的が明確でない遺言，③強迫，詐欺または偽造によりなされた遺言，④31条に掲げられている者（遺言の執筆者，その配偶者及び子，立会いの証人およびその配偶者もしくは子）に対する遺言である（35条）。

(オ) 遺言執行者

遺言執行者は，①財産の所有者，②遺言に定められた者もしくは相続に関しての相続人の指名により選任された者（36条1項1号，2号）である。財産の所有者が遺言執行者を選任しなかった場合，選任された者が死亡した場合，失踪者である場合，行為能力を有しない者である場合，不誠実な執行を行う場合，または執行できない場合においては，人民裁判所が選任する（同3号）。遺言の執行は，財産の所有者が死亡のときより行う（37条1項）。遺言執行者は，遺言が執行され，実務的に効果を発するために必要な行為を行うことができる（同条2項）。なお，遺言の執行にあたり特別報酬を得ることができないが，遺産の管理，維持に掛かった費用に関しては請求することができる（同条3項）。また，遺言執行者には，受遺者に遺言の執行状況を報告する義務がある（同条4項）。

7 相続の承認，放棄，相続欠格

(1) 相続手続開始申出

相続人は，遺言による指定，または別段の内容が合意された場合を除き，相続手続の開始をいつでも申し出ることができる（38条1項）。相続人の中に未成年者の相続人がいる場合，その相続人が成年（18歳）になるまでは相続の開始を延期することもできる。また，未成年者がいる場合に相続を開始

するときは，公証人又は証人として村長の立会いが必要とされる（同条2項）。

(2) **目録作成**

遺産の分割をする前には，相続財産に対し債権や債務の内容について計算等を行い，その目録を作成しなければならない（①被相続人が生前に他人に貸し出した財産，他人から借り入れた財産，他人に預けたもしくは担保に提供した財産，詐欺，騙取，横領により取られた財産（39条1項1号），②被相続人の葬儀費用や借金の負債（同項2号））。これらの整理が終了した後に，相続人は残っている財産よりそれぞれの相続分を相続することができる（同条2項）。

(3) **請求債権の訴訟期限**

遺産に対する請求債権については訴訟期限があり，その請求訴訟は被相続人が死亡した日より3年以内に行う必要がある。被相続人が死亡したときに相続人が18歳未満である場合，もしくは相当な理由がある場合を除いて，その3年の期間が経過すると，請求権は消滅する（40条）。

(4) **遺産分配**

分配されていない遺産については，それを管理する相続人は，40条の訴訟期限（3年）の経過にかかわらず，いつでも遺産分配の執行を行うことできる（41条）。

(5) **相続の承認**

　(ｱ)　期限内の相続の承認

遺言又は法定による相続人は，相続開始場所の村役場に相続の意思を表示して初めて遺産を承認することができる（42条1項）。遺言による相続人の場合は，その遺言を保管する公証役場，または公証役場がない場合は村役場に，相続の承認を表明することになる（同条2項）。この承認は相続開始（38条1項）から6か月以内に行わなければならない（42条3項）。自己の相続分を放棄する相続人がいるとき，その放棄した相続人の相続分を引き継ぎ承認する者は，残る期間内に承認の意思を表示しなければならず，残る期間が3か月未満の場合であれば，かかる遺

産を引き継ぎ承認する者は裁判所に３か月以内に延長を申し出ることができる（同条４項）。公証人又は村長は相続人に証拠として相続証明書を発行しなければならない（同条５項）。

(ｲ)　期限経過後の相続の承認

42条３項の６か月の期間内に遺言又は法定による相続人が相続承認せず，その遺産が他の相続人に引き継がれ，または国に引き渡されたときに，未だその遺産が以前の状態を維持している場合であれば，その者はその相続の対象とされていた遺産を取り戻すことができる。ただし，引き継いだ者又は国の同意を得なければならない。同意が得られないとき，裁判所がその取戻しに関して相当な理由を考慮して決定する（43条１項）。なお，法定相続人又は遺言による相続人が相続開始後に，その相続分を承認する前に死亡した場合，その相続人の相続人はかかる相続分を代襲相続することができる（同条２項）。

(ｳ)　遺産に対する決定権の範囲

相続の開始前又は相続承認のための証明書の発行前は，遺産監督者又は遺産管理者は，次の一定の範囲以外の決定権を有しない。①被相続人を世話や治療し，被相続人の葬儀を行った場合，②被相続人の監督の下におかれている者を世話している場合，③被相続人の債務である賃金等を弁済する場合，④遺産を管理，維持する場合である（44条）。

(6)　相続放棄

法定相続人又は遺言による相続人は，他の者，行政機関，財団などのために相続を放棄することができる。ただし，相続の放棄は相続の開始日から６か月以内に行わなければならない（45条１項）。法定相続による相続を他の者，行政機関，財団などのために放棄したい場合，その者はその意思を文書によって表示し，その者又は組織の名前を記入し，村役場に提出しなければならない（同条２項）。遺言による相続人の場合は，公証役場にその文書を提出しなければならない（同条３項）。他の者又は組織が特定されなかった場合には，その遺産は他の相続人（同順位の相続人か）の相続分とされる（同条４項）。なお，未成年者，知的障害者もしくは精神障害者は，親又は監督者の同意を得ずに相続を放棄することができない（46条）。

(7) **相続権の欠格**

　自己の相続分以上の遺産を騙取，隠蔽，横領した相続人は，本来の自己の相続する権利を失い，騙取，隠蔽，横領した遺産も返還しなければならない。騙取，隠蔽，横領した遺産が自己の相続分より少ないときでも，その得られるべき相続する権利を失う（48条）。裁判所の審判により親権を失った者は，その子の遺産を相続することができない。同様に，その子も，未成年者である場合を除き，その親の遺産を相続することができない（49条1項。と規定しているが，親権を失った親の遺産は成人になった子には相続権がないという意味なのか。）。裁判所の審判により，子を育成する義務を有する親がその義務を遂行しなかったときにも，子の遺産を相続することができない。また，成年である子が裁判所の審判により，親の世話をする義務を遂行しなかったとき，親の遺産を相続することができない（同条2項）。さらに，財産所有者が死亡した場合は当然に相続権を喪失し，生存している場合には文書により意思を表示することによって相続権を喪失させられる場合として，50条は以下の場合を規定している。すなわち，①遺産を奪取する目的で，故意に財産の所有者又は相続人を死亡させ，大怪我をさせたと裁判所によって判断された者，②一部又は全部の遺言を破壊，隠蔽又は偽造した者，③被相続人と同県又は同市に住んでいる者で，被相続人の死亡を知り，又は知ることができるにも関わらず，理由なく被相続人の葬儀に寄与しない，又はそれを自己の代わりに行う代理人を選任しない者，④遺言の一部もしくは全部を作成，取消又は訂正するよう財産の所有者を脅迫する場合，⑤被相続人の生命，身体に対し非行を行い，被相続人に大怪我又は身体に障害を負わせた者及びそれらの者を蔵匿した者，⑥刑法163条（公務当局に対し虚偽告発罪）に定められているような財産所有者又は相続人を不正行為をした者である（50条1項）。前述のとおり，これらの者は，財産所有者が死亡した場合を除き，財産の所有者がその意思を文書により表示してはじめて相続権を喪失することとなる（同条2項）。これらの者が非行を行い，親の管理のもとにおらず，可能であるにもかかわらず老後の親または病気の親を世話しない者は，相続権を喪失した者とみなされ，相続権を失うこととなる（同条3項）。ただし，遺産の承継者は証拠又は証人の面前においてその意思を表示することで，50条に定められている場合において相続権の欠格を撤回することもできる（51条）。

8 遺産の管理

　相続人による遺産管理の要請がある場合には，各相続人及び債権者の利益を保障するために，遺産管理者の選任を申し立てることができる。この場合，相続開始場所の公証人又は村長が遺産管理者の選任を行う（52条）。遺産管理者になれない者は，①18歳未満の者，②知的障害者，精神障害者，③裁判所により破産宣告を受け復権を得ていない者，④親権を失った者又は相続権を失った者（53条）である。

　遺産の管理者は幾つかの権利及び義務を有する。①相続人全員の立会いの下で目録の作成する。この場合において，相続人のいずれかが参加できないときは遺産管理者に知らせなければならない。目録作成は全相続人の3分の2の立会いが必要であり，遺産管理者は任命された日から1か月内に目録作成をしなければならない（54条1項1号）。②相続人が遺産を承継する前に，被相続人の債権者の請求に応じ，被相続人の債務を弁済する（同項2号）。③相続人に，各自の相続分通りに遺産を分配する（同項3号）。なお，遺産管理者は相続人が任意に支払う場合を除き，遺産の管理にあたり報酬を請求することができない（同条2項）。遺産の管理者がその権利及び義務を履行せず，無責任又は不誠実な行為があった場合には，遺産管理者の選任に関係する公証人または村長がその選任を取り消し，取消しした日より7日以内に新しい遺産管理者を任命することができる（55条）。

9 相続人の責任

　法定相続人又は遺言による相続人は，被相続人の債務について，自己の相続分を上限として弁済する責任を有する（56条1項）。ただし，遺産がまだ分配されていない場合には，債権者はその遺産の相続人又は管理者に自己に対する債務の全てを弁済するよう要求することができる（同条2項）。逆に，遺産がすでに分配（分割）された場合であれば，債権者は相続人のいずれかに対し，自己に対する債務の弁済を求めることができる。相続人のいずれかが債権者に対して自己の負担分以上に弁済した場合には，他の相続人の全てが同等に，負担分以上の分をかかる相続人に弁済しなければならない（同条

3項)。相続人のいずれかが自己の負担分を弁済することができない状況になっている場合では，他の相続人の全てはかかる者の負担分を同等に弁済しなければならないとされる（同条4項）。なお，被相続人の債務の弁済は遺産からのみ計算される（同条5項）。被相続人に対する債権者は，相続の開始から3年以内に相続人，遺産管理者もしくは遺言執行者に自己に対する債務の弁済の請求又は相続開始場所の公証人，村長，もしくは裁判所に債務の弁済について申し立てることができる（57条）。なお，相続人間で相続財産の分配について合意に達することが不可能な場合には，相続人には，裁判所に審判を申し立てることができる（58条）。

第2　家族登録制度（1991年家族登録法（Family Registration Law）（1991年12月30日施行））[3]

1 管　轄

保安省（Ministry of Security）が中央レベルを管轄し，郡県レベルを郡庁又は県庁（Province Governor or Prefecture Mayor），地区レベルを地区庁（District Chief）が管轄する。ラオスに居住するラオス国民のみならず外国人も対象とした出生をはじめとする身分事項，家（家族）の所在地，国籍などラオスに居住する全ての人民を一元的な登録制度のもとに管理する。海外に居住するラオス人は外務省の在外大使館又は領事館が登録事務を取り扱う（19条）。

2 家族登録機関の義務

家族登録機関は治安及び平和と公共の秩序のために，市民を管理する義

---

[3] ラオス家族登録制度（英文，http://www.vientianetimes.org.la/Laws%20in%20English/16.%20Law%20on%20Family%20Registration%20(1992)%20Eng.pdf）
戸籍時報680号（平成24年3月号）ラオス家族法(1)1991年家事登録法(1)及び681号（平成24年4月号）同(2)を参照した。

務があり，その目的のため出生，失踪，死亡，結婚，離婚，養子縁組，姓又は名の変更，改正及び家族登録の取消し等の登録をなし，証明書紛失の際は新規の証明書を発行し，家族登録を維持し，家族登録証明書を発行し，家族登録を観察及び検認しなければならない（20条）。

3 家族登録簿（Family Registration Book）の作成

　申請者は地区の家族登録機関に申請しなければならず，村長（Village Chief）は登録管理の責任者である。申請者は目的と理由を述べ，署名をしなければならない（3条）。実際の生活は村の行政当局単位でそれぞれ管理され，選挙により選ばれた村の行政官が家族内や村内部の軽微な紛争解決を行い，また民兵による治安維持の責任も負っている。村民は，それぞれ村の運営に関する費用分担や大掃除などの勤労奉仕分担を担っており，その際にこの「家族登録簿」が用いられる。原則として同一の家（家族）に同居する者が使用人を含めて同一の「家族登録簿」に掲載され，成人に関しては顔写真と証印と共に登録事項が列記されている。また，実際の使用方法として，銀行口座開設，不動産取引，自動車運転免許証交付等につき日本の戸籍抄本のように「家族登録簿」のコピーの呈示やその提出をすることにより公的な身分関係および登録事項の証明書として用いているとのことである[4]。

　家族登録事項として，
(1)　出生登録（9条）
(2)　失踪登録（10条）
(3)　死亡登録（11条）
(4)　婚姻登録（12条）
(5)　離婚登録（13条）
(6)　養子登録（14条）
(7)　認知登録（15条）
(8)　姓又は名変更（16条）

---

4) 前掲注1）松尾＝大川38頁

(9) 住所変更登録（17条）

登録手続として，

(1) 家族登録官への申立て（4条）
(2) 家族登録簿の交付（7条。家長及び村長に家族登録簿を交付する。）
(3) 家族登録事項の証明書交付（4条）

第3　公証役場法(Law on Notary Offices (1992))[5]

　公証役場法は全体として15条で構成されている。公証役場は，地方における国の組織であり法務省の管轄下にある（1条）。公証人は公務員であり，その資格要件は下記の通りである。①25歳以上であること，②高等教育又は同等の教育を受け，少なくとも2年間の法律関係職務経験があり，又は中級又は同等の法教育を受けていること及び3年間の実務経験を有していること，③法的職業倫理観が豊かであること（9条）を要件とし，法務大臣がその公証人の任免権を有している（10条）。

　その権限範囲として，①様々な契約書，例えば，売買契約書，融資契約書，譲渡契約書，遺言書等の正確性を証明すること，②相続に関する遺産の保全用法を示すこと，③相続権を証明すること，④夫婦の夫婦共有財産又は固有財産を証明すること，⑤書面の写しであることを証明すること，⑥署名認証すること，⑦翻訳の正確性を証明をすること，⑧写真の本人確認を証明すること，⑨提出された書面の確定日付を証明すること，⑩法的文書又は書面を証明すること，⑪公証人に関連する書面の受領並びに保存をなすこと，⑫契約当事者の面前で書面に署名をなすこと，等を定めている（11条）。

第4　土地制度

　民法との関連では，土地登記の手続規定も重要である（土地法43条～51条）。

---

[5] http://www.vientianetimes.org.la/Laws%20in%20English/17.%20Law%20on%20Notary%20Offices%20(1992)%20Eng.pdf
　工藤恭裕ほか「ラオス法制度の概要」ICDNEWS第3号（2002.5）53頁脚注において，公証人制度についての実際を記述されている。

職権による登記の場合と申請による登記の場合がある（土地法44条）。もっとも，土地登記に関しては，土地法制定前から，既に1992年土地所有・管理令（1992年命令99号）に従い，世界銀行及びオーストラリアの支援を受けたトレンズ・システム方式の地積調査・土地登記・権原証書の発行のパイロット・プロジェクトが実施されている。土地登記の後に（90日間の異議申立期間の経過後に）発行される土地権原証書（いわゆる地券。様式・記載内容は土地登記簿と同様）は，土地使用権の「唯一の証拠書類」とされる（土地法49条）。その証明力が実際どの程度のものであるか，いわゆる公信力にまで至るかは，なお明確ではない。加えて，土地登記及び土地権原証書の発行が進行する中で，法定の手続（財産法28条2項，土地法45条・51条など）によらず，同手続の煩雑さや費用を回避するために，土地権原証書それ自体の授受による譲渡や担保権設定の例もあるといわれている[6]。

また，不動産の担保（抵当）の場合は，土地権原証書の裏面に担保取引の内容が記載できるよう，記載欄が変更されている。担保取引法によれば，担保契約は登録日以降に正式なものとなり，登録をしない担保契約は，契約者間で効果を持つものの，登録をした担保契約と同様の優先権を持たないと規定されている。さらに，登記事務所又は土地管理事務所で行われた担保契約の登録は公開され，閲覧可能にしなければならないとも規定されている（担保取引法31条2項・4項・5項）。これは，当該不動産について取引関係に入ろうとする第三者が，担保取引の内容についても容易に確認できるようにすることにより，担保不動産の流通を促すための規定のようにみえる。しかし，担保物件の譲渡は禁止されており，実務でも担保権付での取引はないようである（担保取引法25条2項）[7]。

---

[6] 松尾弘「ラオス民法教科書作成支援について-1．回顧と展望―」44頁（ICDNEWS第30号，2007）
[7] 前出注6）松尾46頁

第5　不動産登記手続[8]

1　都市における土地取引

　公証局における手続と土地登記所での手続の順序になる。公証人は司法省の中にある公証局（局長一人，副局長二人，専門官13人。そのうち，公証事務に関係しているのは5人），県・都の公証局（所長一人，副所長二人，専門官5人），ヴィエンチャンの9郡のうち，離れた場所にある2郡の公証ユニット（所長一人のみ）に属しているとのことである。局長・所長だけが署名公証権限がある。これを専門官が補佐する仕組みになっているとのことである。公証局に，取引の当事者が出頭し，公証の申請をなし，公証人は，①契約書，②登記済証，③登記済証が正当かどうかを証明する書類等を確認の上，取引の存在及び正当な取引であることを確認する。

　その後，当事者双方が出頭して土地管理局（資源環境省の所管）にて登記を申請する。登記が行われると，登記済証は2通発行され，1通は，原本としては登記権利者に交付され，他の1通は原本の写しとして登記所が保管するとのことである。登記済証の記載内容は，日本の表題部と類似し，土地の用途，地図，所有者の氏名である。裏面には当該土地の所有者の移転経過などが記載される。抵当権設定登記手続について，抵当権設定者は，貸主（銀行）に①登記済証，②登記済証が正当かどうかを証明する書類を提示し，また，土地価格の評価を受けたうえで金銭消費貸借契約を締結し，更に，公証局での認証を受ける。公証書2通作成し，1通は公証局に保管し，他の1通を土地関管理局において，抵当権の記録をするということである。

2　地方における土地取引

　村長の面前での手続と土地管理局での手続の順序になるとのことで，まず，村長が土地の売買契約書を確認し，署名のうえ，村長印を押す。その後，当

---

[8] 松尾弘＝大川謙蔵「ラオスにおける民事関係法制に関する調査研究（平成27年3月）」の21頁以下を参照

事者が郡の土地管理局で登記を申請する。登記が行われると，登記証書が2通発行される。1通は原本として所有者本人に交付され，他の1通は原本の写しとしては登記所が保管するとのことである。

◎ 事 例

被相続人はラオス籍・夫，生存配偶者・妻は台湾籍，二人の子は台湾籍であり，夫は，日本を出国したきり帰国しなかったので妻は失踪宣告の上相続登記手続を行った事例

---ポイント---
① 外国人同士の日本における婚姻届はどうするのか
② ラオス国籍法はどのようになっているのか
③ 外国人の失踪宣告の手続はどうするのか
④ 相続登記申請の添付書面はどのようなものがあるか

1 概 要

1949年（昭和24年）生まれのラオス籍・夫は，26歳のときインドシナ難民として1975年（昭和50年）日本に上陸したとのことである。妻は台湾より1978年（昭和53年）に羽田に上陸した。夫35歳のときに1984年（昭和59年）二人は婚姻した。同年長女が誕生した。翌年，自宅として土地建物を夫婦共有名義で購入し，また，同年次女も誕生した。その後，1987年（昭和62年）に法務大臣が特に在留資格を認めた者（いわゆる「定住者」であり，当時の在留資格4-1-16-3）としの在留期間3年としての在留資格を付与され，幸せな生活を営んでいた。しかしながら，夫は，突如として1993年行き先を告げず出国をしてしまい帰来することがなかった。困った妻は7年経過後の2000年に裁判所に夫の失踪宣告の申立てをなし，その結果，約1年後の1994年に，「1993年（平成5年）3月31日以来生死が分からないことを認め，不在者夫を失踪者とする」旨の審判が下った。失踪宣告の審判書正本及び確定証明書を受領した妻は，その後，相続登記手続について，どのようにしていいものか分からずこれ等の書類を保持して時が過ぎていたのであるが，2012年になって管轄登記所を訪ね相談をしたところ，筆者事務所を紹介されたという

ことで台湾籍・妻が来所されたのであった。

2　外国人同士の日本における婚姻届

　婚姻当時の旧法である法例13条によれば，1項「婚姻成立ノ要件ハ各当事者ニ付キ其本国法ニ依リテ之ヲ定ム」，2項「婚姻ノ方式ハ婚姻挙行地ノ法律ニ依ル」旨規定しており，2006年制定の法の適用に関する通則法24条においても変わりがない。

　ラオスにおいては，家族法[9]は1990年に制定されており，彼らが婚姻した当時は制定されていなかったが，その家族法47条[10]によれば，婚姻の実質的成立要件の準拠法として，当事者の国籍に関わりなくラオス家族法が適用される（47条2段）としている。また，婚姻の形式的成立の準拠法としては，原則としてラオス家族法によるが，ラオス人と外国人との間の婚姻がラオスで挙行される場合にはラオス家族登録法で定められる婚姻登録を行わなければ有効な婚姻として効力が認められない（47条4段）が，外国人間の婚姻の登録は，当事者の本国の在ラオス大使館又は領事館により行うことができる（47条3段）とし，無国籍者間の婚姻登録はラオス法による（47条3段）旨規定している。

　一方，台湾の婚姻の準拠法としては，台湾の国際私法である中華民国渉外民事法律適用法46条によれば，「婚姻の成立は，それぞれの当該当事者の本国方による。ただし，婚姻締結の方式は，当事者の一方の本国法又は挙行地方によるときも有効とする。」旨規定する。

　そこで，戸籍法25条2項は「外国人に関する届出は，届出人の所在地でこれをしなければならない。」旨規定しているので，同人らは，婚姻挙行地である日本において，日本の役所に届出をなした。また，戸籍法施行規則50条によれば，戸籍の記載を要しない事項について受理した書類は，届出によって効力を生ずべき行為に関するものは，当該年度の翌年から50年，その他の

---

[9]　http://www.vientianetimes.org.la/Laws%20in%20English/16.%20Law%20on%20Family%20Registration%20(1992)%20Eng.pdf

[10]　家族法47条（Marriage between Lao Citizens and Foreign Individuals, Aliens, and Apatrids and among Foreign Individuals, Aliens and Apatrids in the Lao People's Democratic Republic）

ものは，当該年度の翌年から10年の保存期間とするため，その間は，届出本人又は利害関係人は受理証明書又は記載事項証明書の請求をすることができる（戸籍法48条）。

　台湾籍・妻は婚姻後28年経過した婚姻届出の受理証明書を持参してくれた。また，台北駐日経済文化代表処にも婚姻の届出をなしていたため，台湾の戸籍にも婚姻の記載がなされていた。

3　ラオス国籍法

　しかしながら，ラオス籍・夫は，インドシナ難民として日本に来ているため，ラオス国籍法20条によれば，外国に何らの許可なく7年以上の期間居住した場合，外国に居住することが許可された期間が満了したにもかかわらず当該国のラオス大使館もしくは領事館に資格確認をしない場合，10年以上ラオス政府に法的な所在確認を維持しなかった場合は，その期間満了をもって自動的にラオス国籍を喪失する旨規定している。

　なお，「2010年度『ラオス身分関係法制調査研究』」報告書22頁によれば，「ラオスは内戦の影響から国外に難民として流出した者が多かったため，「ラオス国籍法」では外国に居住するラオス人が積極的に本国との関係を保たない限りラオス国籍を保持することができないとされている。ラオス国籍の資格確認の方法は一般的には旅券の有効期限が5年間であるため，旅券失効前に更新手続をするか，在日ラオス人の場合には日本での在留資格確認又は更新をするための書面準備等の何らかの手続を在日ラオス大使館で行うことによりラオス国籍留保のための資格確認と認められるようである。現状ではラオス国籍法第20条以外には，特別規定や内規等は存在せず，在外ラオス大使館における資格確認用の定型書式も定まっていないが，日本の役所においてラオス人の国籍を証明する書面提出を受ける場合には国籍証明のなされた時期への配慮が必要である。また，資格確認を懈怠しラオス国籍を喪失した場合，ラオス国籍の再取得をするには国籍法第21条で定める手続によることになり，最終的な再取得許可が得られるまでは時間がかかるため，そのラオス人は再取得許可までの期間は無国籍状態となる。」旨掲載されている。

　ラオス籍・夫は，日本にインドシナ難民として日本に上陸して9年目で婚姻していたため，既に，7年を経過しているためラオス国籍を喪失しており，

婚姻の届出はしていなかったため，同人の失踪宣告申立ての際に，台湾籍・妻が在日ラオス大使館にラオス籍・夫の何らかの証明書取得を試みたが，何の証明書の交付も受けることはできなかったと言っていた。

4 失踪宣告

　失踪したラオス籍・夫の失踪宣告については，不在者が生存していたと認められる最後の時点において，不在者が日本に住所を有していたとき（通則法6条1項）は，裁判所に失踪宣告の申立てができることになる。そこで，台湾籍・妻はラオス籍・夫が出国した時点（出国した時点は，同人の閉鎖された外国人登録原票を取り寄せてみれば判明する。）から7年を経過した時期にあわせて家庭裁判所へ申立てをなした。家庭裁判所は公示催告の手続をなした上で，不在者であるラオス籍・夫を失踪者とする旨の審判をなし，審判の日の翌日より2週間を経過した日に審判は確定した。

5 相続登記申請

　ラオス籍・夫についての本国における証明書は皆無であるが，閉鎖された外国人登録原票の写し，台湾籍・妻が取得した失踪宣告審判書及び確定証明書，台湾籍・妻の台湾戸籍及び娘二人の台湾戸籍，台湾籍・妻及び娘二人との間で，相続不動産は台湾籍・妻が取得する旨の遺産分割協議書を添付した。また，ラオス国際私法は存在しないこと，仮に相続の準拠法がラオス相続法であったとしても，ラオス相続法（1990年制定）6条の相続人の範囲及び52条の遺産の分割について，共同相続人間に協議が調わないときは，裁判所がこれを決定しなければならない旨の規定があるためラオス相続法においても遺産分割協議ができる旨の上申書を作成してこれを添付して相続登記申請をなし，無事，相続不動産は台湾籍・妻の単独所有になった。

第12章 ラオス籍の相続

〈例42 失踪宣告審判書・確定証明書〉

平成■年(家)第■■号

審　判

国　籍　中国
住　所　東京都■■■4丁目12番10号
　　　　　申立人　李　淑　碧

国　籍　ラオス
最後の住所　不　明
　　　　　不在者　■■■ポンサィ
　　　　　　1949年11月20日生

　上記申立人からの失踪宣告申立事件について，当裁判所は公示催告の手続をしたうえで，不在者は平成5年3月31日以来7年以上生死が分からないものと認め，次のとおり審判する。

主　文

不在者■■■■ポンサィを失踪者とする。

　　平成13年5月17日
　　　■家庭裁判所
　　　家事審判官

これは謄本である。
平成■年5月17日
　■家庭裁判所
　裁判所書記官

確 定 証 明 書

事件の表示	平成　年（家　）第　　　号　失踪宣告事件 申立人 相手方 （本人・未成年者・被相続人）
審判の日	平成　年 5 月 17 日
確定の日	平成　年 6 月 2 日

上記のとおり確定したことを証明する。

平成　年 6 月 4 日

　　家 庭 裁 判 所

裁判所書記官

第12章 ラオス籍の相続

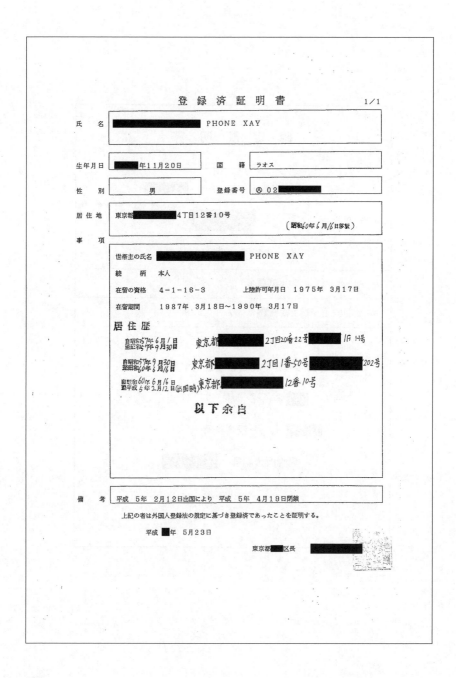

事例

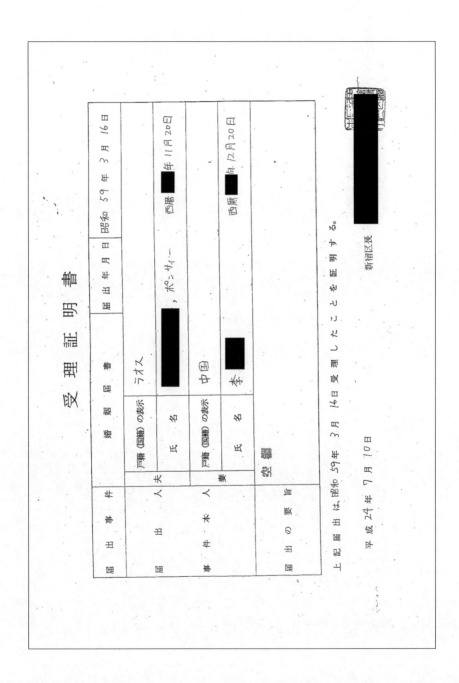

著者紹介

山 北 英 仁（やまきた　ひでひと）

　司法書士・簡裁代理業務認定司法書士
　行政書士・入国管理局申請取次行政書士

[著者略歴]

昭和45年	中央大学法学部法律学科　卒業
昭和62年	池袋国際司法行政書士事務所開設
平成7年～9年	東京司法書士会理事
平成11年	4事務所と共に合同事務所リス・インターナショナルへ新設合併
平成12年～	日本司法書士政治連盟　副会長
平成19年～21年	日本司法書士会連合会　理事
平成21年9月	合同事務所ジュリスター・インターナショナル新設
役職	NPO法人渉外司法書士協会　会長
	日本司法書士政治連盟　副会長
	（一社）民事信託推進センター　専務理事・事務局
	（一社）国際行政書士協会　副会長

[主　著]

『渉外不動産取引に関する法律と税金─購入・賃貸借・売却・相続・登記・所得税・法人税・相続税・租税条約─』（共著・日本加除出版・2016）

『渉外不動産登記の法律と実務─相続，売買，準拠法に関する実例解説─』（日本加除出版・2014）

『Q&A民事渉外の手続と書式─国籍・帰化・渉外家族・渉外不動産登記─』（編集代表・新日本法規・2000）

『事例式・民事渉外の実務─手続・書式─（加除式台本）』（編集代表・新日本法規）

著者紹介

『不動産取引とリスクマネージメント』「第3章　物件調査，重要事項説明，契約書」(共著・日本加除出版・2012)

『不動産をめぐる相続の法務と税務』「第8章・渉外相続による不動産の相続」(共著・三協法規・2010)

『司法書士の新展開』「第2章中　外国会社の日本進出のお手伝い」(共著・日本評論社・2005)

渉外不動産登記の法律と実務2
相続，売買，準拠法に関する実例解説

平成30年11月26日　初版発行

	著　者	山　北　英　仁
	発行者	和　田　　　裕

発行所　日本加除出版株式会社
本　　社　郵便番号 171-8516
　　　　　東京都豊島区南長崎3丁目16番6号
　　　　　ＴＥＬ (03)3953-5757 (代表)
　　　　　　　　(03)3952-5759 (編集)
　　　　　ＦＡＸ (03)3953-5772
　　　　　ＵＲＬ www.kajo.co.jp

営業部　　郵便番号 171-8516
　　　　　東京都豊島区南長崎3丁目16番6号
　　　　　ＴＥＬ (03)3953-5642
　　　　　ＦＡＸ (03)3953-2061

組版・印刷　㈱郁文　／　製本　㈱川島製本所

落丁本・乱丁本は本社でお取替えいたします。
★定価はカバー等に表示してあります。
© Hidehito Yamakita 2018
Printed in Japan
ISBN978-4-8178-4525-2

JCOPY 〈出版者著作権管理機構　委託出版物〉

本書を無断で複写複製（電子化を含む）することは，著作権法上の例外を除き，禁じられています。複写される場合は，そのつど事前に出版者著作権管理機構（JCOPY）の許諾を得てください。
また本書を代行業者等の第三者に依頼してスキャンやデジタル化することは，たとえ個人や家庭内での利用であっても一切認められておりません。

〈JCOPY〉　ＨＰ：https://www.jcopy.or.jp,　e-mail：info@jcopy.or.jp
　　　　　電話：03-5244-5088，FAX：03-5244-5089

渉外不動産登記の法律と実務
相続、売買、準拠法に関する実例解説

商品番号：40551
略　　号：渉不

山北英仁　著

2014年5月刊　A5判　564頁　本体5,000円＋税　978-4-8178-4161-2

- 渉外事案を類型、国籍別に分類し、実務上の判断を盛り込んだ書。
- 実例を基にしているため、仕事の流れ、留意点などがイメージできる。
- 難解とされる、「当事者の国籍により適用されるべき外国法の調査」「当事者の身分、権利関係の証明」などを、著者自身の実例を交えながら解説。

渉外不動産取引に関する法律と税金
購入・賃貸借・売却・相続・登記・所得税・法人税・相続税・租税条約

商品番号：40652
略　　号：渉税

山北英仁・清水和友　著

2016年12月刊　A5判　504頁　本体4,300円＋税　978-4-8178-4352-4

- 外国人・外国会社による日本の不動産の購入・賃貸借・売却から保有不動産所有者の相続発生に伴う諸手続を解説。
- 関連する法律知識や、契約、登記、税務に関する実務までを網羅。
- 多数の登記添付情報を収録した事例や参考となる書式例・契約書例も収録。

日本加除出版

〒171-8516　東京都豊島区南長崎3丁目16番6号
TEL（03）3953-5642　FAX（03）3953-2061（営業部）
www.kajo.co.jp